JN410988

조각가 정진홍의 스케치

소통 옹알이

초판 1쇄 인쇄일 2013년 3월 13일
초판 1쇄 발행일 2013년 3월 15일

지은이 정진홍
그 림 정진홍
펴낸이 양옥매
편집디자인 송은아

펴낸곳 도서출판 책과나무
출판등록 제2012-000376
주소 서울특별시 마포구 월드컵북로 44길 37 천지빌딩 3층
대표전화 02.372.1537 **팩스** 02.372.1538
이메일 booknamu2007@naver.com
홈페이지 www.booknamu.com

ISBN 978-89-98528-14-0 (03810)

조각가 정진홍의 스케치

소통 옹알이

글·그림 정진홍

책과나무

아주 우연하게 '카카오 스토리' 라는 스마트 폰 세상을 접하게 되었습니다. 낯선 사람들과 '소통' 하기 위하여 그림을 그려주기 시작했던 것이 어느 샌가 일상이 되어버렸고 생각지도 못한 공부가 되었답니다.

5분, 10분에 걸쳐 빠르게 인상파악을 해나가고 그 느낌을 그대로 적어서 스토리에 올리는 작업이 의외로 스릴 있고 재미있었습니다. 그렇게 그려진 그림들이 천 여 장이 넘어가고 올려 진 스토리가 1,300여개에 이르러 주변에서 출판을 해 보라는 권유를 받게 되었습니다. 하지만 막상 출판 작업을 결심하기까진 사실 많이 망설였습니다.

책으로 낼만한 작품성은 아닌 것 같다는 생각에서입니다. 그러다 문득 이런 생각을 하게 되었답니다. '비록 내가 즉흥적으로 그린 작품들은 뛰어나지 않는다 해도 아름다운 사람들과의 평범한 '소통' 자체가 내 그림을 뛰어넘는 가치일지도 모른다!' 라는...

이 책은 조각하는 조각가가 조각도가 아닌 연필과 붓으로 그려본 즉흥적인 '옹알이' 랍니다. 2012년 5월 31일부터 12월 31일까지의 이야기 1280개 중에서 275개를 추려내어 단행본으로 엮었습니다. '에세이' 라고 하기엔 부끄러운 '옹알이' 랍니다. 가벼운 마음으로 읽어 주시기 바랍니다. 뭔가 뛰어난 지식을 얻고자 하시는 분들께선 더 좋은 양서들을 선택하시라는 조언을 올립니다. 이 책은 평범한 조각가가 평범한 보통사람들과 나누던 일상적인 '옹알이'를 엮어 놓은 것이오니 큰 기대 없이 대해 주시기 바랍니다.

지금 이 순간을 살고 있는 모든 사람들이 행복한 세상을 꿈꿔 봅니다.

2013년 2월

조각하는 정진홍 올림

목차

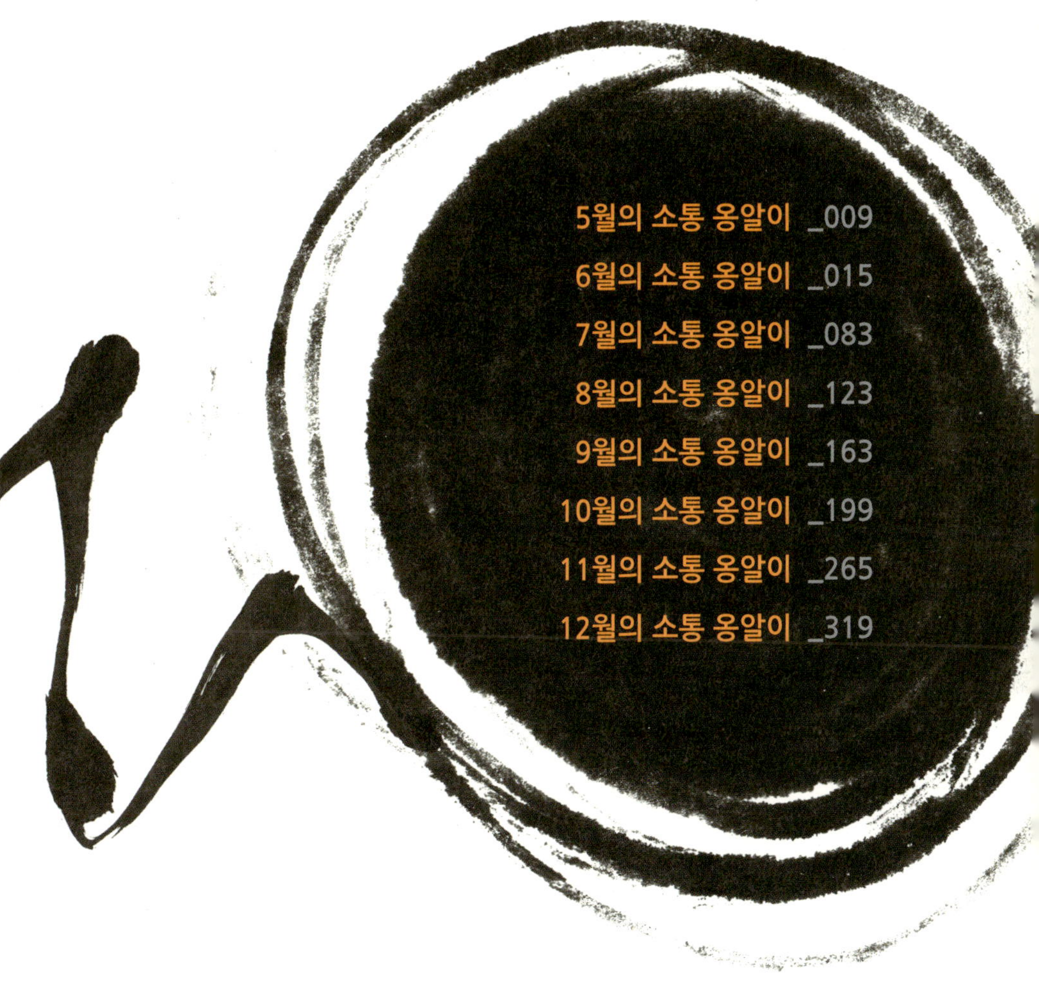

5월의

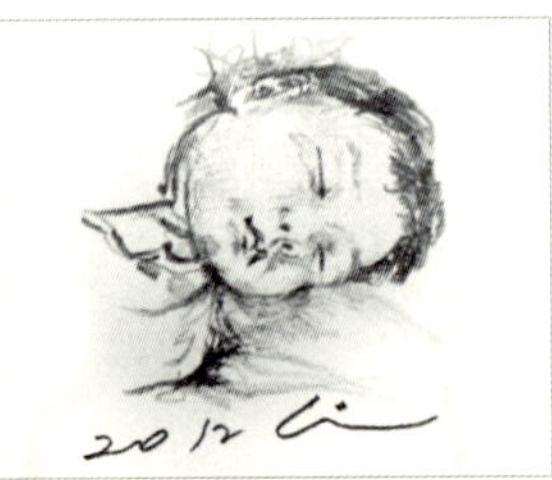

2012.05.30

똥강아지

난 똥강아지가 좋다!
단순하고 꾸밈없고 솔직한 그 천진난만이 좋다!
주인이 아주 조금만 예뻐해 주면 천배 만배를 기뻐하고 행복해하는 그 순수함이 정말 좋다!
그래서 난 똥개가 좋다!

Comment

月也 김미경(Wolya) : 똥개~이리 들으니 개동이라는 애칭.. 참 정겹네요^^*
공주마마^^♥^^ : 똥강아지는 주인에게 아무것도 바라는 것이 없어요. 그저 그림자 처럼 내 주의에 머물러 주지요~~^
피부에 밥주는 여자~유미♥경북 : 요놈...진짜 순~해요~^^
말도 글코 똥개도 글코 순~~~해 보입니다~^^
개는 주인 닮는 답니다^z
모모 : 아따 진돗개도 시베리안 허스키 마다에당 키운게 떵개하고 똑 같으딘디요 ㅋ
김써니^^♥♥♥ : 네. 맞아요. 집에 오면 젤 반길 때 넘 사랑스러워요.

2012.05.31

케이티 헤이즈

미국의 '케이티 헤이즈'라는 43세 엄마의 모습이다.
양팔과 다리를 희귀병으로 모두 절단하고도 강한 모성애로 삶을 불태우고 있는 여성!
엄마이기에 가능한 정신력일 것이다!

아무것도 모른 체 그저 엄마 품이 좋은 아이와 세상 그 누구보다도 환하게 웃고 있는 케이티의 모습 앞에서 지금 우리가 고민하고 있는 자잘한 삶의 질곡은 오히려 삶을 풍성하게 해줄 양념이라 생각해야 할 것 같다!

Comment

다예촌*효산~자연재벌☆ : 작품이~말을해요♥♥♥

박선영(부산) : 네 엄살 끝!!* 자잘한 삶의 질곡은 삶의 양념이다 멋진말 접수합니다 글솜씨도 탁월하십니다...^^

이정복/VOGS/blog.daum.net/bupinder : 완전 좋습니다~

강미라~연다향 : 사진도 글도 감동적입니다

鄭光溶 : 큰고통을 갖은 사람앞에 자잘한 고통은 삶의 양념이죠 멋진 글 그림 잘 봤습니다

2012.05.31

왜?

사람들에게 중요한건 그것인가보다.
왜 ?

왜 그래야만 했고, 왜 그럴 수밖에 없고, 왜 그게 아니면 안 되는지...

사람들에게 '그냥' 은 없다.
살다보면 분명 그냥도 있는 것 일텐데...

공기를 마시며 살아가는 우리들이 왜 마셔야만 하는지를 묻지 않고 당연하게 살아가듯 그렇게 자연스럽게 넘길 수 있는 일에도 '왜?' 를 찾는다.

이십년이 다 되어가는 내 낡은 손가방을 보면서 구멍나고 닳아빠진 그걸 왜 들고 다니냐고들 한다.
난 너무 좋은데...
작업실에 놀러온 선 후배들 중엔 돈도 안 되는 짓을 왜 하냐며 걱정하는 사람들도 많다.
작가라고 날 부르는 사람들이 말이다.

왜 ?
그 무서운 의문사를 떠나서 공기를 마시듯 자연스럽게 있는 그대로를 받아 드릴 수 있다면 사람 사는 세상이 훨씬 덜 팍팍 할텐데...
앞으로도 20년은 더 들고 다닐 내 작은 가방과 나 사이엔 '왜?' 라는 이유 따윈 없다는 걸 좀 알아줬으면...

날 작가로 부르고 싶다면, 그래서 내가 작품을 만들길 기대한다면 내게 돈 되는 작업을 부추기지 않아야 한다는 걸 좀 알아줬으면...

무엇보다도, 사사건건 이유를 찾아내려고
날카로운 눈초리를 보이지 않고 살아간다면...
참 좋겠다!

Comment

月也김미경(wolya) : 그냥 맘 가는 것을 소중히 여길줄 하는 우리..참 ~~좋아여..^^

이미경 : 그냥이라는 말. 그냥 좋아요..하는 조동래님의..그냥좋아요~~라는 시가 갑자기 떠올랐어요~^^

느티김성종 : 한때 왜?라는 물음이 시대의 화두인 적이 있었지요 '무엇을'도있고 '어떻게'도 있는데 말입니다.

박로라(경기)한지공예 : 저만 그 소릴 듣나했어요.휴..

6월의

2012.06.01

아주 깔끔한 분 같아서…

아주 깔끔한 분같아서 연필선을 최대한 자제했다!
한번 지나가면 다시 수정하지 않을 각오로...
어렵지만 훈련엔 아주 도움이 되는 것 같다!

학교 다닐 때 시내번화가 귀퉁이에 쭈그리고 앉아 사람들 눈치채지 못하게 슬금슬금 크로키하던 기억이 난다!
순간 포착하는 크로키의 특성상 수정은 무의미한데 방금 그 생각이 났다!

하루에 스케치북을 몇 권 씩 낭비하며 하던 훈련을 이젠 전혀 다른 환경에서 전혀 다른 방법으로 하고 있다!
이분의 '차도남' 이미지는 선을 줄일수록 도드라질 것 같아 아꼈다!
근데..만화같다!
이분이 누구신지는 마찬가지로 스스로 밝히시길....!

2012.06.01

늙어 간다는게…

늙어 간다는 게 어떤 의미일까?
삶이 다해간다는 생물학적인 근거 말고 상식적으로 정말 맞을 것 같다는, 그럴지도 몰라! 라는 공감대를 형성할 수 있는 답을 이제부터 올리려 한다!

나이가 늘어감에 증가하는 주름살!
그게 부끄러운가?
그건 뿌듯해 할 반가운 현상이다!

작품으로 치면 완성되어 가는 모습이기 때문이다!
우리가 생을 마감하는 순간이 삶의 완성이기에 늙는다는 건 아름다운 완성을 향해 가는 과정인 것이다! 그 증거로 이 그림을 올렸다면?
억지일까?

수 백, 수 천 개의 주름살이 너무 아름다운 여사!
비단 그녀가 천사여서가 아니라 우리네 부모님들의 주름도 마찬가지이다!

얼마나 아름다운 모습인가!
늙어가는 것을 두려워 말자!
완성 되어가는 것을 즐거워 하자!
다만,
완성되어 가는 속도를 조금씩만 늦추자!

2012.06.02

웃는 얼굴은...

웃는 얼굴은 본인뿐만 아니라 보는 사람도 행복하게 합니다!
행복해서 웃는 게 아니라 행복하려면 웃어야 한다는 말도 그래서 나온 것이 아닌지...
웃음을 전파합시다!
세상 그 어떤 질병도 다 고칠수있는 만병통치약을 우리주변부터 마구마구 뿌려줍시다!
미소가 아름다운분들은 모두 이 그림의 모델이십니다!

사실은... 안닮았다고 혼내실까봐 도망갈 구멍을 파는 중입니다! 하하하...!

Comment

천금이 : 웃음바이러스 만큼 빨리 퍼지는 것도 없더라고요~~^^
이유도 없이 그냥 이야기 하다가 우스운 이야기도 아닌데 그냥 덩달아
까르르르~~~ 배를 잡고 웃었던 기억이 까마득 하네요.
눈물까지 흘리며 배를 잡았던 일이 ~~ㅎㅎ

비비아나 : 지금 봤네요! 바쁘실텐데.. 내내 제 모습생각하며 그리셨을텐데..감사합니다
그리고 구멍 안 파셔도 되요. 기운 다 쓰셨을 텐데 쉬고 계세요... 구멍 제가 파놨습니다...

2012.06.04

'모나리자'를 보다가 호기심이 생겼다!

그림으로 표현된 작품으로서의 모나리자가 아닌,
모델인 이 여인이 어디가 얼마나 아름다워서 그렇게들 난리일까?
눈썹도 없고 별론데...라는 치기가 발동했다!
그래서 한번 만들어보자는 생각으로 그림 속 모나리자를 보면서 눈,코,입, 그리고 전체적인 비례 등등을 유추해서 유토를 주물거리다보니....

내 순간의 치기가 얼마나 어리석었는지
아주 아주 깊이 반성하면서 놀라움을 금치못했다!

그림에서 나온 입체로서의 모나리자는 정말 아름다운 여인이 분명하다는 새삼스러운,
남들은 이미 다 알고 있는 사실을 난 체험을 통해서 알게 되었다!
머리가 안 좋으면 손발이 고생한다고....!

비록 완성작은 아니지만 대략적인 비례로 가늠해본 아름다운 이 여인을 보여드리고자, 아울러, 어리석은 생각으로 잠시나마 치기어린 생각으로 작품을 모독했음을 깊이 반성하는 중이다!

2012.06.05

엄마가 좋아지셨다!

작업을 마무리하고 들어가려다가 오늘 새로 카친이 되신 몇 분의 스토리에 들렀다!
그중 한분의 스토리에 엄마가 요즘 많이 좋아지셨다는 자랑을 하는 글을 읽었다!
많이 안 좋으셨던듯...
좋아지신다니 얼마나 좋은일인가!

울 엄마도 올해 아흔이시다! 어제는 새벽부터 병원으로 모시고 가 치료를 받았다!
우리 나이에 엄마가 계시다는 게 얼마나 큰 축복인지...!

많이 좋아지신다니 너무 좋아서 귀가를 잠시 미루고 얼른 연필을 잡았다!
이 반가운 마음이 가시기 전에 그림에 담고 싶어서이다!

사춘기 때 밤새 연애편질 쓰다가 다음날 읽어보면 유치하기 그지없는 경험들이 다들 있을 것이다.
내일 내가 올린 이 그림을 보고 절대 그런 느낌이 안 들도록 해야겠다는 마음으로 이 분의 어머니를 그렸다. 더 건강해지셔서 직접 칭찬도 해주셨음 좋겠다!
기운내시고 오래오래 건강하시길...!

2012.06.06

미소가 아름다운 카친!

정말 환하게 웃고 계시는 모습 너무 좋습니다!
하지만 치아를 표현하기 너무 어려웠답니다!
그림이나 조각이나 치아를 잘못하면 많이 거슬리거든요!

지금처럼 환한 미소 잃지않으시길 바랍니다!
덕분에 저도 환하게 한번 웃습니다!

Comment

천금이 : 건강한 웃음...보약입니다~~^^
박시현 : 미소가 아름답네요 정말~^^
서선애 : 앗..저를 그려주신 건가요? 감사합니다~멋진데요~^^
여산(배희숙0 : 웃는 모습 아름다워요~~~^^
수라니뽀~♡ : 웃음은 무한로의 산책이랍니다. 마음의 산책로를 잃지 마세요~♬
☆sara☆ 김현주 : 웃는 입매가... 아름다우세요.

2012.06.06

자주 웃으세요!

웃는 얼굴이 거의 없더군요!
고개를 약간 숙인체 미세하게 미소짓고계시는 사진을 기적적으로 찾았습니다!

활짝 웃으시면 훨씬 더 아름다우실것같습니다...
오늘은 이 그림 보고 한번 활짝 웃어보시길 바랍니다!

오히려 그림 때문에 스트레스 받으시면 안되는데...!

Comment

시인 전양우 : 숨은 그림찾기 하시는 듯.. ㅋ 편안한 휴일 되시길.. ㅋ
비타민 : 절 그려주신 듯...감사해요
조각하는, 정진홍입니다! : 비타민님 실물이 백배천배 이쁘시니 그림보고 실망하지 마세요~
비타민 : 딱보구 전 줄 알았어여 이 그림 퍼 갈 수 있어여??
현재의 삶을 소중하게...Sebastian Lee(이청)
조각하는, 정진홍입니다! : 퍼가시는 방법을 주변 분들께 여쭤보세요~^^저는 컴맹인지라~ㅎ
수라니뽀~♡ : 작품 속 한분한분 색깔을 뚜렷이 잘 표현하시심에 감동~~!!
멋지십니다~♬

2012.06.06

주행중엔 셀카금지!

설마 주행 중은 아니실겁니다. 그쵸?
장소가 차 안 인듯해서요!

재미난 표정을 잘 살리지 못했습니다!
즐겁게 하루 마무리 하시길 바랍니다!

Comment

박시현 : 오모~울 자영이네~? ㅋ 이뽀이뽀~~~ㅋ
진홍선생님~울 친구 이쁘게 스케치해 주셔서 감솨해요~^^
뚝딱 그려내시는 모습 ~너무 멋지고~ 정말이지 존경스럽네요~
수고하셨으니 푹 쉬셔욤~ㄱ

박시현 : 생각지도 않은 선물받은 기분 이제 너두 알겠지? ㅋ

임~♪자영 : 진홍셈~~~넘 감사여~ 기대안 한 선물이라~~~
오래 간직하고자 제가 살짝이 큰 삽으로 퍼 가겠습니다. 인사가 늦어 죄송~~ㅋ합니다.
어제 몇 잔 ~한 ~~관계로,,,z

조각하는, 정진홍입니다! : 즐거우시다니 좋습니다. 오늘도 좋은날 되시길~^^

2012.06.07

화초 이야기!

내 작업실에는 스물하나의 작은 화초들이 살고 있다.
미안스럽게도 난 이 아이들의 진짜이름을 태반은 모른다.
내가 물을 줘야 살아 갈 수 있다는 그 사실에 난 책임감과 더불어 무한한 자부심도 가지고 있다.

이 아이들은 거의 버려져 고사 직전이었던 아이들이다.
삼년전 이 작업실로 이사를 왔을때 베란다에 고사되어 버려진 화분들이 많았었는데 큰 나무들은 다 죽었고 큰 나무를 돋보이게 하도록 화분 밑부분에 심은 작은 화초들만 겨우 살아 있었다.
그녀석들이 지금 이녀석들이다!

언제부터인지는 잘모르겠지만 난 화초를 참 좋아하게 되었다.
무슨 무슨 이름의 무슨 효과가 있으며 열매나 꽃이 어떻게 피고지는지엔 전혀 관심이 없다. 그냥 잎이 자라고 줄기가 퍼져서 살아있음을 보여주는 녀석들이 이쁘다!

언젠가 이런 일이 있었다.

열심히 물도주고 얘기도 해줬음에도 불구하고 유독 한녀석만 그대로였다!
다른 녀석들은 다들 잘자라는데...!
어느 날 하도 이상해서 그 녀석을 자세히 살펴봤더니, 분명 조화였다!
잎을 조금 찢어봤더니 종이나 플라스틱의 느낌이 분명 했다!
참 허탈하고 창피하고 우습기도해서 며칠간을 친구들에게 내 우둔했음을 얘기하며 웃었다!
그리곤 그 녀석은 책상 밑에다 버려둔 채 잊어버렸는데...
어느 날 청소를 하다 우연히 녀석을 다시 보게 되었는데...
진짜로 죽어있었다 ....!

말라서 시커멓게...
조화가 아니었는데...
난 내 눈에 보이고 내가 가진 상식에 의해 확신을 했기에 틀림이 없다고 믿었는데 그게 전부가 아니라는 세상의 진리를 녀석을 통해 배웠다!

내가 믿고 있는 모든 것들이 모두 확신을 가질만한 절대적인 사실은 아닐 것이라는 생각을 그 이름도 모르는 녀석을 통해 배웠다!
아침에 화초들 물을 주다보니 내 무지로 인해 억울한 희생을 당한 조화처럼 생긴, 하지만 결코 조화가 아니었던, 그녀석이 생각나서....!

참 많이 미안했고 지금도 미안하다!

Comment

홍사황 작가.강사.재무컨설트 : !!!놀랍고 의미심장한 얘기네요~~
느티김성종 : 자잘한 풀과 이야기 나누고 또 그 속에서 배우는 모습이 아름답습니다
서선애 : 저도 왠지 주위를 다시 둘러봐야 할 것 같네요.. 남은 오후도 행복한 시간되세요~^^
이숙연 : 중심을 이루고 있는 화초는 허브종류가 맞는거 같은데 이름은 잘 모르겠군요...
그 밑 양쪽으로 길게 가지를 늘어뜨린 아이는 호야하는 화초입니다..
호야도 어느정도 키우면 분홍색의 알갱이가 졸망졸망하게 예쁜 꽃을 피운답니다
조각하는, 정진홍입니다! : 호야~감사합니다^^ 외워둬야겠습니다! ㅎㅎ
모니카* : 선생님의 깨달음이 화초와 글에 예쁘게 어우러져 있네요..

2012.06.08

밝은 표정 참 좋습니다!

이 카친께선 화초나 야생화 같은 아기자기하고 예쁜 사진을 많이 올려놓으셨는데 그래선지 너무도 표정이 밝으십니다!

전반적으로 밝고 유순하신 인상이시지만 이런 분들이 사실 내면이 강하시죠! 예전에 독립운동하시던 분들이 외모로 강하셨다면 금방 표시가 났겠죠? 하하하...! 내면이 강한 분들이 진정한 강자시죠!

즐거운날되시길 바랍니다!

Comment

피부에 밥주는여자~유미♥경북~ : 헛~~~! 잘생기셨따~~~^^ 미소가 아름다운분~♥ 저를 보구 웃고계시는 군요~ ㅋ

박선영(부산) : 잘 표현해 주셔서 그런지 너무 푸근한 인상입니다^^*

☆SaRa☆김현주 : 외유내강..이런 느낌이었군요..?

2012.06.08

바람불면 날아가겠어요!

순정만화의 주인공 같은 분이시죠?
가냘프고 청순한 이미지로 그리려했습니다만....!
제가 자주 사용하는 연필선은 아닙니다만 이미지에 맞는 선을 쓰려다보니 많이 조심스럽게 작업했습니다!

카친들 덕분에 연필과 많이 친숙해진 기분이 들어 참 좋습니다!
조금만 더 공부하면 예전의 연필을 찾을 수 있을 것 같다는 희망을 품어봅니다!

Comment

초록향기★★★★★ : 제 딸인 것 같아요~~^^

감사합니다~~ 바로 알아봤어요~~^^ 감사드려요~~^^

박수정 : 와^^감사합니다 넘 마음에 들어용 역시 최고 ^_^

조각하는, 정진홍입니다! : 가족이신지 몰랐습니다^

역시 엄마들은 대단하세요. 내 딸인 것 같다는 말씀에 깜짝놀랐답니다! ㅎㅎㅎ

☆sara☆ 김현주 : 지금도...그 선 그대로 너무 좋이신 걸요^^ 느낌!!있어요^^

2012.06.08

저기요...!

길을 물을 때도 그냥 아주 작은 목소리로
저기요..라는 말부터 시작할 것 같은 카친이시다!
말도 없고 목소리도 작은 착한 여성상!
하지만...!
친구들끼리 있을 땐 분위기메이커가 되기도 할 것 같은...!

내가 요즘 집 앞에 대나무를 세워둔 기분이다!
괜히 그림이 잘 안되니 미안해서 이런다는 거 아시죠?

Comment

☆sara☆ 김현주 : 와우!! 제가 아는 사람 닮았는데...맞나요...??
이승연 : 와우...저에요?..저를 너무 잘아세요..^^감사합니다..오늘 기분 최고에요^^
박선영(부산) : 네. 진홍님 윗트도 재밌게 치시네.
맞아요. 대나무에 빨간 댕기도 나풀나풀 인상을 많이 접한 탓이겠죠.
서선애 : 그림을 보는 즐거움과 글을 읽는 재미를 동시에 주시네요...
더불어 나누어 주시는 즐거움까지 ..감사합니다~~^^

2012.06.08

소통

소통!
좋은 사람들과의 소통이 참 좋다!

무엇을 매개체로 하든 사람들과 의견을 나누고 공감대를 형성해나가고 웃고 칭찬하는, 모든 이들이 다 그러하겠지만 나 역시 더불어 사는게 좋다.
그렇다고 이방원 식의 이런들 저런들 식은 싫다.
이왕이면 비슷한 생각을 가진이들과의 더부살이가 난 정말 좋다!

미술이라는 작업은 혼자하는 작업이다.
하지만 혼자를 위한 작업은 결코 아니다.
누군가가 봐줘야만 그 가치가 생기는, 그래서 자기자신의 만족감 만으로는 결코 포만감을 얻을수없는 작업이다.

대부분의 사람들은 작가라면 일단 호의를 보인다!

그냥...

작가들도 그 답을 해야하는데 그 방법이란게 바로 작품이다.

관람할 사람들을 위해 밤잠을 설치며 작업을 하고
설레이는 마음으로 전시를 하고...
난 요즘 정말 행복하다!
비록 내 전공은 아니지만 내가 가진 아주 작은 재주로 다른사람들을 즐겁게 하고 있다는 것이 참으로 흐뭇하고 스스로 대견하다!

그림의 숫자가 늘어 갈수록 예전 학창시절도 떠오르고
그동안 잊고 있었던 연필의 여러 가지 특성에도 점점
더 익숙해지고...

나같은 비문명인이 이런 공간에서 이렇게 좋은 사람들과 소통할수있음에
요즘 하루하루가 무척 즐겁다!
내가 문명인이 되어 가는 기분이다.

오늘 작업을 마무리하면서
웬지 그냥 들어가기가 서운해서 카친들께 드리는
연애편지다!

모든분들이 편안하고 행복한 밤을 보내시라고

Comment

천금이 : 소통!! 사람을 살아있게 하는 그 무엇이겠죠..^^
박선영(부산) : 내가 가진 재능으로 다른이를 즐겁게 하고 소통도 하고
참 긍정적으로 생각하심이 좋아요^^
박미화♥앉은자리가꽃방석! : 저두요 몸짓이건 눈짓이건 소통이 가능하다는 것 만으로도
무한히 감사할 일입니다
evergreen이상경 : 열린마음은 소통의 기본인거 같습니다~~^^
자신의 재능을 여러 사람과 나눈다는 것은 더불어가는 행복인거 같습니다~~
정진홍 선생님~~!! 오늘도 편한 밤 되세요~~^
☆글이야기~카스도배하는 친구사절^^~ : 그림이 매개체가 된 소통..
참 좋다는 걸 진홍님 그림을 통해서 배웁니다

2012.06.09

그 미소 잃치마세요!

제 카친 분들 중에서 가장 해맑은 웃음을 지니신 분이세요!
보는 제가 절로 기분이 밝아집니다.

그림이 성의없어 보이시죠?
결코 아닙니다!
저는 단 한분도 대충 그린 적이 없답니다!
제 얼굴 빼곤 말이죠!

해맑은 함박미소를 표현하자니 불필요한 연필 선을 모두 생략했답니다!
사실 이렇게 그리기가 더 많이 어렵답니다!
그 웃음 영원히 간직하시라고 이사진을 골랐답니다!
즐거운 주말 보내세요!

Comment

이승연 : 아름다운 미소를 가지셨네요.
블루스카이 : 불필요한 연필선 생략.. 다 나름의 이유가 있군요...ㅎㅎ
초록향기★★★★★ : 미소가 밝고 예뻐요~~^^
부산☆긍정에너지 '종결자'이미숙♥자청비 : 어제 갈맷길 걷다가 휴실중에 받은 큰 선물이었답니다. 일행들 모두가 부러워하공 ㅎ 감♬사♩합♪니♬다♪♩ 항상 웃으면 잘~~~알 살겠습니다^~^

2012.06.09

여행준비 끝!

여행을 가고싶으시다는 카친이시다!
머리에 선그라스 쓰신걸보니 일단 준비는 끝나신듯 싶다!

하지만!
절대 보호자 동반하셔야 할것같다!
그림이 이래서 그렇지 정말 미인이시다!

또 어떤 카친들께선 미인만 그리냐고 하실것같은데...
이곳의 모든 카친분들 스토리를 들어가보시면 나의 억울함을 이해하실 것이다!

모든분들이 다 미인들이신데...
이제 과제가 얼마 남지 않은 것 같다!
상당히 많이 그렸었나보다!

옮겨야 할까보다!
많이들 계시는 곳으로... 하하하...!

2012.06.10

애 찾아가세요!

아가야!

아저씨 집에도 딱 너 처럼 건강하고, 컴퓨터 좋아하고, 결사적으로 말 안 듣고, 그래도 엄청 착한 아이가 하나 있단다!

컴퓨터하다 심심하면 공부도 하고 그러지?

아저씨가 네 안경을 보니 도수가 상당히 높구나! 푸르른 나무를 자주 보면 눈이 좋아진다던데...! 가끔 푸른 하늘, 푸른 나무도 보면서 건강하게 자라렴!

아저씨 아들도 안경 썼단다! 하하하...

Comment

풀잎사랑 화선 : ㅎㅎ, 아빠의 정이 느껴지네요~^^ 귀여워요~^^♥

박미화♥앉은자리가 꽃방석! : ㅋㅋㅋㅋ어느집 아드님이신지ㅎㅎ

신재홍 : 전 카스 글 올리다가 푸른숲을 바라본답니다.언제나 멋집니다.

부산☆긍정에너지 '종결자'이미숙♥자청비 : 아빠 마음이 담길 글이네요. 아이가 그 진심을 알아주면 좋을텐데^^~

2012.06.12

참 좋습니다!

잠 못 드는 밤에
누군가에게 편질 쓸 수 있어
참 좋습니다.

어떤 말을 써도 부끄러울 필요 없는,
들킬리 없는 이 안락함이
참 좋습니다.

넋두리든 푸념이든 진심으로 다독여주는 이들이 있어
차암 좋습니다.

좋다는 마음 그자체로도
행복할 수 있는 지금 이시간이 정말이지 너무나도 좋습니다.

그래서 난 지금
차아암 좋습니다!

2012.06.12

대장금이십니다!

선생님! 수라상궁이라뇨...!
당치도 않습니다!
제가 보기엔 대장금 열 명이 와도 까딱없는 포스신데요!

단아하신 옷 맵시와 정갈히 빗어 넘긴 머리카락을 좀 더 표현 못 해 죄송합니다!
선생님의 아름다운 카리스마에 눌려 주눅이 든 모양입니다!

오늘 하루도 행복하시길 바랍니다!

Comment

bejjangE♡소은 : 정진홍선생님께 죄송하지만.. 여지껏 그리신 연필화중 최고입니다~
온리 저의 생각~gg

이숙연 : 고우세요!단아하시고 그러면서도 눈빛에 카리스마도 느껴지시는...
70년대 배우같으세요!^^

송임숙 : 선생님. 실물보다 예쁘고 사진보다 너무 잘 그려주셔서 몰라볼 정도입니다.
다도 경연대회때 심사위원으로 위촉받아 심사하는 모습이었는데 더위에 지친모습을 아시는 분에게 몰래 찍힌거라 인상이 약간 우그러진 모양새라 보는 사람마다 수라상궁이라고 놀림받던 사진인데~~
선생님께서 성형을 잘 해주셔서 수라상궁이 아니라 안방마님이 되었네요
선생님소중하게 간직하겠습니다

2012.06.12

배운대로 하고있습니다!

이분은 아주 정직한 분이실겁니다!

보수적이시고 규범을 따지실 분입니다!
지금부터 움직일 수 없는 증거를 제시하겠습니다!
억울하시면 반론하십시오!

이분은 셀카 잘 나오는 법을 배우셨습니다!
그래서 지금 그 방법에서 한치의 오차도 없이 실행하고 계시는군요!
카메라를 쥐고 계시는 오른 어깨의 각도도 정확히 상방 45도 정도입니다!
눈도 살짝 치켜뜨셔서 마치 깜딱! 놀란 듯 한 연출을 하셨습니다! 맞죠?
입술 또한 살싹 벌리셔야 약간은 섹슈얼한 사진이 나온다는 교육을 받으신겁니다!

교범에 나온대로 정확히 실행하시는 걸로 보아 이분의 성품은 앞서 말씀드린 그대롭니다! 맞죠? 맞지 않습니까?
틀림없죠?
맞다고 해주세요....!

2012.06.12

자아도취 중?

충분히 취하실만 합니다!
미인들이 거울을 자주 보는 이유가 바로 취하고 싶으셔서 라고 하던데요?
거울보시는 재미난 표정을 제가 좀 훔쳐봤습니다!
손톱을 이렇게 공들여 그려보긴 처음입니다.
네일아트라도 하셨다면..... 큰 날 뻔 했습니다!

Comment

ㄱ♥민정♥ : 진홍쌤 혹시 저 그림속에 주인공? 헉~~~미티미티
쌤~~넘 이쁘게 그렸잖아요?
사실 그대로 그려야죠?ㅍㅎㅎㅎ써프라이즈~~~쌤 감사합니다
소식에 그림이 뜨길래 혹시나 해서 물었는데 역시나군요^♥~

송유경 : 거울보는 미인? 백설이 엄마? 하루에 몇 번이나 보실까?멋집니다

비타민 : 정화백님 글ㅇ이 넘 잼나요..ㅎㅎ

이숙연 : 참 귀엽게 예쁘세요!^^프로필 사진 보니 정말 예쁘신걸요?
오른쪽 푹 패신 보조개는 그야말로 Good~!!^^

2012.06.13

화초이야기

수요일이라 새롭습니다!
매주 맞는 수요일이지만 매번 다른 수요일이죠!
작업장 주변으로 요즘 경쟁이라도 하듯 신축공사들을 진행 중입니다!

아침 햇살을 온몸으로 받으며 커피한잔을 마시는데 기계 돌아가는 소리가 너무 커서 부지런 떤 게 조금은 후회스럽기도 했답니다!
그러던 중 내 눈에 쏘옥 들어온 아이를 보는 순간 금새 기분이 좋아졌습니다!
그래서 오늘 첫 이야기를 저 아이로 할까합니다!
저 아이를 '산세베리아' 라고 한다죠?
하지만 여기선 '인디안깃털, 로 불린답니다!
인디안들의 이름에는 사연들이 꼭 있듯이 저 아이도 사연이 깊습니다!

언젠가 엄마를 뵈러갔었는데 베란다에 화분하날 내놓으셨더군요!
다 죽어서 버리려고 그러셨다는데 마치 깃털을 꽂아 놓은 것 처럼 딱 하나만 살아있었습니다! 그 아이가 사진에 보이는 저 아입니다!
작업장으로 가져와 지극 정성으로 담배연기도 주고 석고가루도 주고 암튼 몸에 해로운 것들을 많이 줬답니다! 하하하...!

그러던 어느 날,
깃털 옆에서 싹이 올라왔습니다!
세상에나.....!
정말 반갑더군요!
전 솔직이 살아나리란 걸 기대조차 안했거든요!
그저 깃털처럼 딱 한줄기만 꼿혀있는게 신기했을뿐이었는데...
싹이 올라온 후로 저 아이는 아주 빠르게 친구들을 늘려가더군요!
그동안 많이 외로웠었나보죠...!

지금 보이는 사진의 줄기 중 가장 작고 시커먼 녀석이 바로 깃털입니다!
의지의 우리 깃털!

새로 자란 녀석들보다 비록 색깔도 안 예쁘고 크기도 작지만 난 녀석이 너무나도 대견스럽답니다!
우리 깃털에게 박수 한번 주세요!
오늘 하루도 즐겁고 행복하게 그야말로 자 알 지내시기들 바랍니다!
우리 깃털도 안부 전한답니다!

Comment

천금이 : 그 모진 확대속에서도 강하게 자랐네요..^^ 정말 박수쳐드리고 싶어요 짝짝짝~~

김윤희 : 그렇게 엄청난 영양분을 주었다니요~~ 모진 생명~~이구^^

딴지은실 : 짝짝짝! 이글을 읽고 조금 오버한다면 눈물이 핑~

송임숙 : 인디언 깃털이 담배연기를 먹던 석고가루를 먹던 잘 자랄수 있었던건 지극한 사랑의 영양소가 있었기 때문입니다.아무리 잘 먹이고 온갖 구박을 해보세요! 아마도 인디언 깃털은 그 자리에 엇ㅂ을테지요!먹는것도 중요하지만 마음 담은 진정한 사랑이 더~

☆sara☆김현주 : 산세베리아보다..인디언깃털이 훨씬 멋있는걸요..?
의지의 꼬맹이 깃털에게 박수보내요~짝짝짝!!!
글도 재밌게 잘~읽었구요^^

2012.06.13

감쪽같죠?

코가 삐뚤어지셨다고 써놓으셔서 불법시술 들어갔습니다!
아쉬워하시는 것 같아서요!
원한 적 없는데 시술했다고 비용은 못 주시겠다고요?
그러시면 안되는데...
다음에 많이 삐뚤게 원상복구해서 다시 올리겠습니다!
농담이구요...!
코 안삐뚤어지셨어요!
시술도 안했고 사색하시는 그모습 그대로 그렸답니다!
오늘도 좋은 날 되시길요!

Comment

봄처녀(춘희) : ㅎㅎ..성형시술 감사합니다..이 은혜를 무엇으로 갚을까요?
정말 대단하십니다
화백님! 매우매우 기뻐요^^^*

조각하는, 정진홍입니다! : ㅎㅎㅎ좋은날 되시길요^^

김병선 : 아~~성형도 해주시는군요 ㅎ

☆sara☆김현주 : 멋지셔요^^

이숙연 : 감쪽같이 시술 하신 줄 알고 쭈욱 내려와보니~~정진홍님 농담도 잘하셔!!ㅎㅎ
그림과 곁들여지는 살짝쿵~유모 위트는 보는이들에게 큰 즐거움을 주십니다~
이미 알고 계시조? 역시 멋지신 정진홍님!!^^*

2012.06.14

너무하셨습니다!

이 카친께선 저를 시험에 들게 하셨습니다! 사진이 흐린데다가 효과를 재미진것으로 해 놓으셔서 못그리겠다는 생각이 순간 들었답니다!
하지만 약속은 약속인지라 나름 최선을 다 했사오니 절대로 절 혼내시면 안됩니다!
혼내시면 저 가출합니다!

Comment

전!민병숙콜렉션(민선생) : ㅎㅎㅎ가출 안됩니다 집안에서 대화로 풀어요~~ㅎ

♥wooheee : 와 저 맞죠 그래서 원본이랑 두 개 같이 올렸놨는데...
어제부터 컨디션 엉망이다가 엄청 기분 좋아지네요
다른 분들의 기분이 어땠을지 알겠어요 보면서 어~~나네 ㅎㅎ 감사합니다
바로 옮겨 놓을래요

조각하는, 정진홍입니다! : 가출은 당분간 보류하겠습니다~;;ㅎㅎ

이숙연 : 커디션 회복하셨다니 다행이세요^^
진홍님의 그림은 모두의 마음을 즐겁고 행복하게 만드는 것 같습니다~
신기한 재주꾼 정진홍님!!^^ 이 시간 여전히 바쁘시겠조?ㅎ

조각하는, 정진홍입니다! : 네 ㅎㅎ즐거워하시니 그리길 잘했다 싶군요^^

2012.06.13

빼꼼...!

아들녀석 목욕하는데 내다보며 장난거는 엄마의 미소같죠?

이분은 지금 야외에서 자연의 아름다움에 흠뻑 빠지셔서 저렇게 이쁜 미소를 짓고 계시답니다!

제가 장소를 옮겨드렸습니다!

예쁜 사진을 잘라 올려놓으셔서 거기까지만 그리기도 이상하고, ...

고심끝에 창작했습니다!

같은 사물의 위치만 바꿔 달리 해석하는 미술사조가 한때 유행했었답니다!

즐거운 날 되십시오!

Comment

leesuk : 아들을 보며 흐뭇해하는 엄마의 환한 미소~~~정겨운 모습이네요^^

장경희 : 저 맞지요~!! ㅎㅎ 감사해요~~ 글도 각본도 연출도 넘 훌륭하세요~~♬♬♬

조각하는, 정진홍입니다! : 맞습니다^^ 그림이 좀 미흡합니다~
연출에 신경쓰다보니 ~죄송합니다~^^

장경희 : 아닙니다~넘 수고 많으셨어요^^
이 그림 가져가도 될까요^^그런데 어떻게 가져갈 수 있는지요...?

이숙연 : 온화한 미소가 참 아름다우세요! 문 밖 풍경을 바라보며 흡족해하시는 표정에서
세상의 모든 사물을 참 아름답게 보시려는 마음이 엿보여요!
또 다시 아음다우심!...^^*

2012.06.14

바리스타 자세 나옵니다!

사진 밑에 바리스타 자세 나오느냐고 물으셨더군요! 아주 어울리십니다!
커피맛도 너무 좋을 것 같고 컵도 너무 예쁘고 깨끗할것같고 무엇보다도
물컵에서 소독약 냄새는 절대 안날것 같습니다!
훌륭한 바리스타로 거듭 거듭 나셔서 대한민국에 소문나게 번창하시기 바랍니다!
우리 수빈이랑 저는 dc해주실거죠?

Comment

박미화♥앉은자리가꽃방석! : 바리스타이신가보아요. 전 커피맛을 잊은지 한참 되었는데. 즐거운 커피 뽑기가 나날이 잘 되시길.

박오경 : 난 커피 전문점 운영할 때도 유독 바리스타와 내가 즐겨 마시는 커피는 일회용커피 ㅎㅎ 커피향이 퍼지는 매장에서 우리 두 사람의 엽기적 취향을 본 고객들의 반응은??

조각하는, 정진홍입니다! : 저 역시 커피믹스 쪽입니다 ㅎㅎㅎ

여은.여진.여원 : 초보인데 숙련된 바리스타처럼 그려주셨네여...감사합니다.. 선생님 그림과 말씀에 힘입어 더욱 노력할께요...언제돈 들러주시면 DC가 아니라 공짤로 내려드릴께요^^

조각하는, 정진홍입니다! : 그 말씀 후회하실겁니다~공짜라니~^^

2012.06.14

그렇게 좋니? 하하하

아이들은 그저 엄마만 있으면 만사가 그만입니다!
이 아이의 표정이 바로 그걸 말하고있죠? 엄마도 아이만 있으면 세상에 부러울것이 없을겁니다! 이 엄마가 대신 얘기해주는군요!
세상의 어떤그림보다도 아름다운 모습이 바로 이런 모습이 아닐까요?
사진이 딱 여기까지만 나왔답니다!
제가 연출해서 그려넣기엔 모자의 이미지가 너무 좋아 여기까지만 그렸답니다!
행복한 모습 영원하시기 바랍니다!

Comment

**Suanna : 정쌤~~~^^* 입가에 절로 미소가 ~~감출 수 없네요 ㅋ 쌩큐베리마치감솨^^*

장경희 : 사랑스러워요~~^^*

이숙연 : 익살스러운 아이의 표정에서 아직 의미는 모르겠지만 행복이 듬뿍 묻어나는 것 같아요~ 엄마의 마음은 더욱 더 그렇겠지요?^^

김병선 : 함께 행복해집니다

변정희 : 아이 표정이 지대론데요~^^

2012.06.15

큰일 나실라고…

시력이 안좋으신가봐요. 선그라스 끼시고 안경은 모자위에 걸치셨군요!
그러다 안경 잃어버리거나 깨트리거나 둘중의 하나랍니다요. 제가 모자 위에 선그라스를 걸치고 다니다 몇 번 잃어버린 적이 있답니다.
조심하세요!

Comment

수라니뽀~♡ : 오우~~ 넘 이뽀요..z 완전 감동이네요.. 너무 좋아서 너무 기뻐서 눈물이 나려해요. 중년에 이르러 최고의 선물이 아닌가 생각되네요~
표현력이 부족해서 지금의 기쁘고 셀레이는 맘 감출 수가 없네요
정진홍선생님 참으로 고맙습니다~!!

수라니뽀~♡ : 스마트폰 바꾸면서 컴에 있던 사진을 그때는 옮길 줄 몰라 폰 대고 찍어서 인가봐요. 너무 좋아서 울 아이들에게 자랑하고 있는중이랍니다
선생님~~다시 한 번 감사드려요♬

전!민병숙 콜렉션(민선생) : ㅎㅎㅎ 좋아 할거예요. 사랑받고 있다는 마음으로요

김정화 ..이다 자서전&스토리텔링 : 기분좋은 미소!!

☆sara☆김현주 : 저도 모자뒤에 썬글라스 올려 놓았다..깨뜨린 1인입니다^^

2012.06.15

이름을 안다는거...!

누군가의 이름을 안다는 거,
누군가의 이름을 부른다는 거,
그리고 누군가에게 내 이름으로 불리어진다는 거...

살아가면서 참 중요한 부분이라 생각합니다!
최소한의 친분을 가늠할수도 있으며 불러주는 이의 감성이 실리면 어떤 노래보다도 아름답게 느껴질 수도 있는 이름 !!!

사업성공의 한방법으로도 소개되기도 합니다!
성공하려면 상대의 이름을 잘기억하라고...

상대의 이름만 기억한다고 성공할 수 있겠습니까만 그만큼 중요하다는 뜻이겠지요!

하지만,
상대의 이름을 기억하는 것 보다도 더 중요한 것이 내 이름을 기억시키는 일 같습니다!
상대가 날 기억하도록 하는 것!

씁쓸한 기억이 있습니다!
평소 무척 좋아하는 선배가 한분 계시답니다!
전 어디가서든 그 선배의 후배임을 자랑스럽게 생각하며 호감을 표현하곤 했답니다!

언젠가 친구 몇 몇과 포장마차에서 국수를 먹고 있는데 오랫 만에 그 선배님을 뵙게 되었답니다!

너무 반갑게 인사를 드리고 잠시 얘길 나누다 제 자리로 돌아왔지요!
친구들에게 선배자랑을 한 것은 당연한 수순이었구요!
자리를 마치고 나가는 길에 선배님께 인사를 드리고 돌아서는데 부르시더군요!

"그런데 자내 이름이 뭐였지?" ...

이름을 알려드리고 돌아서면서 느꼈던 그 기분을 지금도 정확히 표현을 못하겠습니다!

그일 이후 예전처럼 그 선배님을 생각할수가 없더군요!
단지 내 이름을 기억 못하셨을뿐인데...!

제 반성도 많이하게 되더군요!
제 존재감이 미미해서 그랬을수도 있을테니까요!

카친 여러분들!
우리 서로 서로 이름부르고 잊지말고 기억해주기로 했으면 좋겠습니다!

Comment

박로라(경기)한지공예 : 카토리의 칼럼을 읽는 기분입니다. 정기구독 신청할 생각..^^~
☆글이야기~카스도배하는 친구 사절^~ : 네-정진홍 작가님!
비비아나 : 정진홍님!이름 기억하는 것 참 좋은 것이지만 잘 안되고 있답니다
이제부터 확실하게 이름으로 부르기... 정진홍님 오늘 하루 고생하셨습니다
낼 또 이름 불러드리겠습니다...ㅎㅎ
가수길손(내님의 향기.이대로)공연기획 : 전 오늘 저의 카스에서 정진홍님께서 그려주신 저의 스케치!를 올리면서 님의 이름 불렀어요!이런 우연이 또 있나요? ㅎㅎㅎ감사드립니다~
홍사황 Rain maker♡ : 그림을 그렇게 잘 그리시는 분이 글까지 맛깔나게 쓰시니..
결국 모든 창작은 한 뿌리일까요? 또 무엇을 잘 하실까요? 요리, 노래, 그리고?...

2012.06.15

멋진 분이신데...!

정말 멋진 카친이신데 달리 표현할 길이 없어 나름 연출한 컨셉입니다!

사람들에게 멋과 감동을 선물하시는 분이십니다!
저분의 눈으로 보는 세상은 어떤것도 작품이 되더군요!
그 감각이 참 멋지다는 생각을 볼때마다 했답니다!
뿔테안경과 정돈된 수염과 정갈한 모습이 빈틈없는 철학과교수님같으십니다만...!

아무리 그렇다고 하더라도 그냥 넘어가면 제가 아니지요!
빈틈없이 계획되고 정리된 이미지속에서도 머리카락만큼은 흘려내리셨더군요!
이건 뭐냐?
자유롭고 싶다는, 일탈도 감행할수 있다는, 세상을 향한 조용한 경고 아닐까요?
나 이런 사람이니 제발 좀 날 너무 빈틈없는 사람으로만 보진 말아줘! 라는...!
작품 잘 보고 있습니다!

카친으로 지낼 수 있어 참 좋습니다!
오늘도 많은 행복을 담아 오시기 바랍니다!

2012.06.16

참내!

갈수록 너무들 하시죠?

이런분들 때문에 제가 미인들만 그린다는 오해를 받아도 쌉니다!

눈이 나빠져서 당췌 손가락들이 어떻게 모여서 무슨짓을 하고있는지 알길이 없어 약한 선으로 날렸습니다!

이해해주십시오! 제일 복잡한 손가락이었답니다!

즐거운 주말 보내시기 바랍니다!

Comment

박선영(부산) : ㅎㅎㅎ 손가락으로 멋을 부리셨네여.
여자들은 그래요. 저도요. 이해해 주세요!

여산(배희숙) : 정말미인이시네요~~

수라니뽀~♡ : 작품속에 주인공님 멋지신걸요..

전우진(친추사양합니다) : 와! 이렇게 올라올 줄이야~~ 완전감사해요^^~~♥
제 손가락이 섬섬옥수라고 ㅎㅎㅎ 너무 감사드리구요. 평안한 오후 되세요~♥

박로라(경기)한지공예 : 뭐든지 씨원씨원 하실 듯,^^~~

2012.06.16

큰일나실려고!

그리는 내내 누가 타면 어쩌지...라는 걱정 때문에 서둘러서 그렸답니다!
엘리베이터 맞죠?
어느 분이 타려다 눈 마주치시면...하하하...!
아주 즐거운 상상을 하며 그렸답니다!
세상에...!
어제 제가 이마가 너무 가려진 사진만 있어서 그리기가 힘들다고 말씀드렸더니 세상에 이렇게 까셨네요! 진심으로 보기 좋습니다!
얼굴형이 까셔야 훨씬 좋아 보이실 형이십니다!

Comment

수라니뽀~♡ : 까셨다는 선생님 말에 한참을 웃었네요...ㅋ
여산(배희숙) : 짜잔~~~진홍님! 감사합니다. 덕분에 멋진 주말이 될 듯...
이마를 가린 이유 아시겠죠? 그런데 오해는 마셔요~~~
머리카락 숫자는 누구보다 많답니다^^ 감사합니다. 사랑합니다♥
조각하는, 정진홍입니다! : 여산님! 진짜 이마 가리시지 마세요!^^좋습니다^^

2012.06.16

핑계댈 게 없습니다!

사진 탓 만 했었는데 사진 탓은 아예 하지도 못하게 상태 좋은 사진을 올려 놓으셨으니... 하는 수 없이 나름대로 해석해서 그렸습니다!

연약하고 조용해보이시는 이미집니다만 강렬한 의지를 가지고계신분이셔서 강하고 거친선으로 포인트만 잡았답니다! 서양화를 하시는분들과 저같은 조각가들은 선호하는 연필선이 조금 다르기도 하답니다!

이해해주시고 그냥 웃어주시길...!

Comment

수라니뽀~♡ : 핑계거리를 만들지 못하게 하실 만큼 미인이시네요...

설순미 : 호호 운전 하다 잠시 세웠습니다^^어쩜 그리 사람 파악을 잘 하셔요.. 저 선생님께서 보신대로입니다.^^좀 덜뜨기도 하고 기분이 묘 하네요... 선생님의 드로잉 작품속에 저도 포함되어 있어 영광입니다.. 집에 가서 어떻게 가져 가는지 물어 데리고 가겠습니다

설순미 : 넘넘 감사해요.^^다른 분이 저를 그려 주신건 처음입니다..

조각하는, 정진홍입니다! : 영광입니다!^^ 마음에 드신척 해주셔야 합니다~^^ㅎㅎ

☆sara☆김현주 : 선이 달라져서 그런걸까요...? 유난히 깨끗한 이미지셔요^^신선미인^^

2012.06.16

몰입할 수가 없습니다!

선생님! 여행 중 작품 감상 잘 하셨는지요?
사진 상으로 보아 대영미술관입니까? 제가 이 사진을 고른 이유는 선생님 사진 중 그나마 제일 큰 사진이기도 하지만 더 중요한건 선생님 뒤편에서 작품 감상 하고 계시는 분 때문입니다! 남의 일 같지가 않아서요....!

제가 요즘 속알머리가 조금 비어가거든요!
저분과 저 같은 사람들을 위해 머 좋은 약 없을까요? 하하하...!

Comment

☆글이야기~카스도배하는 친구사절^^~ : 와__ __ 감사합니다. 미술학도가 꿈인 저희 딸이 더 큰 관심 갖고 작가님 카스 보다가 부러움으로 제게 알려주네요. 사진은 루브르에서 찍은 거예요. 그림에 문외한이지만 감정이 충만했더랬지요.

박미화 ♥앉은자리가꽃방석! : 우하하 머리카락이 신경쓰일 때이긴 하지요
전 빠지는 것보다 하얘지는게 문젭니다. 시댁쪽이 빠지는게 문제구요 ㅋ
빠지는거나 하얘지는거나 신경쓰이긴 마찬가지 벌써 절반이상 하얗거든요.
짱구랑 나가면 손주냐고 물어요 ㅋ 대답 몬함미돠.ㅠㅠ

2012.06.17

다행입니다!

그리면서 그런 생각을 했답니다!
참 다행이다!
저 손이 다른 사람의 손이었다면 큰 싸움 났겠죠?
만약 제 얼굴을 누가 저렇게 잡았다면... 아휴...!
하하하...!

본인이 스스로 잡으신거니 얼마나 다행인지... 휴!
오늘은 이두와 삼두를 생략했습니다!
대신 아주 작은 얼굴크기에 포인트를 줬습니다!
칭찬해주시리라 믿습니다!

Comment

샬롬 ♥ 민서 : 점점 더 간결해지신 것 같지만 훨 더 적나라하게 느껴집니다!
살아있는 표정으로요!

Esopeureso. : 네, 무슨말로 어떻게 칭찬을 해드려야 하는지 고민중입니다.
늘 고맙고, 감사하고, 참 멋진분이시구나 생각합니다.
참 잘했어요. 스티커로☆☆☆☆☆드려요. 최고 레벨이시건 아시죠

수라니뽀~♡ : 미소가 아름답네요..지금처럼 늘 활짝웃으시길..예뻐요..

이숙연 : 정진홍님! 최고 레벨 별 다섯 개 받으셨네요~ ㅎㅎ

2012.06.17

옛날 이야기!

우리 수빈이가 유치원에 들어가기 전 일이다!
한때 무엇이건 던지는 버릇이 생겨서 혼이 자주 나곤 하던 시절...!

어느 날인가 또 그 버릇 때문에 혼이 나고 있는데 다른 날보다 조금 더 심하게 혼이 나고 있었다! 그래서 아내에게 물어봤더니...
"물건 던지면 안 된다고 혼을 내고 돌아섰더니 또 던지잖아! 그래서 더 혼을 내는 중이야!"
이렇게 보면 수빈이 잘못이다!
그런데 억울한 사연이 하나 더 있었으니...!

수빈이 할머니께서 웃고 계셔서 물어봤다.
"엄마! 왜 그리 웃으시는데요?"
울 엄마 왈!
"수빈이가 지네 엄마한테 혼나고 나서 울음을 그칠 즈음에 내가 '또 던져봐라!'
그랬더니 저 녀석이 진짜로 던지는 거 아니겠냐? 그래서 더 혼이 난 거란다!"
하하하...!

진짜로 던지라는 얘기로 듣고 던진 울 아들이 무슨 죄가 있겠는가...!
아이들을 어른들의 수준으로 대하고 이해하길 바라는 건 어른들 욕심 일 것이다!
욕심 부리지 맙시다!

2012.06.18

옛날이야기!

방금 전에 아이들 물놀이 그림을 그리다 문득 떠오르는 추억이 있어 적어봅니다!

제가 초등학교 다니던 시절은 지금보다 많이 추웠고 모든 환경이 지금과는 비교도 안 될 정도로 아주 열악 했었지요.

저는 시골에서 초등학교 3학년 때까지 다녔는데 그때의 추억이랍니다!
1973년 정도 쯤 일 것 같습니다!
그땐 동네마다 목욕탕이 있다거나 보일러가
집집마다 설치되었던 시절은 절대 아니었죠.

봄이 되면 선생님들께서 아이들을 데리고 냇가로 가서 조약돌을 줍게 하셨습니다!
물속에 있는 작고 깨끗한...!
우린 너나 할 것 없이 열심히 조약돌을 줍다가 장난도 치고,
암튼 즐거운 시간들을 보내곤 했었답니다!

각자가 주워온 조약돌을 한곳에 모은 다음에 선생님께선 동그랗고 작은 돌 하나씩을 찾아서 들고 냇가로 우릴 모여 앉게 하셨답니다! 그리곤 손등이며 발등의 떼를 벗기도록 하셨습니다!

그땐 더운물이 지금처럼 수도꼭지만 틀면 나오던 시절이 아니었던지라 아이들 태반이 손등과 발등이 터서 마치 거북이 등 처럼 되어 있곤 했었거든요!

선생님들께선 조약돌을 줍는다는 명분으로 물속에다 우릴 풀어놓고 떼가 불길 기다리셨던 것이었는데.....!

그립습니다!
그 시절의 그 아름다우셨던 스승님들의 환한 모습들이...!
지금쯤이면 연세도 너무들 많이 되셨을 것 같은데...

만수무강하시길 조용히 빌어봅니다!

Comment

유순오 : 우리 어린시절에는 거의 그랬지~~ 지나온 시절의 추억이지~♡♡♡
별 럼 맑고빛 렴 밝게 : 비슷한 추억이네요. 행복한 날 되셔요^^
블루스카이 : 그대 그시절...ㅎㅎ 경험은 없지만 알 것 같아요...^^
마리아의뜰(풍경과스토리가있는집) : 한편의 동화를 읽는 느낌! 추억은 우릴 아련하게 하지요!
☆sara☆김현주 : 아아~~그렇던 시절이 있었군요..
마치 영화나 드라마의 한 장면같은 설명글이.. 더 잼 있어요^^

2012.06.18

이제 다 그려드렸습니다!

기분 좋습니다!
모든 카친 분들 다 그려드렸답니다!
아직 안 받으신 분들은 사진이 없거나 가족 중 누군가를 대신 그려 드렸을 겁니다!

이분이 마지막이신데 워낙 미인이시라 떨려서 잘 못 그렸습니다!
그래도 실물이 워낙 출중하시니 그림정도는 이해하시길 바랍니다!

이제부턴 지금까지 그려드렸던 분들 가운데 서운한분들을 다시 그려보려 합니다.
미리 말씀 해주십시오!
절대 그려선 안 된다는 카친들께선 미리 말씀해주셨음 합니다!
즐거운 오후들 보내시길...!

Comment

달콤한인생(La DolceVita) : ㅎㅎㅎ 정말 손떨렸나보네요~~ㅋㅋ 감사해용
박선영(부산) : 진홍님!* 정말 수고 많이 하셨어요. 누가 이 힘든 일을 끝까지 할 수 있을까요.
너무 감사드려요^^* 덕분에 그림들을 하나씩 간직 할 수 있으니 모두 행복하답니다.
수라나뽀~♡ : 정진홍선생님의 약속 멋지게 마무리하셨네요..
참으로 수고 많으셨어요..
이제 편히쉬세요^^

2012.06.19

오래된 인연

며칠전에 올린글에서 국민학교때 냇가에서 조약돌을 주우며 떼를 불렸다는 추억을 얘기했었다.

그시절을 함께 보냈던 동무다.
사십년 가까이 따로 지내다 최근에 연락이되어 만났다.
방과후 교실에 남아 레슬링을 하던 그 동무가 이젠 어엿한 대기업임원이 되어 세월을 치열하게 쌓아 온 것을 보니 참 뿌듯했다.
늘 곁에 있건, 아니면 소식도 모른체 따로 지내건 공유하는 추억이 있다면 언제든 다시 만나도 한결 같을 수 있다는게 내 생각이다

어항속에 사는 붕어들이 수초속과 수초밖이 다른 물이 아니듯, 같은 하늘 아래서 같은 공기를 같이 호흡하고 사는데 떨어져 있는게 뭐 대순가...

동무란 참 좋다!
사십년의 세월도 오분정도면 사라져버린다.
중년이 된 동무의 모습에서 중년이 되었을 내모습을 본다!

2012.06.20

이분은 아직도...!

이분은 아직도 어렵습니다! 처음에 그리면서도 어렵다는 생각을 했었는데 아직도 여전히 어렵습니다! 모든 분들이 다 어렵습니다만 유독 동세나 각도에 따른 미세한 변화가 있는 포즈는 더 어렵답니다! 그래서 한 번 더 해봅니다만 여전히... 하하하!
공부가 부족하니 그런 모양입니다! 어려웠던 분들을 복습해 보려 합니다!
혹시 알아보시겠거든 냉정한 평가 부탁드립니다!
그렇다고 때리시진 않으실거죠?

Comment

☆sara☆김현주 : 우아한 이분은 ..누구실까요?? 알아맞히기도..쉽진 않은걸요..?

송임숙 : 긴머리에 모자도 잘 어울리는 시원스런 인상이 기분 좋게 해주고 가까이 가고픈 생각이 드네요!! 정진홍 선생님께선 걱정 푹 놓으셔도 되겠습니다. 굿~굿~입니다..^*^

月也 김미경(wolya) : ㅋ 또 틀릴까봐 저요 를 못하긋어요.. ㅎㅎ 제 표정이 참 미묘하지여~ 저두 사진 찍으면서 그 순간의 기분에 따라 모든 사진이 다름을 이제야 알아 갑니다...^^*

조각하는, 정진홍입니다~ : 아~ 알아봐주셔서 감사합니다! ㅎㅎ 이해하시고 봐주세요 ㅎㅎ

이숙연 : 풍기는 이미지 참 우아하셔요~ 모자 쓴 모습도 예쁘시고.. 살짝 다가가"어디 사세요?" 하고 말을 건네 보고 싶은 마음이..^^

2012.06.20

황룡강에는!

아침에 작업실 나오면서 바라본 황룡강변입니다!
매일 이 길을 따라 오가면서도 언제 이렇게 노란 꽃이 만발했었는지 싶습니다.
잠깐 차를 세우고 사진을 찍으면서 참 묘한 생각이 들더군요!
조금만 더 무심하게 지나쳤다면 아마 애들이 질 때까지도 저는 모르고 지나다녔을 것 같아서 말입니다 !
얼마 전에 친구와 통화를 하면서도 그런 황망함을 느꼈던 적이 있었답니다!
너무 친한 친구라 곁에 없더라도 늘 같이 호흡하며 살아간다는 느낌을 주는, 문제 고딩 시절부터 절친한 친구랍니다!

오랫만의 통화에서 "자네 영영 못 볼 뻔 했네!"라는 친구의 첫마디에 농담인줄 알고 "그러니 있을 때 잘해라! 어디 다녀왔니?" 라며 대수롭지 않게 대꾸를 했는데 알고 보니 응급실에 실려 가서 퇴원한지 하루되었다는 얘길하더군요!
혈관이 막혀 죽을 뻔 했다는 친구의 얘길 들으면서 갑자기 너무 허전함을 느꼈답니다!
정말 영영 못 보게 되었어도 난 모르고 살아갔을 수도 있었겠구나 싶어서 말입니다!
가까이 있는 사람에게 잘하며 살아야 하는데 늘 마음뿐이지 그러질 못함이 많이 미안한 오훕니다!

여러분들께서도 혹시 지금 곁에 있는 분들이 계시다면 한 번씩 더 웃어드리고 전화라도 한 번씩 더 해드리기 바랍니다!
무거운 얘기였나요? 아니죠?
자! 어서들 전화 하십시오!

2012.06.20

개똥강의 - 피카소 이야기!

집에 들어가려는데 아내에게서 문자가 왔다!
"수빈이 한테는 팔천 순대 집 문 닫았다고 하고 늦게 들어와요! 밤 시간에 뭘 먹으면 살 쪄서 안 되요!"
그래서 다시 책상에 앉았는데 피카소가 떠올랐다!

내 작업실 탁자 위에는 한지로 만들어진 스텐드가 하나있는데 예전에 후배가 만들어서 대한민국 디자인상을 받기도 했던 작품이다!
후배회사명이 '1912' 였었는데
'1912' 는 피카소가 종이작업을 시작한 해 라고 한다!

피카소의 이야기들은 너무도 많은데 한 가지만 하자면,
피카소의 아버지는 미술교사였다고도 한다!
어린, 아주 어린 피카소가 아버지의 화구로 그림을 그렸는데 그 그림을 본 피카소의 아버지는 그 이후로 붓을 잡지 않았다는 전설 같은 이야기도 있다!

이이야기의 사실여부를 떠나 초기 피카소는 사실적인 그림에 충실했으며 그것에 아주 뛰어났던 것으로 알려진다!
피카소의 그림을 흔히 발가락으로도 그 정도는 그리겠다는 사람들도 있다!
하지만 피카소의 그림이 변천해온 과정을 알게 된다면 심히 부끄러울 소리다!
피카소가 철저한 구상작업에서 점차 자기만의 세계를 구축해나가는 과정을 조금만 살펴본다면 이작가의 천재성을 느낄 수 있을 것이다!

구상작업 자체는 건너뛰고 아예 추상작업으로 시작하여 본인도 이해 못 하는 작품을 난해하게 포장하기 바쁜 일부 장사꾼 같은 작가들과는 완전히 다르기에 피카소에 대한 일반인들의 오해는 좀 풀어주고 싶었다!

카친 분들 중에는 그런 분들이 안계실테지만 혹시나 싶어 말씀을 드린다!
피카소는 정말 위대한 천재며 노력하고 고민하며 치열하게 자신의 세계를 구축한 예술가였음을...!

스텐드 하나 때문에 잔소리가 너무 길어졌는데 이해해주실 것으로 믿어 의심치 않으며 이상으로 오늘의 개똥강의를 마치겠습니다 !
모든 분들 편한 밤 맞으시길 바랍니다!

Comment

☆글이야기~카스도배하는 친구사절^^~ : 이런 강의 참 좋습니다. 자주 듣고 싶고요.^^
편한 밤 보내세요.

장경희 : 맞습니다~ 스페인의 말라가에 갔을 때 피카소 생가에 들렀었지요~~
바르셀로나에 피카소미술관도 가보고 저도 많이 놀랐지요~
피카소가 어렸을 때 그린 그림을 보고 천재성을 보았습니다. 입체파의 추상적 그림보다 먼저 탄탄한 기본 바탕이 뛰어났었다는 걸 알았지요. 그의 눈빛은 열정이 가득차 있고 노년에도 꺼지지 않았던 사랑을 했고 많은 작품을 남겼지요.

홍사황 Rain maker♡ : ㅎㅎ멋진 선생님^^ 그렇죠! 천재 예술가 피카소는 위대한 인물이죠~~
순대는 안사시겠네요?ㅎㅎ

이장용 ACRODESIGN Interior&Architec : 피카소의 올바른 조명입니다..감사합니다..^^

☆sara☆김현주 : 피카소...화지라는 평면위에..입체적 표현을 하기 위해 끊임없이 노력했던..
천재였지요.. 개똥강의라니요..가당치!않으심!yo^^

2012.06.20

개똥강의 - 오귀스트 르네 로댕!

"where to finish!"

로댕의 그림을 보시고 의아해 하실 분들도 많으실 것 같지만 저렇게 생겼습니다!

로댕의 작업실벽에는 저 문구가 적혀있었다고 합니다!

"어디서 끝낼 것인가!"

작업을 하는 사람들의 공통된 고민일 것입니다!

부족하지도 않고 넘치지도 않는 지점!

조금만 더 하면 더 좋을 것 같다는 생각에서 작품을 버리는 경우가 많고 과감히 끝냈는데 미완성으로 보일 경우도 많습니다!

결국 완성된 작품은 작가의 결정에 의해 탄생되는데 그 결정이 얼마나 힘든 것인지를 로댕같은 거장의 고민에서도 알 수 있을 것입니다!

쉽게 예를 든다면,

동남아의 목재가구들을 보면 빈틈이 없이 빼곡하게 조각이 되어있습니다!

하지만 그걸 훌륭한 가구라고 하기엔 너무 시대에 뒤떨어져 있는 것 같지 않습니까?

몇 해 전 부터 세계적인 추세가 '젠' 스타일이라는, 아주 심플하면서도 여백이 있는 디자인을 선호하고 있습니다!

만약 동남아의 가구들을 디자인하면서 전체를 조각으로 도배를 하지 않고 극히 함축된 일부분만을 정교하게 조각한다면 그 가구들은 아주 고급스러운 가구들이 될 수 있지 않을까 라는 생각을 해봅니다!
결국 로댕의 고민인 어디서 끝 낼 것 인가를 다시 한 번 생각하게 하는 것 아닐까요?
비단 작품에만 해당되는 말은 아닐 것입니다!
우리가 살아가는 일상생활에서도 유용한 말이지요!
농담도, 고백도, 충고도, 원망도,...
어느 정도, 적당한 선.....!
정말 고민스럽죠?
하지만 늘 스스로에게 묻고 답을 내려야할 말 인 듯 싶어 여러분들과 한번 또 생각해보고 싶어 소개합니다!

지루하신가요? 하하하... 그죠?
안 돼! 사람 불러!

한번 씩 생각해 봄직한 말 인 것 같습니다.

"where to finish!"

Comment

신재홍 : 저도 늘 고민한답니다. 어제도, 오늘도, 내일도 편안한 밤 되세요.

목화신동훈 : 공감하는 글입니다.

☆sara☆김현주 : 한번쯤 점검해 봐야할 시점에.. "where to finish !" 충분히 고민해 봄직한,, 화두입니다. 간식도..작품도..사랑도..ㅎㅎㅎ

딴지은실 : 넵! 적당히 가 주는 미학을 다시 한 번..

2012.06.21

개똥강의 - 지젤!

카스에 그림을 그리면서 처음으로 배경을 칠해봤습니다!
그림의 효과를 위해서 그랬답니다!
4b 연필로 그린 그림입니다!

지우게를 사용하지 않고 그린 그림이라 색감이 그리 많은 차이는 없을 겁니다!
연필화에서 지우게는 포인트를 줄때 주로 사용한답니다!
더 극적인 대비를 주기 위함이지요!
하지만 자칫 지우게가 과용되면 그림이 가벼워 질 수도 있을 것 같다는 게 제 개인적인 생각입니다!

연필의 심이 반복해서 지나가는 곳은 분명 색감이 더 진해진답니다!
그런 방법으로 색감의 차이를 주고 포인트를 잡아가는 연습을 하다보면 최소한의 지우게 사용으로도 극대화된 대비를 노릴 수도 있을 겁니다!
저는 지우게와 친하지 않은 편입니다!
거의 사용하지 않을 정도로...

제 책상위에는 콩알만 한 지우게가 하나있는데 밖으로 삐져나온 선을 정리하는 용도입니다!
카친 여러분들께 연필로 그리는 그림을 추천하고 싶습니다!
누구나 할 수 있는 것입니다!
다만, 끝까지 완성시키는 철칙만 지키신다면요!
그리다 포기하면 절대 늘지 않습니다!
잘못된 그림도 끝까지 완성 시키다보면 많이 늘어가는 실력을 금방 확인 하실 수 있으실 겁니다!
어디서나 연필 한 자루면 할 수 있는 취미생활!
좋을 것 같지 않습니까?
방법이나 규칙은 없답니다!
자기 나름대로 끝까지 완성시키는 게 중요하며 그런 작품들을 모아놓고 다시 보다보면 처음과 달라져가는 뿌듯함을 금방 느끼실 수 있으실 겁니다 !
해보십시오!
부끄러워 하시지마시고 올리십시오!
같이 품평도 하고 공부도 하고 좋을 것 같습니다만...!
시커먼 그림에 놀라시지들 않으셨음 좋겠습니다!

Comment

♪♩muosun♪♬ : 전에 얼굴 그리는 것을 좀 배웠는데 어렵더라구요. 연필로 그렸었는데 인내심이 많이 필요한 거 같아요.~*^^*~~~

bejjangE♡소은 : 연필 인물화 쬐끔 배우다 말았는데.. ㅋ
계속했으면 아마 정진홍님 만큼 그렸을지도.. ㅋㅋ

조각하는, 정진홍입니다! : 다시 하십시오~^^ 많이 하시면 됩니다!
저는 비교대상에서 빼주시고 전문가들과 경쟁 하셔야죠~ㅎㅎㅎ
그림은 가까이 할수록 친해진답니다! 묘선님! 이정연님! 다시 하십시요!^^

☆글이야기~카스도배하는 친구사절^^~ : ㅎㅎ나름 비슷하게 그린다고 그렸는데 전혀 다른 모습 나왔을 때의 기분...

이숙연 : 시커먼 그림안에서 우아한 백조를 발견했습니다~ㅎㅎ정진홍님의 개똥강의4를 읽으면
순간 저두 한번 그려보고 싶다는 생각이 들었지 뭡니까? 그런데 세심한 면도 있어야 하고 끈기도 필요할 것 같은데 전 끈기도 집중하는 것도 잼병이라 맘만 저 만큼 달아나고 잇네욤~!^^;;

2012.06.21

부조

부조라는 조각 기법에 관해 지난번에 말씀드렸는데 기억들 하시나요?
릴리프 relief 라고 합니다!

평판에 먼저 스케치를 한 후 높낮이를 계산해서 입체감이 보이도록 하는 작업인데 보는 각도에 따라 형태가 왜곡되게 보이는 단점은 있습니다만 어느 한 방향에서는 그림보다 훨씬 실감나는 감동을 주기도 한답니다!

대상에 대한 풍부한 상식이 없이는 조금 어려운 작업이지요!
여러분들을 그려드린 이유가 인물부조에는 최상의 공부가 되기도 하기 때문입니다!
만약 여러분들의 모습을 부조로 제작한다면 평판위에 수천 번의 스케치를 반복하여 마무리를 한다고 생각하시면 됩니다!

연필심보다 비교도 안 되는 조각칼의 섬세함으로 인하여 오히려 연필보다 더 미세한 효과도 낼 수가 있답니다!
부조는 조각의 한분야로 독립된 영역을 구축할 정도로 작품성을 인정받고 있는 영역이랍니다!

부조에 대해 확실히 아셨죠?

오늘은 여기까지 하겠습니다!

2012.06.22

사람들은 이 인상 좋은 아저씨를 '장사익' 이라 부르지요!

세상에는 참으로 다양한 소리가 있습니다!
아름다운 소리를 내는 많은 악기들이 있습니다만 소리자체로 심금을 울릴만한 악기는 그리 많지 않습니다!

이분의 '찔래꽃' 을 듣는 순간 전율이 일었습니다!
조금도 가감 없는 내 속에서 나오는 감동이었답니다! 달리 표현할 수 없는, 전율이라는 단어 외에는 딱히 떠오르는 적당한 단어가 지금도 생각나지 않는군요!

이분은 장 사익 이라는 분입니다!
이분의 목소리는 그 자체로 너무 너무 훌륭한 악기랍니다!
이분에게도 행복한 오늘을 기원하겠습니다!

Comment

돗단배☆ : 노래도...모습도 좋으시죠. 멋지십니다.^^ 이분께 꼭 전해드려야 겠네요.^^
좋은 그림 그리시는 님도 멋지십니다.^^ 이정복/VOGS/blog.daum.net/bupinder
노래가 듣고 싶어졌습니다~

O♬경포호수에 잠긴달♬O : 금발이라도 튀어 나오실 것 같습니다.

bejjangE♡소은 : 이분 상가집가서 이미자의 동백아가씨를 불렸다는 일화가 있죠~
엄청 좋아하는 분이라 CD가 모두 있답니다. 모두 좋은 곡이라고 트로트도....

2012.06.22

이랬던 이들이...!

순간만 참으면 평생 고개 숙일 일 없을 거라고 다짐을 하며 유세를 했던 사람들처럼, 어쩜 한결같이 되고나면 목에 깁스를 하는 것인지....!

예전에 이런 상상을 해봤었다!
대통령 및 국회의원들이 당선이 되면 외부와 완전히 차단된 무인도에 의사당을 두고 임기동안엔 절대 못나오게 한다면?
대신 월급은 아주 많이 주고 국내외 정세는 정확하게 제공하여 입법 활동을 하게 한다면?
비리와 청탁은 최소한 없어지지 않을까싶어서... 하하하...!

국가를 위해 일하려는 사람들이 들어가야 할 곳에 사리사욕에만 관심이 깊은 사람들이 너무 많이 들어가 있지 않나싶다!
파벌이니 계파니 하는 것들이 국민들의 생존권보다도 우선인 사람들이 도대체 왜 그곳으로 들어가려고 야단들일까?
참내...!
땅바닥에서 큰절하던 초심을 더도 말고 일주일이라도 잊어버리지 않았으면....!

2012.06.22

실천하긴 어렵습니다!

생각은 있지만 행동으로 옮기는 일은 아주 어렵습니다!
아주 어려운 일을 실천할 수 있는 사람에겐 남들과는 다른 무언가가 있습니다! 확고한 신념과 그걸 행동으로 옮길 수 있는 '용기' 죠! 이분에겐 그게 있었던 것 같습니다! 어떠한 외압에도 흔들리지 않는 신념! 어떠한 악조건에서도 신념을 행동으로 옮길 수 있는 용기! 그래서 이분을 그리도 존경하나 봅니다! 연약하기 그지없어 보이는 이 노인네의 어디에 그런 강함이 들어있었을까요!
존경합니다!

Comment

☆글이야기~카스도배하는 친구사절^^~ : 부드러움 속에 갖춰진 곧음..
마하트마 간디의 삶에서 가장 존경스런 부분이지요.. 즐거운 저녁 시간 보내세요,,

김병선 : 저두 존경하는분..
그분의 길을 쫓아가기란 너무 힘들지만 아주 희미하게나마 노력중...ㅎ

박미화♥앉은자리가꽃방석! : 간디, 시공을 초월해 숭배할 수 있는 인물

장경희 : 오늘도 인물을 풀어 가시는 글이 그림과 짝하여 감칠맛이 나네요~~♬♬

☆sara☆김현주 : 외우내강의 표본 진정 존경합니다!

2012.06.23

참 고마운 분이시다

나로 하여금,
투표를 잘해야 한다는 걸 깨우쳐주셨고, 부동산투기에 대한 과감성도 몸소 보여주셨고, 불리한 약속 같은 건 지키지 않아도 된다는 도덕적인 해방감도 주셨고, 모든 면에서 '내가 해봐서 아는데...' 라는 자신감으로 통쾌한 해결책도 주셨고, 평소 잘 가지도 않았을 욕쟁이 할머니 집을 방문해 뜨거운 국밥을 훌훌 불며 맛있게 시식함으로서 욕쟁이 할머니를 전국적인 스타로 만들어주신 친서민적인 감성을 보여주셨고, 우리나라는 모든 면에서 문제가 없으니 될 수 있으면 해외로 자주 나가서 국가의 위신을 올려주시고 계시고, 나라의 중요한 자리는 무엇보다도 손발이 잘 맞는 내 주변 사람들을 써야한다는 인사정책의 일관성을 보여주셨고, 수도 없이, 헤아릴 수도 없이 많은 모범을 보여주시고 계시는 분이시다!

가장 큰 고마움은 누구라도 대통령이 될 수 있다는, 대통령이라는 권위를 바닥으로 내려 놓은, '나' 라고 왜 못해? 라는 자신감을 많은 부족한 사람들에게 심어주셨다는 점이다!
인터넷을 켜자마자 산티아고 명예시민이 되셨다는 승전보가 눈에 띄게 보여서....
대한민국 대통령이 일개시의 명예시민이 된 것을 대서특필 한 것도 묵인해주시는 관대함이 돋보여서 한 컷 했다!

참 고마운 분이시다!
나로 하여금 많은 것들을 깨우치도록 해 주신 감사한 분이시다!

2012.06.23

선생님! 죄송합니다!

재밌는 사진 찾다보니 인터넷에 선생님 사진이 올라와 있어 그렸습니다!
개인적으로 저는 웃긴 사진이라 생각하지 않습니다만 다른 사람들은 웃긴가봅니다!
재밌는 사진을 찾았던 이유가 있답니다!
재밌는 얘길 해드리기 위해서지요!

어젯밤의 일입니다!
그동안 그렸던 위인들의 그림을 수빈이가 알아볼지 궁금했답니다!
한분씩 보여줬지요! 아니나 다를까 몰라보더군요!
둘 중의 하납니다! 내가 그림을 아주 못 그렸거나 우리 아들이 위인전집을 건성으로 읽었거나...!

그러다 반가운 반응을 보이더군요! 김구 선생님 그림에서 말입니다!
"아빠! 나 이 할아버지 어디서 봤는데...!"
얼마나 반갑던지...!

힌트를 줬답니다!

"수빈아! 성이 김 씨고 이름이 한 자야!" 라고... 이쯤 되면 쥐어 준거죠?
그런데 이 녀석이 계속 아...! 만 연발 할 뿐 못 맞추는 겁니다!
그래서 결정적인 힌트를 줬답니다!
"이름이..., 팔 다음에?"

내 자랑스런 아들 왈
"아! 김 팔! 하하하~"

자기도 민망했던지 굴러다니며 웃더군요!
우리아들 나중에 박사나 시킬까요?

Comment

☆글이야기~카스도배하는 친구사절^^~ : ㅋㅋㅋ아드님의 대답이 참 귀엽네요.
어디서 본듯한 김구 할아버지.
이참에 그리신 위인들 이야기 아들 읽어보게 하는 것도...^^

김경희♥♥뿅뿅하드♥ : 제가 조아하는 작가 이외수님이시네요♥^d^♥

☆sara☆김현주 : 박사 시키셔요..원츄..yo^^

2012.06.24

휴일 잘 보내고 계시죠!

누굴까? 싶은 마음이 드신다면 다시 한 번 보시고 아주 쪼끔이라도 비슷하다 싶으신 분은 말씀하십시오! 그분 겁니다!

모든 카친들을 다 그려드렸는데 제가 너무 한가해져서 우울합니다.
이십여 일에 걸쳐 하루에 열 분에서 열 다섯 분을 그렸답니다!
어떤 분은 오 분 정도 걸렸고 어떤 분은 십 오 분이 걸리기도 했고요!
그리면서 집중하여 인물에 몰두하다보면 참 친해진 기분이 든답니다!
물론 저 혼자의 느낌입니다만...!
그런데 어느 날 갑자기 탈퇴한 회원이라는 문자만 덩그러니 남긴 체 이곳에서 나가신 분들이 벌써 몇 분 되신답니다!
당연한 현상이고 그렇게 돌아가는 게 이곳의 생태이니 비우라고 말씀들을 해주시는데 저는 아직도 비문명인이라선지 이런 이별에는 익숙하지가 않답니다!

그냥 노는, 별 생각 없이 언제든 안 보게 되더라도 전혀 서운하지 않을 정도로만 친분을 나누며 지내야 하는 곳이 이곳이라면 참 허망하지 않겠습니까?
울 카친들께서는 모두 가볍지 않은 , 그냥 있어도 그만 없어도 그만인 사람들이 안 되셨음 좋겠습니다!
여러분들은 최소한 제게는 그런, 있어도 그만 없어도 그만인 분들이 아니십니다!

저 역시 여러분들께 그런 사람이고 싶답니다!
'오는 사람 안 막고 가는 사람 안 붙잡는다!' 라는 말이 멋집니까?
정말 너무 냉정한 말 아닌가요?
우리 스스로 정을 떼며 살지 않았으면 좋겠습니다!
잔소리가 길어졌습니다!
휴일들 잘 보내고 계시길 바랍니다!

Comment

♥그레이스♥송♥ : 너무 따뜻한 말 동감입니다~손들라구 하면 ~저예요~ ㅋ~ㅋ
임~♪자영 : 따뜻함이 묻어나는 글이 참 좋습니다,,,*~*
♪♩muosun♪♬ : 작가님 혹시 저 아닌가요? 저라면 너무 고맙습니다.
오늘 날씨는 흐려서 그런지 시원해요.
조각하는, 정진홍입니다! : 넵^^ 묘선님도 좋은날 보내세요 ㅎㅎ

2012.06.24

개똥강의 - 빛

오늘은 빛에 관해 한번 얘길나눠보고 싶습니다!
미술작품에 있어서 가장 중요한 부분이 바로 빛을 어떻게 다루느냐? 라는 문제일것입니다! 빛을 어떻게 처리하느냐에따라 같은 소제가 천양지차로 다른 느낌을 주기도한답니다! 컬러사진을 흑백으로 인화했을 때의 이질감과는 또다른 차이랍니다!

빛의 화가라는 렘브란트의 작품들을 보면 역광이나 극렬한 빛의 대비를 통해서 작품을 더욱더 강렬하게 표현했는데 이처럼 빛은 모든 예술작품을 제작하는데 반드시 처음부터 계산에 넣어야할 중요한 부분이랍니다!
우리가 스넵사진 한장을 찍더라도 그 빛을 잘 활용한다면 더욱 더 감동적인 사진을 찍을수 있답니다! 화장실에서 찍은 사진이 더 강렬한 이유도 바로 빛 때문이랍니다! 빛이 모여있기 때문이죠! 빛을 잘 활용하면 예술작품같은 감동을 연출할 수도 있답니다! 강한 햇빛아래서 찍은 사진은 빛이 모여있지않기 때문에 허옇게 나오기일쑤죠? 강한 빛이라고 다 좋은건 아니랍니다! 모아지지 않은 빛은 별로 좋은 효과를 기대할 수 없답니다! 빛을 빼버리면 우리가 알고있던 모든 명작들은 정말 볼품없이 되어버릴 겁니다!

앞으론 작품감상을 하실때 빛을 어떻게 처리했는가를 보시면서 하시면 한층 더 재미가 있으실겁니다! 빛 의 중요성 이해들 되시죠?
미술품 감상은 정도가 없습니다만 자신들이 어떤 관점들을 만들어서 그것들을 가지고 살펴보며 재미를 찾는 방법도 있을것같습니다!
빛을 가만히 쫓아보시기 바랍니다.

2012.06.26

개똥강의6 , 예술은 사기다!

언젠가 어떤 분이 얘길 했었다!
백남준 이라는 예술가가 "예술은 사기다!" 라고 했었다고...!
그처럼 비중 있는 예술가의 얘기니까 신빙성 있는 얘기 아니냐고...!

이이야기를 어떻게 받아드려야 할까?
순전히 개인적인 소견이지만 난 이렇게 생각한다!

예술을 바라보는 관객들에게 사기를 친다는 게 아니라 예술작품을 제작하는 작가본인에게 사기를 친다는 뜻으로..!
작품을 제작하는 과정에서 작가들은 많은 혼돈을 격는다!
수없이 많은 질문들을 스스로에게 던지며, 수많은 답변들을 자신에게 하면서 어떤 시점에선 스스로 합리화를 시도하기도 한다!
그 과정에서 자신이 미처 의도하지 못했던, 처음 구상단계에서 미처 생각지 못했던 효과를 마치 의도했었던 것으로 합리화시키는 행위를 이 예술가는 '사기'로 표현하지 않았을까?

세상 어느 작가가 사기를 치기위해 작품을 제작하겠는가?
'예술은 사기다!' 라는 말은 앞뒤 설명이 생략된, 말장난 좋아하는 사람들의 모순된 꼬투리 일 뿐이니 카친여러분들께선 절대 그런 말에 귀 기울이시지 않으셨음 좋겠다!

이 땅의 모든 작가들이 나름대로 인내와 시련을 이기고 완성하는 모든 작품들은 그들에게 있어선 최고의 걸작품들이라는 점을 잊지 마시고 격려하고 마음으로 받아드리는 포용력을 발휘할 때 작가와 관객 모두가 행복 해지는 것 아닌가 싶다!

예술은 절대 사기가 아니다!

Comment

늘푸른유미 : 그럴수도 있죠. 보이는 관점에선...

♪♩muosun♪♬ : 예.최고의 걸작품이란걸 명심할께요.~~^^

江(바람부는들판)권기택 : 예술은 사기(士氣)맞습니다~~^^~~

2012.06.25

그렇게만 웃고 사세요!

너무 예쁜 웃음입니다! 그리는 내내 저 역시도 웃으며 그렸답니다!
무슨 좋은 일이 있으셨을까? 궁금했지만 안 물어 볼랍니다!
함박웃음이라고 하죠?
이런 웃음 부디 잃어버리시지 마시고 평생 간직하시기 바랍니다!
아주 귀한 복입니다!

Comment

여산(배희숙) : 정말 함박꽃 같아요~~

☆sara☆김현주 : 스마일 입매가 매력 넘치시는..누구신지..알 것 같아요^^

이숙연 : 저 이분의 얼굴을 보면서 같이 활짝 웃었답니다~!
이 분의 웃는 모습 보기만 해도 기분이 좋아지는군요~^^*
제가 아주 좋아하는 표정을 가지셨기에..아마도 이 그림을 보시게 된다면 그림보다 더 활짝 웃지 않으실까? 하는..^^*

정순천 : 웃음은 바로 전염이 되죠~ 저도 이분을 보면서 웃고 있답니다~ㅎㅎ

늘푸른유미 : 오~~~!!!이런 넘 감사드립니다^^ 저 맞죠? 정말 감사드려요!

조각하는, 정진홍입니다! : 이제야 보셨군요!^^ㅎㅎ

2012.06.27

스타일이 좋으십니다!

남자 분 머리카락 그리면서 이렇게 신경 써 본 적이 있었나싶습니다!
대충 기르신 스타일이 아니시라서요!
최대한 자연스럽게 손질하신 듯 해서 신경을 쓴다고 썼습니다만...!

오늘 다시 돌아 오셨답니다!
다시 즐거운 시간 만들어 가시길 바라며 올립니다!
미흡하더라도 이해하시길 바랍니다!
즐거운 저녁 되시길 바랍니다!

Comment

은학정 : 대만족 깜놀 했습니다. 아들따라 이발소 갔다 싹뚝 잘린 머리입니다~^^ㅋ
조각하는, 정진홍입니다! : ㅎㅎㅎ마음에 드신다니 좋습니다^^
블루스카이 : 긴머리가 잘 어울리는 남자분이시네요..ㅎㅎ
박미화♥앉은자리가꽃방석! : 여성분이신줄 알아쓰요 ㅋ

2012.06.29

안녕하세요! 안녕하세요! 안녕하세요!

누가 언제 내게 가르쳐줬는지는 모르겠다!
아주 오래전부터 해오던 습관인지라...!
똥차를 보면 1초 내에 '안녕하세요' 를 3번 해야 한다는 거!
그러면 그날 재수가 좋다는...!

아마 지저분한 걸 치워주시는 분들을 행여 괄시할까봐 어릴 때 누군가 내게 가르쳐준 주문이었던 것 같다!
난 아주 어릴 때부터 그 주문을 걸고 있다!
우리 수빈이도 따라한다!
어쩔 땐 전혀 기분이 그럴 상황이 아닐 때도 자동으로 나와 버려 민망 할 때도 있다.

하지만 기분은 분명 좋아진다! 확실히...!
여러분들도 그 주문을 같이 해보시지 않으실래요?
똥차를 보자마자 이런 저런 생각할 겨를도 없이 바로 나와야합니다!
세 번 반복해야 하구요!

안녕하세요! 안녕하세요! 안녕하세요! 하하하...!

7 월의

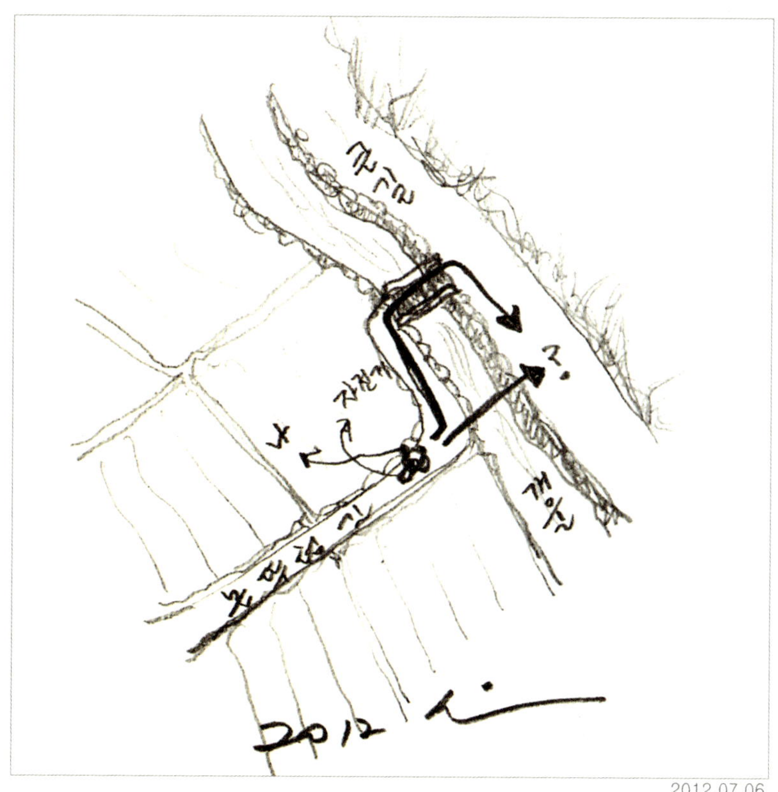

2012.07.06

옛날이야기 !

중학교 2학년 여름 방학 때의 일이랍니다!
이이야기를 읽으시기 전에 여러분들께선 제가 그려놓은 지도를 숙지해 주셔야 합니다!

여름방학이면 시골로 내려가서 지냈었는데 자전거로 옆 동네까지 가서 놀다 오곤 했답니다!
늘 다니던 논뚜렁 길이 있었고 그 길을 따라가다 보면 급커브로 꺽어져서 조그만 나무다리가 있었으며 그 다리를 건너야 큰길이 나온답니다!
늘 다니던 길인지라 눈감고도 다닐 정도로 익숙한 길이었지요!

그런데 언제부턴가 그 길을 오가다 호기심 내지는 모험심이 발동되기 시작했답니다!
영화 같은데서 보면 어느 정도 거리는 자전거로도 날듯이 건너뛰는 장면들 혹시 보셨나요?
조그만 개울인데 있는 힘껏 페달을 밟으면 건너 뒬 수 있을 것도 같더 군요!

며칠간을 망설이다가 어느 날 실행에 옮겼답니다!
급커브로 돌아가지 않고 직선으로 있는 힘껏 페달을 밟았습니다!
물론 이마가 깨지긴 했습니다만 ....!
정말 황당했던 건 이마가 깨진 것보다 그 당시의 상황이었답니다!
날듯이 거의 건너다 개울로 박혔다면 덜 창피 했을 겁니다!
그냥 바로 쳐박히더군요!
눈 깜짝할 틈도없이 바로...!
하하하...

깨진 이마에서 피도 나는데 보고 있는 동네사람들 눈이 너무도 부끄러워서 꾸역꾸역 자전거를 개울에서 끌어내 황급히 오면서 어찌 그리 웃음이 나오던지...!
지금도 가끔 시골에 갈 때면 그 생각이 납니다!
나는 듯이 건너보리라던 도전은 비록 형편없이 실패했었지만 실행에 옮길 수 있었던 어린 내 모습이 너무 대견해서요!

생각은 간절해도 쉽게 실행에 옮기지 못하는, 생각할게 너무 많아진 지금의 내 모습보다는 훨씬 멋졌던 어린 날의 내 모습이 그립습니다!
지금은 자전거 잘 안탑니다!

Comment

가수길손(내님의향기.이대로)공연기획 : ㅎㅎ잼있어요~~
저도 그런 비슷한 일이 있는데 짐 생각하면 웃음이 나옵니다~~ㅎㅎ
해피걸(친신노노노!잠수중~@@) : ㅎㅎㅎ어릴땐 다들 그런 호기심이 있었었죠~~~^^ㅋㅋ
설순미 : ㅎㅎ모험심 많은 어린 시절이었군요
서선애 : 당시엔 아프고 창피했던 일들이 지나고 나면 참 흐뭇하고 잼있는 추억이 되네요^^
덕분에 미소 한모금 머금고 갑니다
행복한 밤 되세요~~^^
♥오렌지♥ : 상상만 했는데두 웃음이~~개구쟁이 진홍아찌
돗단배 : 덕분에 행복한 웃음 짓고 갑니다...*
비타민 : ㅎㅎㅎ한편의 소설 같아요!

2012.07.08

대한민국의 위인들!

이 시대는 위인이 없다고들 한다!
대통령부터 정치인들 그 누구도 존경받지 못하는, 오히려 욕이나 덜 먹으면 다행인 사람들이 수두룩하다!
임기 내에, 혹은 임기 후에 감옥이나 가지 않으면 그나마 다행일 지경이다!
그런 사람들이 대한민국을 이끌고 있음에도 이나마 살아갈 수 있는 이유가 뭘까?
난 그이유가 바로 이 땅의 진정한 일꾼들이신 우리의 아버지 어머니들이 계셔서가 아닌가싶다!

가뭄 끝에 내린 단비를 맞으며 얼굴에 주름진 함박웃음을 머금고 계신 우리의 아버지 한분의 사진을 우연히 보게 되었다!
나라를 개판으로 만드는 이 나라의 위정자들의 헛발질에 채이고 멍들고 고심하면서도 정직하게 땀 흘린 만큼만 수확하고 그 수확을 고스란히 다시 사회로 돌려줄 줄 아시는, 이시대의 위인들이 아니신가!

사리사욕에 눈이 멀어 누굴 쓰러트려야 내가 산다는 논리로 무장한 재벌들의 냄새나는 수확보다 천배 만 배 가치 있고 향기로운 노동이 아닐까!
재벌의 수익은 재벌 안으로만 쌓이는 게 우리나라의 구조이며 그 구조를 구축하는데 이 나라의 대통령이하 위정자들이 큰 몫을 하고 있음을 누가 모르겠는가!
하지만 농부들의 수익은 비록 작지만 모두 다시 사회로 재투자가 되어 이만큼 나라가 돌아가고 있음을 우린 모두 감사해야 할 것 같다!
존경할만한 사람을 아무리 생각해도 떠올릴 수가 없어 '참 불행한 나라다!' 라는 생각을 굳혀가는 순간 내 눈에 들어온 저 어르신의 사진은 내 경솔함을 깨우쳐주었다!
존경할 사람을 대통령이나 정치권, 재벌이라는 기업가들 중에서 찾으려했다는 어리석음을 단박에 깨우쳐 주셨다!

이 나라에 존경할만한 사람이 없을 것 같다는 내 미련하고 경솔함을 깊이 반성한다!
이 땅의 보이지 않은 곳에서 나라의 기본을 든든히 받쳐 주고 계시는 어르신들!
건강하시고 오래오래 장수하시기들 간절히 바랍니다!

Comment

블루스카이 : 동감입니다...지당하신 말씀에..한 표요...ㅎㅎ
이숙연 : 함박웃음을 지으시는 아버지의 모습에 정진홍님의 글이 겹치면서
갑자기 울컥해지는 마음입니다..감동!!^^
이렇게 늦은 밤에 접하는 글이라 더 감성적이어서 그런 것도 같습니다.
편안한 밤되세요~!^^
비타민 : 그림에 덧붙여지는 좋은 글들 감사합니다...
♪♩muosun♪♬ : 인자하신 모습에 웃는 표정 하나만으로도 어떤 분이실지 알 것 같아요.
이런 분들이 존경 받아야 하죠.
♥그림이좋아♥은정 : 진홍님 저도 동감입니다 지당하신말씀~~!!(^.*)
☆글이야기~카스도배하는 친구사절^^~ : '존경'이라는 말을
자주, 많이 사용했으면 좋겠습니다.

2012.07.11

오랫만입니다!

아마 이곳에서 카친 분들을 그리기 시작한 초창기에 이분을 그렸었던 것 같습니다!
그 후로 삼 백 분도 더 지나가고 다시 이분을 그렸답니다!
초창기와는 다른 느낌으로요!
그동안 이분 프로필 사진도 바뀌셨고 해서 한 번 더 그려봅니다!
너무 좋아해주셔서 제가 큰 용기를 낼 수 있게 해 주신 분이라 늘 감사한 마음이랍니다!
처음 그림보다 나은가요?
처음 것이 차라리 더 나은가요?
하나도 안 늘었으면 어쩌죠?
공부 다시 해야 하는 건가요?
암튼 처음 드로윙을 시작 할 때의 마음을 다시 한 번 떠올리고 싶어 다시 그려봤답니다!
오늘은 그림을 그릴 기분이 아니어서 한 장도 안 그렸었는데 이 기분이 귀차니즘으로 이어질까봐 기어코 한 장은 그리고 갈려구요... !

카친 여러분들!
좋은 저녁시간 보내시기들 바랍니다!
저는 내일 또 나와서 까불겠습니다...!

2012.07.11

짧은 다리 한번 더..!

오늘 짧은 다리를 찍어대며 꼭 해드리려던 얘길 마저 하고 들어가렵니다!
대학 다닐 때 제 패션스타일이 좀 유별났었답니다!
금방 산 옷도 락스에 담가서 십년도 지난 옷처럼 만들어서 입고, 웬만한 라운드 면티들은 원래 라운드에서 더 헐렁하게 가위로 잘라서 입고, 청바지나 남방에는 그림이며 글씨며 혹은 간첩 암호 같은 걸 새기고 쓰고...암튼 왜 그랬었는진 모르겠습니다! 하하하...

애들이 청바지 구멍 내거나 구제로 만들려면 저를 찾아올 정도로...!
워낙 털털하고 자유분방한 스타일인지라 청바지가 일 년 내내 정해진 패션이었답니다!
그래서 많기도 했죠!
돌아가며 입어야하니까요!
전 바지를 사면 메이커든 비 메이커든 일단 제가 원하는 스타일로 만든답니다!
열심히 공을 들여서 말입니다!
세상에 하나뿐인 바지로...!

웨스턴부츠와 캠버스 화가 정해진 신발이니까 신발에 맞게 입는 바지가 따로 있었죠!
바지에 구멍 내는 작업이 아주 까다롭답니다!
너무 많이 내도 안 되고 구멍만 딸랑 내도 어색하고...!
바닥에 문지르기도 하고 사포로 긁기도 하고 망치로 때리기도 하고...
암튼 세상에서 하나뿐인 옷을 만들려면 신경을 많이 써야하죠!
결혼 전까지 전 어머니와 둘이 살았답니다!

제 어머니 올해 아흔이신데
웬만한 젊은 사람들보다 더 진취적이시고 긍정적이시고 낙천적이신 분입니다!

늘 자랑스러운 울 엄마시죠!
엄마와의 에피소드를 오늘 말씀 드릴려구요!

어느 날 학교에서 날 새기 작업을 하고 삼 일 만에 들어왔더니 엄마께서 제 방을 새방으로 만들어 놓으셨더군요!
대청소를 해 놓으신 거죠!
기분이 상쾌한 가운데 깊은 단잠을 이루고 옷을 갈 입으려는데 제 청바지들이 얌전히 정돈이 되어 차곡차곡 쌓여있더군요!

바지를 입는데 느낌이 이상해서 봤더니....
열 벌이 넘는 청바지를 안에다 천을 대고 촘촘히 누벼놓으셨더군요!
"엄마 ! 바지 누가 이랬어요?"
울 엄마 왈
"세탁소에 가지고가서 절대 안 떨어지게 누벼 달래서 해다 놨다!"

오늘 구멍 나고 헤진 청바지를 입고 보니 지금보다 훨씬 젊은 날의 엄마가 그리워지더군요!
그 시절로 울 엄마만 돌려드리고 싶은 간절함!
너무 허리가 굽으신 요즘 엄마의 모습은 아무리 편하게 계셔도 내겐 아련함 그 자체랍니다!
지금은 내 바지를 누벼주실 수 없지만 언젠가는 다시 엄마가 내 바질 망쳐주셨음 좋겠다는 간절한 바람입니다!
좀 있다 엄마랑 통화하면서 한번 물어봐야겠습니다!
그 사건 기억하시냐고...!

여러분들!
모두 모두 사랑합니다요!
편히 주무셔요!

2012.07.12

화창한 날입니다!

비도 그치고 화창한 날이로군요!
덥다는 표현보단 화창하다는 게 더 낫죠?

이런 정도의 날씨와 딱 어울리시는 카친이 계시거든요!
나들이 복장이 오늘과 너무도 잘 맞는 분이십니다!
그림으로만...!
사실은 긴팔 가디건 입으셨는데 넘어가죠! 하하하...

덥다고 불평해본들 무슨 소용이 있겠습니까?
어차피 여름인데...
아직 한참 남았는데...
더운 게 아니라 화창하다고 생각하기로 했습니다!

카친 여러분들!
화창한 날씨에 즐거운 시간들 보내세요!
아 ! 화창하다 !

2012.07.12

불편한 진실

불편한 진실 !
개그콘서트 황 현희의 불편한 진실이라는 코너에 제보하려고요!

왜 이러는 걸까요?
왜 여당 대선 후보들은 때만 되면 전직들과 이렇게 사진을 찍어대는 걸까요?
그 전직을 국민들이 좋아한다고 생각하는 걸까요?
아니면,
국민들은 싫어하는걸 알지만 본인이 존경하니까 그러는 걸까요?

대선후보들은 전직들에게 검증을 받아야 하는 게 아니라 국민들에게 검증을 받아야 한다는 걸 모르고 이러는 걸까요?

황현희의 불편한 진실은 계속됩니다!
이렇게 제보를 하려고 하는데 문제는 제가 황 현희라는 개그맨 연락처를 모르네요!

아! 불편하다!

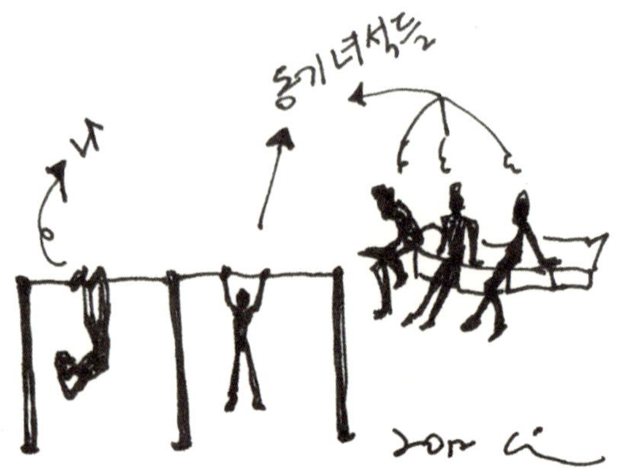

2012.07.16

옛날이야기!

열화와 같은 앵콜 요청에 힘입어 군대이야기를 한편 더 해드리겠습니다!

사내들의 세계는 무척이나 유치하답니다!
씨잘떼기 없는 것에 자존심을 걸고 기 싸움을 하곤 하죠!

훈련을 받다 잠시 쉬는 시간이었답니다!
동기 녀석 하나가 철봉대에서 턱걸이를 하는데 제법 폼이 나더군요! 마침 쉬는 시간이었던지라 모든 친구들의 시선을 한 몸에 받고 힘자랑에 열심이더군요!
평소에 그리 절친은 아니었던 동기 녀석인지라 약간 얄미운 생각이 들기 시작했습니다! 철봉대로 가서 저는 거꾸로, 발목을 직각으로 철봉대에 걸치고 윗몸일으키기를 시작했답니다!
의외로 힘이 안 들더군요!
한 번씩 올라 갈 때마다 동기들의 감탄소리가 들려오더군요!
얄미운 녀석의 턱걸이는 이미 끝났고 모든 시선은 제가 혼자 받는 상황!
짐작이 되십니까? 하하하...

웅성거리며 지켜보는 동기들을 의식하다가 오버를 하고 말았던지 급격히 허벅지에 힘이 빠지기 시작하더군요!
'서서히' 가 아니라 '급격히'....!
당황한 저는 안간힘을 쓰며 철봉대를 잡기위해 두 팔을 앞으로 나란히 자세로 뻗은 체 철봉대로 오르는데 그 시간이 정말 몇 시간은 더 걸리는 것 같았습니다!

거의 철봉대에 손가락 정도가 닿는 순간 견뎌왔던 발목이 풀리면서 지구를 향해 추락하고 말았답니다!
별거 아닐 것 같죠?
무지하게 아프더군요!
한쪽 얼굴과 어깨부분으로 떨어졌는데 정말이지...!
그것도 거꾸로 거의 다 올라갔다가 떨어졌으니...

동기 녀석들이 박장대소를 하며 한마디씩 하더군요!
" 너 머하냐? 하하하 "
얼마나 창피했던지.....

훈련을 마치고 저녁을 먹으러 가던 중 철봉대를 보면서 깨우친 게 있었답니다!
만약에 아까의 상황에서 내가 철봉대를 잡으려고 기를 쓰고 올라갈게 아니라 팔을 아래로 쭉 뻗었다면 바로 땅을 짚을 수 있었을 것이고 그랬다면 스타일 구기며 자존심 상할 일이 없었을텐데...

당황하니 오로지 올라가서 잡아야 산다는 생각뿐이더군요!
왜 멋지게 팔을 뻗어 가볍게 낙법으로 내려올 생각을 그땐 못했었는지...
허세의 끝은 쪽팔림뿐이라는 숭고한 진리를 얼굴한쪽 기스 내면서 깨우쳤답니다!
남들은 안 깨우쳐도 안하는 짓을... 하하하...!

오후시간 잘들 보내고 계신가요?
즐겁게들 보내십시오!

Comment

딴지은실 : 재밌는 얘기 잘 봤습니다~ 담엔 군대에서 축구하신 얘기 해주세욤...
하명화 : 슬퍼서 눈물이 나요"" 오쩌죠 ㅋ
조각하는, 정진홍입니다! : 명화님! 한분 뿐이시네요. 제 아픔을 이해해주시는 분이~;;
김옥희 : 푸하하하하. ㅋㅋ지송 웃으면 아니되는데 웃기네욤.
원숭이도 나무에서 떨어진다더니...동기들 웃음 준 걸로. 웃으세요. ㅎ
비비아나 : 진홍님 나름 귀여우신데가 있는데요...ㅎㅎ 요즘 하루하루 웃음을 찾지 못했는데 많이 웃다갑니다...감사드립니다!
수라니뽀~♡ : 홍 선생님 덕분에 무거웠던 하루 웃으면서 마무리 하네요..

2012.07.16

옛날 이야기!

세월을 많이 거슬러 올라가면, 여름 장마 비 속의 내 모습이 보인다!

고3 여름 이었다!
사춘기를 심하게 앓았던터라 질풍노도의 시기를 보내다 고2 가을에 시골로 전학을 가게 되었다!
전학생을 곱게 봐주시던 선생님들은 안 계셨던지라 같은 짓을 해도 다른 아이들보다는 내가 더 많이 혼나고 맞고 하던 세월을 보내다 드디어 고3이 되었다!

운 좋게도 담임선생님께선 중학교에서 막 우리학교로 오신 선생님이셨다!
학교 옆 동네에서 하숙을 하시던 선생님은 완전히 단벌 신사셨다!
봄 코트를 초여름한참 지날 때까지 입고 다니실 정도로...!

마치 독일병정처럼 깔끔한 외모에 길이가 짧아서 구두 위 복숭아 뼈가 살짝 보일정도의 곤색 양복을 늘 입고 계셨다!
다른 선생님들처럼 나에 대한 선입견은 없으실 것으로 착각(?)을 하면서 내심 잘해보려는, 다시 시작해보려는 각오도 하곤 했었다!

생활기록부는 생각하지도 못하고...!
암튼 그러다 여름이 시작되었는데...

어느 날이었다!

청소 끝나면 종례하고 하교를 한다는 건 다들 경험으로 아실 것이고...
청소시간인데 장대비가 무섭게 쏟아지기 시작하는 것이었다!

금방 그칠 것 같지 않은...

난 반 아이한테 자전거를 빌려서 집으로 향했다!
잘 안타던 자전거인지라 익숙하진 못했지만 열심히 페달을 밟아 집에 도착하여 우산을 챙겼다!

한손으로 우산을 쓰고 충분히 갈수도 있을 테지만 그렇게 가기엔 실력도 모자랐고 속도도 더딜 것 같아 자전거 뒤에 우산을 묶은 체 학교를 향했다!
그때 비는 지금보다 덜 산성비였으니까!
예전엔 비 오는 날이면 날궂이 한다고 비 맞고 돌아다니곤 했었으니까...!

열심히 밟아서 교문 앞을 들어서는데 저 앞에서 담임선생님께서 우산을 쓰시고 걸어오고 계셨다!
하숙집 아이가 가져온 모양이었다!

"정 진홍! 너 이 녀석! 종례도 빼먹고 어딜 갔다 오는 거야!
우산도 있구만 비는 왜 쫄딱 맞고... 쯧쯧쯧...!"
선생님의 꾸지람에 고개만 푹 숙인 체 한마디도 못하고 교실로 들어왔다!
'선생님 단벌 젖을까봐 우산 가지러 다녀오는 길이었는데요!' 라는 말은 목구멍 속에서 도저히 끄집어 낼 수가 없었다!
그 선생님께 유독 정이 많이 들었었다!
속을 너무 많이 태워드려서 죄송함도 컸고...

군대 가서도 유일하게 그 선생님께 편질 몇 번 보냈었다!
한 번도 답장은 없었지만...!

군제대후 난 선생님께서 왜 답장을 안 하셨는지를 짐작 할 수 있었다!
제대 후 다시 입시를 치루기 위해 원서를 쓰러 모교를 찾아갔다!
물론 그 선생님은 다른 학교로 전근을 가신 후였고...

젊은 여선생님께서 자꾸 생활기록부와 내 얼굴을 번갈아 힐끔거리시는 게 이상해서 유심히 봤더니....
형편없는 행동발달 사항 중에서 3학년 때의 내용이 가장 가관 이었다!

내 얼굴이 벌겋게 달아오를 정도로....

'그래서 답장 한통 없으셨던 거로구나' 라는 생각이 들면서, 내 편질 받으시고 곤혹스러우셨을 우리 독일병정님의 하얀 얼굴이 떠올라 그냥 웃었다!

이렇게 비 오는 날이면 어쩌다 떠오르는 추억이다!
지금쯤 많이 늙으셨을 텐데...!

Comment

김윤희 : 생활기록부 3학년 사본 좀 올려주세욤..하하하~~~

외동마님(한옥에서느리게살기) : 마음이 짠하네요ㅡ..ㅡ

양지(Yang G) : 그림이 모든걸 표현하네요. 만화 한 편 써보시는 건 어떨지...ㅎㅎ

느티김성종 : 옛이야기 그림은 참 소박하고 재미있습니다. 장 자크 상뻬의 다정한 그림 같기도 하고요.

김윤희 : 참 잼있는 학창시절을 보내셨어요~~쌤

♥wooheee : 옛날얘기 재밌게 할 수 있으시니 성공하신 겁니다. 멋진 인생으로 사시는 거요. 이렇게 친구들도 함께 행복감에 동감하구요

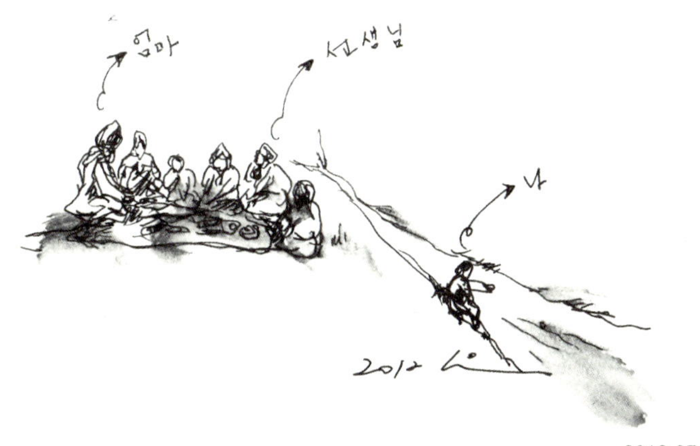

2012.07.17

옛날 이야기!

아주 아주 어릴 때 부터 난 부끄럼을 너무 많이 탔다!
남의 집에선 물 한 모금도 마시지 못할 정도로...
초등학교 3학년 가을 소풍 때의 일이다!
엄마들이 도시락을 준비해 오셔서 선생님과 다른 학부모님들, 그리고 다른 학생들과 점심을 드시는데 도저히 그 자리에 끼어서 밥을 먹기가 힘 들었다!

엄마는 왜 오셔가지고...
짜증이 났다!
남들은 다 옹기종기 모여서 맛있게 점심을 먹는데 난 근처 개울가에 앉아 돌맹이나 던지고 있었다! 하하하...

엄마가 학교에오시면 아예 책상에 머릴 박고 일어나지도 못했었다!
보건소에 근무하시던 엄마께서 우리학교에 예방주사를 접종하러 오시곤 하셨는데 난 한 번도 맞질 못했다!
아주 난리가 나곤 했다!
안 맞겠다고 도망가고 울고불고...!
결국 저녁때 집에서 주사를 맞았었다!
밖에서 울 엄마를 만나는 게 부끄러웠다는 내 얘길 공감하기 힘들겠지만 그랬다!

중학교 때를 지나면서 그 부끄럼증이 조금 약해지고 고등학교를 지나면서 조금씩 뻔뻔해지고 사람 대하는 것에도 부담이 조금씩 옅어졌던 것 같다!

지금은 지극히 문제가 없지만 지금도 낯선 사람에게 쉽게 얘길 건너는 타입은 아니다! 친해지면 농담도 잘하고 얘기를 잘하는 편인데 모르는 사람에게 먼저 다가가서 소근거리는 타입은 절대 못된다!

세상을 살다보면 먼저 다가가서 소근 거리는 다정다감한 성격이 좋을 텐데...! 성격은 타고 난 것인지라 쉽게 바꿀 순 없는 것 인가 보다!

그냥 이렇게 살아야죠!
비 오는 화요일!
잘들 보내고 계시죠?
즐거운 날 되십시오!

Comment

김병선 : 요즘 옛날이야기 들려주셔서 너무 좋네요. 나는 뭐했었지? 하고 공감대도 있고...
즐거운 날입니다.

정순천 : 추억은 이렇게 마음을 맑고, 해피하게 해주는 것 같아요~ㅎ
저도 어릴적 소풍에 대한 추억을 잠시 떠올리며..그때 상황에 미소가 지어지네요~~ㅎ
요즘 정진홍님 덕분에 행복한 추억여행..잘하고 있답니다~~
저녁 맛나게 드시고... 또 맛난 글 부탁드려요~~^^

송임숙 : 진홍선생님 옛날얘기가 그 시절 생각을 그립게 해줍니다.
선생님 옛날 얘기속에 주인공이 바로 저 인양~~~!착각이 될 정도입니다.
그래서 더 재미있어 웃음이 납니다. 재미있는 저녁되세요~~^^

2012.07.18

흔적 !

그동안 카스에 제가 올렸던 그림들을 모아보니 이렇거나 많군요!
오늘 아침에 청소하면서 정리를 하다보니...
참내! 이 정도 일 줄은 몰랐는데...!

대학시절이 떠오릅니다!
매일 크로키를 하면서 어느 날 부터는 그게 버릇이 되고 그 버릇들로 인하여 남겨진 흔적들이 아마 수 백 권, 어쩌면 천권도 넘게 스케치 북으로 남겨지고 게을러질 때면 그것들을 바라보며 마음을 다잡던 시절이 있었답니다!

한 장도 버리지 않고 봉투에 넣었습니다!
친구들의 얼굴이며 제 일상의 기록들이니까요!
'우공이산' 이란 사자성어가 있답니다!
어리석은 노인이 산을 옮긴다는 뜻인데 저는 가끔 그 어리석음을 부지런하고 성실함으로 해석하곤 합니다!
그렇다고 산을 옮길 생각은 없습니다! 하하하...
'그냥' 하는 거죠!

세 명의 장님이 코끼리를 만져보고 제각각 다른 그림을 그렸다는 우화가 있습니다!
어쩜 세상을 살아가는 우리 모두는 장님일지도 모릅니다 !
각자의 눈으로 세상을 바라보며 자기방식으로 해석하며 인정하는...
내주관이라는 자아로 인해 장님이 되어버린 상태로 세상을 살아가고 있으니 어쩌겠습니까?
내 방식대로 살아야죠!

남들이 아무리 둥글다 해도 내가 느낀 다리는 평평한 걸....!
내가 만진 부위를 만진 다른 장님들과는 말이 통 할 테죠? 하하하...

Comment

박미화♥앉은자리가꽃방석! : 우공이산.어리석은 노인네라는 소릴 듣더라도 살면서 한번쯤 그게 해볼만한일... 멋지네요.

박오경 : 전 우공이산 이란 말이 미련하게 만은 들리지 않는데요?
미련해 보일지라도 요즘같은 세상에 똑똑한 냉혈인 보단 바보스런 따뜻한 가슴을 지닌 사람에게로 더욱 가까이 하고 싶네요.
올만입니다. 진홍샘님 올 삼복더위 잘 이겨내시고 좋은 작품 많이 기대합니다ㅡ

☆sara☆김현주 : 저도..코끼리의 어느 다리를 만지작 거리고 있을거 같네요^^
코끼리는 코가 생명인데..

2012.07.19

금붕어!

예전에 금붕어를 두 마리 키웠었다!
결혼 전이었는데 엄마와 단둘이 살던 때였다!

낮에 혼자계시는 엄마가 무료하실까봐 붕어를 키우게 되었는데...

가끔 거실탁자의 어항을 유심히 보곤 했었다!
수초를 사이에 두고 두 마리가 헤어져 있는 것 같기도 하고...
금붕어의 입에서 보글거리며 공기기포가 수면위로 올라오곤 했었다!

붕어들에겐 어항속이 세상의 전부였을 것이다!
그 어항 속만큼의 세상에서 서로 숨고 때론 싸우고...

어느 날 문득 그런 생각이 들었다!
우리가 살고 있는 이 세상이 어항이고 우리가 저 붕어라면...
우린 때때로 많은 갈등과 아쉬움으로 밤을 지새우기도 하고 아파하고 절망하고 그런다.
이별하는 아쉬움에 몇 날 몇 밤을 잠 못 이루고 속앓이를 하기도하고...
만약 우리가 사는 세상밖에 엄청난 세계가 있어서 우리가 살아가는 모습을 어항처럼 보고 있는 눈들이 있다면...
내가 어항속의 붕어를 보듯이 그들도 내가 살고 있는 모습을 보고 있다면... .
상상은 그 끝이 없는지라 그런 생각에 한번 젖어들면 그 생각에 지칠 때까지 난 벗어나질 못한다!
붕어두마리가 서로의 입에서 연신 기포를 뱉어내고 서로를 감싸고 있는 어항속의 물속에서 살고 있는 한, 그 어항을 벗어나지 않는 한, 아무리 수초 뒤에 숨었다한들 이별이라 할 수 있을까?

우리가 마시며 살아가는 이공기가 어항속의 물이라 치고 잠시 안 보인다고 이별일까?
어차피 내가 마시는 공기를 같이 호흡하며 같은 공간에 둘러싸여 살고 있는데 ...
이렇게 말도 안 되는 상상들을 하게 되면 웬지 내가 조금씩 더 자란 것 같고 그랬다!
이별이라는 것에 꽂히니 갑자기 옛날 금붕어 생각이 나서 그만...!

그 금붕어에 얽힌 이야기가 또 있다!
어느 날 학교에서 돌아와 보니 한마리가 수면위로 떠올라 있었다.
아무리 봐도 죽은 것 같진 않았다!
숨도 안 쉬고 떠올라 있다는 건 죽었다는 것인데...

혹시나 싶은 마음... !

난 접시위에다 그 붕어를 눕히고는 창문가로 갔다!
환기를 시켜주면 깨어날지도 모른다는 생각에...
그러다 문득 빨대가 생각났다!
야쿠르트 아줌마가 가져다주신 가느다란 빨대!
얼른 빨대를 가져와 붕어 입에 대고 인공호흡을 시켜봤다!
그리고 얼마 후 비로소 붕어가 죽었음을 확신하게 되었다!

놀이터에 붕어를 묻고 엄마가 오시기전에 한 마리를 사다 채워뒀다!
노인들은 사소한 것에도 마음을 다칠 수 있으니...

나이 서른을 훌쩍 넘기고도 붕어의 입에 빨대를 대보고서야 붕어의 죽음을 알 정도로 난 우유부단한 구석이 있다!
뭔 얘기를 하려고 이렇게 주절거리고 있는지도 모르겠다!
핵심이 뭐였지...?

에이...! 암튼 그랬다!
하하하...

2012.07.20

카친이십니다!

어느 분이 본인이신지를 모르겠더군요!
오늘은 작심하고 스토리를 읽어봤더니 이분이 제 카친 맞으실 것 같다는 확신이 들어 그렸답니다!

늦어서 죄송합니다!
제가 혹시 엉뚱한 분을 모델로 했더라도 이해해주십시오!
즐거운 오후시간 보내시기 바랍니다!

Comment

이기선(사생작가) : 멋진포츠. 혜성/시처럼흐르다
삶 세월이 묻어나는 모습입니다. 좋습니다
제주그린팜—김수종 : 카친님 고맙습니다. 어떻게 아시는지요 반갑습니다
조각하는, 정진홍입니다! : ㅎㅎㅎ스토리를 살펴보니 그 사진이 맞는 것 같았답니다!
즐거운 저녁시간 보내시기 바랍니다!
김윤희 : 포스가 ㅎㅎ 남다르신 카친이시군요~~^^

2012.07.20

또 금요일입니다!

주5일 근무제가 정착이 되긴 했나 봅니다 !
금요일이면 이제 주말 느낌이 조금 나려하는걸 보니까요.
예전에 어떤 가수의 "토요일은 밤이 좋아!" 라는 노래도 있었고 "토요일 밤" 이라는 노래도 있었는데 이젠 금요일로 바뀌어야 할 것 같습니다!

어제 그렇게 심하게 신경질을 부리던 매미부대가 이사를 갔나봅니다!
오늘은 조용합니다!
대신 소리 없이 몸으로 모든 걸 보여주는 잠자리 몇 마리만 여유롭군요!

갈수록 사람들이 여유를 잃어 가는 것 같습니다! 물론 경제적인 부분 탓도 있겠지만 그렇지 않은 평상시에도 마음의 여유가 부족해져 가는 것 같아 씁쓸합니다!

어려울 때 일수록 마음의 여유를 잃지 마라는 식의 교과서적인 얘길 하려는 건 결코 아니랍니다! 그냥 소소한 것에도 짜증부터 버럭 내는 사람들을 보고나면 참 이기적이라는 생각을 금치 못하겠거든요!
그런 모습을 우연히 목격하고 와선지 웬지 씁쓸합니다!
흔히들 이런 식으로 얘기하는 사람들이 있답니다!

"생각나는 대로 못 참고 내뱉어버려야 직성이 풀리는 사람이지만 그래도 난 뒤끝이 없어서 금방 풀어버리는 사람이야! 속으로 꿍 하고 있는 것 보다는 백번 낫지 않은가?"
정말 백번 나을까요?

이미 상대는 상처투성인데 본인만 풀어버린다고 상대의 상처가 치유될까요?
아니, 상대가 상처를 받는 것 따위는 관심도 없겠지요!

차라리 뒤끝 있는 게 낫다고 봅니다!
생각나는 대로, 상대야 상처를 입건말건 내지르는 사람들보다, 그리곤 돌아서면 언제 그랬냐는 듯이 천연덕스러운 사람보다는, 차라리 뒤끝이 있더라도 상대를 배려하는 사람이 백번 나은 것 같다는 생각이 듭니다!

오다가 어떤 사람들이 슈퍼에서 목청을 높이며 하는 얘기를 우연히 듣게 되었답니다!
뒤끝 없다는 사람의 목소리가 워낙 커서 안 들을 수가 없더군요!
올라와서 생각해보니 우스워서요!
그 사람은 뒤끝이 뭔 줄이나 아는 사람일까 싶어지고...!

주변을 살피며 살았으면 좋겠습니다! 같이 살아가는 사람들을 인정하는 삶이 좋은 것 아니겠습니까 !
오늘도 화창합니다!
휴....! 너무 심하게 화창합니다!

아! 어제의 매미부대가 다시 온 모양입니다!
오늘은 기필코 사생결단을 내볼 참입니다!
매미 잡으러 나갑니다!

Comment

느티김성종 : 너무 멋진 말만하는거 아닙니까? 몸가짐도 그렇겠지만 말입니다.^^
조각하는 ,정 진홍입니다! : 입만 살아서그러니 느티님께서 이해하십시오~^ㅎㅎㅎ
느티김성종 : 무슨 그런 말씀을요..진심과 거짓은 행간 속에 다 보이는 걸요.^^
조각하는 ,정 진홍입니다! : 느티팀은 저를 너무 좋게보세요!^^
늘 감사드리고 저 역시 느티님이 좋습니다!^^
이숙연 : 이 글을 읽으면서 욕심이 생깁니다.
지금까지 올리셨던 정진홍님의 글들을 작은 책으로 만들어 선물을 받으면
차암 좋겠다는^^, 너무 야무진 욕심이지요?ㅎㅎ 그렇듯 정진홍님의 글에서는 푸근한 정이 느껴집니다. 실제로 뵌 적은 없지만 그 마음이 그 진실함이 느껴집니다.
아마도 다른 카친님들께서도 저와 똑 같은 마음이자 않을까 싶습니다..

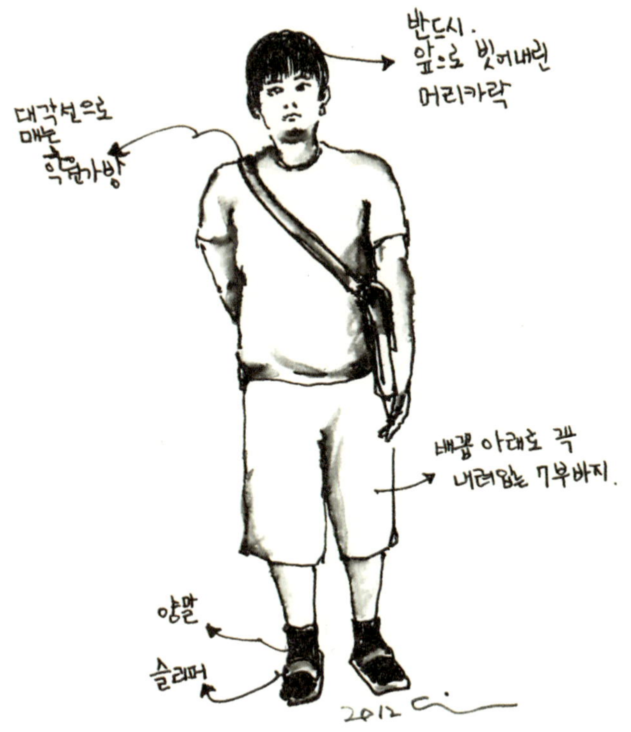

2012.07.21

소개합니다!

염색용 촘촘한 빗으로 반드시 위에서 아래로 빗어 내린 머리카락!
대각선으로 야무지게, 몸에 딱 붙여서 매고 다니는 학원가방!
배꼽 아래로 흘러내릴 듯이 걸쳐 입은 7부바지! (너무 흘러내려 8부나 9부바지로 보임)
슬리퍼 속의 필수 아이템인 양말 !
우리 수빈이 인상착의랍니다!

엇 그제 동네에서 마트를 가는데 저기 앞에서 그런 애가 오더군요!
촌스런...! 하하하...
가만보니 울 아들이었답니다!
얼른 뒤로 돌아서서 모른척하려는데

"아빠!" 라며 환하게 달려오는 녀석을 보며 막 달아나는 시늉을 했답니다!

"수빈아! 너 완전히 아저씬 줄 알았다! 하하하... 왜 그렇게 다녀 ?
양말은 좀 안 신으면 안돼? 그리고 가방은 왜 그렇게 매고 다니니? 가방끈 터지겠구만!
그리고 머리도 이마가 좀 보이게 하고 다니면 이쁘겠구만...!"
아들 왈
"괜찮아! 이게 편해!"

울 아들이 벌써 아저씨 패션에 익숙해져 버렸답니다!
살이 쪄서 그렇지 예쁜 얼굴이거든요!
이마도 좀 내보이고 깔끔하게 하고 다녔음 좋겠는데 그건 부모욕심이고 자기 나름대로의 패션스타일이 있어서 절대 말을 안듣네요!

만사가 다 느긋한 내 아들! 내년이면 중학교입학을 하는데 그땐 할아버지 패션을 고집할 것 같아 벌써 고민입니다!

"수빈아! 아까 아빠 도망가 버릴라했다!"
"왜?"
"니가 창피해서! 하하하"
"하하하하...."
그렇게 웃으며 집으로 왔답니다!
세상에서 젤 사랑하는 내 아들과....!

Comment

혜성/시처럼흐르다 : 허허허 좋으네요!
수라니뽀~♡ : 사랑스런 수빈이 멋져요..완전 짱임니당~!!
김윤희 : ㅋㅋ귀엽네요~~^^꼭 울 아들보는 느낌
설순미 : 요즘 어딜가나 앞머리 빗으로 빗어 내리는게 유행인가 봐요.^^
김윤희 : 귀요미~~~
☆sara☆김현주 : 멋진 아빠..든든한 아들...

2012.07.22

꿈!

그때가 언제였을까!
사랑과 영혼이라는 영화가 전국을 강타하고 있을 무렵이였다!
낮잠을 자면서 너무나 생생한 꿈을 꾸었다!

평소에 절친이었던 친구가 날 잡으려고 쫓아오고, 난 안 잡히려고 도망치는 꿈이었다!
처음엔 장난 비슷했는데 어느 순간부턴 분위기가 심각해졌다!
난 결사적으로 도망을 치고 친군 결사적으로 날 잡으러오고...!

어느덧 도망치는 길이 논두렁으로도 바뀌고 생전 보지도 못했던 사슴똥밭으로도 바뀌면서 어느덧 산길로 접어들었다!
경사진 산길로 도망가다가 너무 힘들어 큰 소나무에 기대앉아 쫓아오는 친굴 바라보았다!
그런데, 힘들어서 앉았는데 친구도 더 이상 쫓아오지 않고 그 자리에서 날 바라보고 있었다 !

그때부터 이상한 현상이 나타났다!

내 몸에서 점점 힘이 빠지는 걸 느낄 수가 있었다!
마치 콜라병에서 줄어드는 콜라의 양을 확연히 알 수 있듯이 내 몸에서 빠져나가는 기운을 마치 눈으로 보이듯이 느낄 수가 있었다 !
너무 신기하게....
다리부터 무릎, 그리고 허벅지, 가슴, 그리고 목까지 힘이 빠졌다!
그런데 너무 편해지는 것 아닌가!
날 잡기위해 쫓아오던 친군 안쓰러운 눈길로 바뀌어 날 바라보고 있었고...

그러다 난 머리에까지 힘이 빠졌고 편해졌다!
마치 백 미터 달리기를 전력질주로 마치고 운동장에 누워 눈을 감고 쉬는 그 기분이랄까!
그리곤 꿈을 깼다!

당시 난 사랑과 영혼이라는 영화의 후유증을 앓고 있었다 !
엄마와 단둘이 살던 때였는데 밤마다 천식으로 기침을 하시는 엄마 방을 내다보지도 못하고 속으로만 끙끙 앓는 표현력 빵점인 아들이었다!
영화에서처럼 영혼이란 게 있어 남은 가족들 곁을 떠돌기도 한다면 과연 페트릭 처럼 저승으로 갈 수 있을까?

난 못 갈 것 같았다!
이승을 떠도는 원귀가 되더라도 떠날 수가 없을 것만 같았다!
하물며 우리엄마는...!
많은 자식들과 손녀 손자들을 두고 가실 수 있을까?
얼마나 그 마음이 아플까....! 라는 생각들로 심각하게 고민을 하던 때 였었다!

영화 한편 본 걸로 그럴 수 있을까 싶으시겠지만 그랬다!
그러다 그 꿈을 꾸게 되었다!
내게 가르쳐 준 것 같았다!

죽음이란 게 내가 생각하고 있는 것처럼 그렇게 고통스러운 것이 아니라는 걸...
이승에서의 모든 일을 마치고 가는 그 순간이 고통이 아니라 편안한 휴식 같은 느낌일 수도 있다는 걸...

그 꿈을 꾼 이후로 난 엄말 생각하면서도 덜 아플 수 있었고 죽음이라는 것에 대한 확신은 아니지만 예전과는 조금은 다른 생각을 갖게 되었다!
죽었다 다시 깨어나서 사는 사람이 없으니 물어볼 순 없겠지만 내 꿈속의 죽음이 반드시 틀린 것이 아닐 수도 있으니까!
아니, 난 그 꿈속의 그것이 죽음이라고 믿고 있으니까!

신기한 꿈이었다!
날 조금은 편하게 해줬던, 당시의 고민을 조금은 날려주던, 그런 꿈이었다!
그래서 잊지 못하고 아직도 생생하다!
여러분들께도 알려드리고 싶어서...!
우리가 알던 죽음과는 다른 것일지도 모른다는 걸...!

아무래도
더위 먹은 것 같죠?

암튼 그런 꿈을 꿨었답니다!

Comment

☆sara☆김현주 : 심오한..꿈..이야기가..왜..아프죠..?
박미화♥앉은자리가꽃방석! : 생과사는 한 호흡 차이라는걸 ^^
☆글이야기~카스도배하는 친구사절^^~ : 너무나 생생한 꿈을 꿀 때, 대론 무섭고, 때론 행복하고...즐거운 한주 보내세요.^^

2012.07.27

일상 !

내 머릿속의 단상이다!

아주 오래전 어느 날 ,
처갓집 마루에 앉아 담아두었던...

땡자 나무 울타리 위를 지나는 전깃줄에 앉아있던 참새와, 그 옆에 우뚝 서 있는 빨간 벽돌로 만들어진 오래된 굴뚝!
탱자나무에 열린 노란 탱자를 보며 맛이 궁금해서 한번 먹어볼까말까를 고민하던 정오의 단상이다!

머릿속의 단상을 그림으로 옮긴다는 게 간단하지가 않다!
상상이 아니기에 그렇다!
엄연히 존재하는 실상이기에....

기억력을 동원하는 건 어렵지 않은데 조각도를 잡던 손으로 펜을 놀린다는 데에 문제가 있는 것이다!

하지만 하다보면 조금씩 나아지겠지 싶어 난 오늘도 내 머릿속의 단상들을 꺼내는 연습을 하고 있다!

더 많은 기억들을 꺼내다보면 그 기억들은 쉽게 잊혀지지 않을 기록이 되고 그 기록들이 바로 내 삶이 될 테니까!
십분 얘깃꺼리도 안 되는 몇 십년의 세월을 살아간다면 너무 허망할 것 같아서...

앞을 보며, 미래지향적으로, 과거에 집착하지 않는 삶이 진취적이고 성공할 수 있는 삶이라고들 하지만 내 자신을 잃어버리고 하는 성공이라면 그다지 메리트가 없다는 게 내 속 마음일지도 모르겠다!
미래를 향해 살아가지만 오늘 내가 살아있을 수 있는 기운은 과거에서부터 나오는 것이 아닐런지...!
비워버리고 잊어버리고 자꾸 버리다보면 뭐가 남을까?

그건 내가 아닌, 내 모습을 하고 있는 허수아비가 아닐런지.....
내 작업의 테마가 언제나 사람이었고 기억이었고 추억이었는데 내게서 그걸 빼버린다면 ...!

버릴 것은 하나도 없다!
아니, 버릴 수 있는 건 하나도 없다!

무엇을 버릴 수 있겠는가!
고스란히 내 삶의 흔적들이며 내 삶 그 자체인걸....

Comment

혜성/처럼흐르다 : 참 좋으네요. 즐겁구 행복하신 오후 보내십시오!

은힉정 : 감성 풍부 참새는 뭘 생각하고 있었을까?

(史林)김순경 : 지나간 시간들이 있었으니 오늘이 더 소중하리라 봅니다.
오늘이 소중하니 내일을 꿈 꿈 수 잇듯이..

이숙연 : 오늘을 살 수 있는 기운은 과거에서부터 나오는 것!!
동감+공감^^ 과거에 머무는 것이 아니라 그러한 추억이 마음에 남아 있기 때문에 현실에서도 충실할 수 있는 열정이 있는 게 아닌가 싶습니다.
과거의 내 모습과 그리고 현재와 미래의 내 모습이 같아야 한다는 생각~!^^
걍 제 생각입니다~^^
잠시 심오하게 나를 한 번 더 생각하게 하는 글이네요~^^

2012.07.27

울 엄마!

생활고에 시달리다보면
가끔 이런 생각을 한다!
'울 엄마가 내 나이 일 때 자식 여덟을 키우고 계셨는데..!' 라는...
내 나이 일곱이 되던 해에 아버지가 돌아가셨다!
엄마는 7남매를 데리고 고향집을 떠나 순천으로 이사를 하셨다!
5남 3녀 중 당시에 제일 큰 누나는 결혼을 한 상태였고 우리 형제 일곱은 마치 흥부네 식구처럼 엄마를 따라 나섰다!
그때 엄마 연세 고작 마흔 일곱이셨다!

시골에서 대대로 면장, 읍장을 하던 부잣집의 안주인이셨던 어제까지의 일들은 이미 엄마의 기억에선 사라지고 없는 것처럼, 우리 형제들을 고향이 아닌 객지에서도 남부럽지 않게 길러 주셨다!
울 엄마는 강하신 분이시다!
세상의 엄마는 다 강한 존재겠지만 울 엄마는 그중에서도 유독 강하신 분이실 것이다!

홀몸으로 자식들 일곱을 키우시면서도 남들보다 넘치진 못했지만 남들만큼은 해주시려 애를 쓰셨고 어떤 면에선 남들보다도 더 훌륭히 우릴 길러주셨다!
긍정적이시고 낙천적이시고 매사에 사리판단이 분명하셨다!
지금 아흔의 연세에도 주민번호는 물론 계좌번호까지도 외우고 계시며 아직도 독서를 즐기시는 울 엄마시다!
할아버지, 아버지께서 고향의 초등학교, 중학교의 설립자 이심에도 불구하고 학교를 국가에 기부하셔서 국립으로 만드셨으며, 시골 학교가 몇 십년 만에 폐교가 되었을 때도 설립자 가족에게 우선권이 있으니 신청하라는 주변의 권유를 일언지하에 거절하신 분이시다!
할아버님, 아버님 뜻은 분명 아니실 것이라는 게 울 엄마의 생각이시다!
우리형제들 모두 그런 엄마의 뜻에 반대하지 않았고...

아버지가 안계시다는 것이 행여 약점이 될까봐 가정교육을 엄하게 하신 울 엄마 덕분에 자라오면서 어디서나 버릇없다는 소린 듣지 않고 살아왔다! 세상에서 가장 귀한 게 가족이라는 엄마의 생각을 우린 자라면서 몸으로 익히며 살았다!

형제간의 위계질서도 분명했으며 니 것 내 것이 따로 없는 우리 집 분위기는 늘 주변의 부러움을 받았다!
그땐 몰랐다!
울 엄마의 하루하루가 얼마나 힘든 전쟁이었는지를...

세월이 많이 흘러 내가 부모가 되어 자식을 키우다보니 울 엄마가 천하장사셨다는 게 비로소 느껴진다!
주름투성이의 엄마모습에선 어린애같은 천진함도 느껴지고 그 천진함이 오히려 한없는 서글픔을 불러오기도 한다!

울 엄마.....!
난 우리 수빈이가 할머니의 위대함을 조금이라도 더 느낄 수 있게 해주려고 휴일이면 꼭 수빈일 할머니께 데려간다!
엄마껜 그게 가장 큰 기쁨이며 다행스럽게도 우리 수빈이에게도 그게 즐거움 인 것 같다!
영원할 수 없다는 걸 알기에 하루가 아쉽지만 남아있는 세월만큼은, 허락된 세월만큼은 후회 없도록 보내고 싶지만 하루하루가 후회투성이다!

세상의 모든 엄마...!
세상에서 가장 아름답고 위대하신 분들이다!
난 자랑스러운 울 엄마의 막둥이라게 늘 너무도 자랑스럽고 뿌듯하다!
날 낳아 주신 것이 너무도 고맙고, 날 길러 주신 것이 너무도 감사하고, 지금도 내 곁에 계셔주신 것이 얼마나 큰 축복인지...!
비록 엄마의 자랑이 아니라 미련이 되고 있지만, 그래서 그게 참 죄송스럽기도 하지만 내게 울 엄마는 언제나 푸르른 큰 나무이다!
울 엄마는 그런 분이시다! ...

Comment

외동마님(한옥에서 느리게살기) : 가슴이 울컥하네요. 같은 여자 입장에서 얼마나 힘드셨을지... 남은 여생 편안하고 행복하시길 기도합니다!

은학정 : 아! 이분 올 막판에 날 울리시네^^~

이숙연 : 가슴속 깊이 뭉클한 그 무엇인가가 솟구쳐 올라오는 것 같습니다
감동이예여~~ 유독 어머니에 관한 이야기에는 눈가가 촉촉하니 붉어지는 것 같습니다
참 훌륭하시고 존경스러운 어머니가 계셨군요~^^
정진홍님의 감성이 어쩜 그렇게 풍부하고 아름다울까 했는데 고스란히 물려 받으신거 같아요. 훌륭한 부모님 밑에 훌륭한 자녀가 생겨나는 법이니까요^^*

전!민병숙 콜렉션(민선생) : 선생님! 눈물이 흘러서 다시 한번 읽었어요!!ㅠㅠ
강하고 훌륭하신 어머님과 어머님을 자주 찾으시는 막내 아드님!!
오래오래 행복하세요!

2012.07.30

옛날 이야기!

그리 오래된 이야기는 아닙니다만 달리 제목을 붙이기 거시기해서 옛날이야기로 했답니다!

친구들과 모임에서 있었던 일입니다!
오늘 같은 날씨와는 정반대로 너무 추운 겨울이었답니다!
시골에서 멧돼지를 한 마리 잡았다더군요!
우리 모임은 숫자가 열 명 안팎인지라 그 멧돼지 한 마리면 충분하겠다싶어 주문을 해놓고 다들 시골로 모였습니다!

맛있는 멧돼지 바베큐를 그리면서 말입니다!
와! 그 멧돼지 참 살벌하게 생겼더군요!
가까이에선 처음 봤거든요!
원래 친구들 모이면 다들 엄청 나서기 좋아 하잖아요!
그 멧돼지를 놓고 저마다 한마디씩 하기 시작했답니다!
사공이 많으면 배가 산으로 가는 거 맞더군요! 하하하...!

제가 간단히 정리를 해줬답니다!
뜨거운 물을 끓여서 부으면 털이 쉽게 빠지니 일단 털을 빼놓고 어떻게 해먹을지를 결정하기로 했답니다!

제가 언제 멧돼지를 잡아봤겠습니까?

예전에 닭 잡을 때 보니 얼핏 뜨거운 물 부어서 털 뽑는 것 같더군요...!
두 명이 멧돼지를 손질하러 나가고 우린 방에서 이런 저런 잡담을 하며 기다리는데...
아무리 기다려도 소식이 없는 겁니다!
하나 둘 씩 밖으로 나가서 상황을 보게 되었답니다!
뜨거운 물을 팔팔 끓여 놓고 바가지로 연신 퍼부으는데 털이 안 빠지고 있더군요!
뭔가가 잘못되고 있었답니다!
이러다간 제가 완전히 독박을 쓸 판이었구요!
저처럼 몸으론 못하는 사람들이 말 빨은 쎄거든요!
"야! 좀 제대로 부어봐! 털이 안 빠지는건 물이 덜 뜨거워서 그러는 거 아니냐?"
그런데 제가 보기에도 물은 팔팔 끓는 물이었답니다!

식당 뒷마당에서 옥신각신 난리를 치고 있는데 식당 주인의 형님께서 오셨더군요!
그분은 우리들의 선배님 되시는 분이십니다!
"자네들 멧돼지 잡아보기나 했는가?
멧돼지는 털이 거칠고 튼튼해서 토치로 태워야 한다네!
누가 물 부어서 뽑자고 했어? 하하하..."
선배께선 한심 하다는 듯이 박장대소를 하시더군요!
이와 동시에 모든 친구들의 시선이 제게 돌아오고 저는 조용히 방으로 피신을 했답니다...!

뒤늦게야 토치를 가지고와서 털을 태우려는데....
물을 얼마나 많이 부어놨던지 털에 불이 붙질 않는겁니다!
한곳만 집중적으로 오래 불을 대면 고기타는 냄새가 나고....

결국 멧돼지는 포기하고 된장찌게로 저녁을 먹고 털이 타다 말다한 그 멧돼지는 선배님께 드리고 왔답니다!

먹다 남은 고기는 나눠서 집으로 가져가기로 했던터라 집에서는 멧돼지고기를 기다리고 있고, 모처럼 모임을 된장찌게로 마무리를 하게 만든 주범이 된 저는 찍소리도 못하고 눈칫밥먹고 살며시 나왔던 기억이 납니다!

지금도 가끔 친구들이 전화해서 놀린답니다!
된장찌게 먹으러가자고....하하하...!

제 친구들은 장난기 심한 제 말을 너무도 잘 믿는답니다!
언젠가 한번은 지리산에 콘도를 예약해서 모임을 한 적이 있었답니다!

제가 앞장서서 따라오라며 운전을 했고 제 뒤로 승용차 5대가 따라오는 그림이 되었답니다!

세 시간을 드라이브만 했습니다!
막상 큰소리는 쳤는데 도무지 못 찾겠는거지 뭡니까...!
결국 세시간후에야 자수를 했고 전 맨 뒤에서 따라갔는데 십분 만에 도착을 하더군요!
하하하...!
제가 안 나서면 모든 게 잘 됩니다!
그래도 제가 나서야 재미는 있다는 제 친구들 너무 귀엽지않습니까?

Comment

모모 : ㅋㅎㅎ잼나요 멧돼지도 엄청컸을터 뻣뻣한 털 보통일이 아니었겠군요 ㅋ
오유경(부산) : 드라마 한편 보고갑니다!
소중한분과 만난 저녁하세요.*^^*
박미화♥앉은자리가꽃방석! : 우하하하 돼지털을 뽑다니 ㅋㅋ
세시간 드라이브에 ㅋㅋ
공감200%
블루스카이 : 십분만에 갈 거리를...세시간 걸린 건 너무 하셨네요...ㅎㅎ

2012.07.31

백일홍!

언제부턴가 난 이 꽃이 좋다!
"백일홍이 세 번 피고지면 쌀밥을 먹는 단다!"
울 엄마는 백일홍을 볼 때마다 이 말씀을 하신다!
누구에게가 아니라 아마도 엄마의 독백이실 것 같다!

나도 언제부턴가 백일홍을 보면 엄마의 말씀이 생각나고 그런 생각을 이끌어주는 이 꽃이 참 좋다!
호수 주변을 둘러싼 백일홍 나무들이 수줍은 분홍빛으로 녹색일색의 경치에 포인트를 찍고 있다!
어릴 때 막내 형은 이 나무를 간지럼나무라고 알려줬었다!
간지럼을 태우면 가지 끝이 바르르 떨며 웃는다고...!
어느 추운 날 앙상하게 가지만 남은 이 나무의 겨드랑이를 간지럼 태우던 어린 날의 나와 막내형 모습도 이 나무엔 담겨있다!

백일홍이 난 참 좋다!

울 엄마와 막내 형이 웃고 있는 것 처럼, 땀 흘리는 순박한 이름 모를 농부의 웃음소리가 들리는 것 처럼, 새댁의 들뜬 립스틱처럼...!

8월의

2012.08.02

일상 !

“오빤 강남 스따일! 오빤 강남스따일!”
“시끄럽다! 꺼!”
“아 왜? 이거 요즘 짱이거든...!”
“안녕하세요!안녕하세요! 안녕하세요!”
“안녕하세요!안녕하세요! 안녕하세요!”
오늘 방학 중인 수빈이를 할머니 집에 데려다주러 가는 차안에서 나눈 부자간의 대화랍니다!

싸이의 강남스타일이라는 노래를 중얼거리는 아들 녀석이 귀여워서 일부러 끄라해 봤더니 발끈해서 대들더군요! 하하하...
부자간의 드라이브는 늘 이런 분위기랍니다!
지나가는 똥차를 보며 인사하는 것도 똑같구요!
할머니껜 가장 귀한 선물인 울 아들이 참 귀엽습니다!

어젯밤엔 자꾸 심부름 시키는 엄마 아빠가 귀찮았나봅니다!
“아! 애 하나 더 낳아!”
지한테만 심부름 시킨다며 하던 수빈이의 절규랍니다...! 하하하...
심부름 할 애를 하나 더 낳아달라는 울 아들은 말로만 그렇지 시키는 건 다 한답니다!
어쩐가보자 하고 이것저것 시켜보면
“아 또 ? ....” 라면서도 다 한답니다!
오늘은 태풍이 오고 있어선지 조금 시원한 날씨로군요!

마냥 좋아하긴 그렇지만 그래도 덜 더운 건 일단 좋습니다!

아침에 집을 나서다 발견한 해바라기가 반가워서 한 컷 올립니다!
예전엔 이 꽃이 우리들의 간식이었거든요!
즐거운 날들 보내십시오!

Comment

박미화♥앉은자리가꽃방석! : ㅎㅎㅎㅎㅎ하나 키울 때와 둘 키울 때가 마니 다르긴 하더라구요. 우린 둘이라캐도 띠동갑이니 위dpt놈이 다 봐주고 아랫놈시키는 거 다해주고ㅋ 가면보면 재밌어요!

김윤희 : 쌤~~!!!^^왠지 울 아덜ㅋㅋ 쭌이랑 마니 닮았어요~~~ 저두 심부름을 시킴 왜 저만 시키냐며 투덜 댐서두 예~~ 마지못해서 대답하구 하는 모습이 넘 이쁜디~~^^ㅋㅋ

skfo ˘ : ㅎㅎ~~~아드님을 생각해서 동생을... 진짜루 아드님을 위해서.... ♥

이정복/VOGS/blog.daum.net/bupinder : 난~ 해운대 스똬일~부자간의 대화가 재미납니다

2012.08.04

블루!

유배중인 블루다.
말썽을 피워서 화분에 묶인 녀석을 불쌍하게 생각하면 안되는데 자꾸 애교를 보고있노라니 마음이 약해진다!

도자기를 깨트렸다!
수빈엄마 졸업작품중 하나인데...
다시 붙일순없는것이니 어쩌겠는가
고의는 아닐테니...

어제 이빨이 빠졌단다 밤늦게 그얘길 듣고 깜짝 놀랐다!
인터넷을 찾아보니 5~ 6개월 정도에 어금니나 송곳니가 빠지는게 정상이래서 안심할 수 있었다.

녀석...!
점점 어른이 되고 있나 보다!

열대야로 고생하던 어젯밤, 블루녀석이 정신없이 행패를 부리는걸 보다못해 수빈이 방에 가둬버렸다. 그리고 한두시간이 흐른후, 잠들었겠지싶어 살며시 문을 열었더니 완전히 딴 고양이가되어 애교를 부리기 시작했다!

다시는 가두지 말아 달라는 듯이 애교를 부리며 연신 그르릉거리며 내 머리에 지얼굴을 부비면서 야옹거리며 불쌍한 티를 내더니 잠들었었다!

그랬던 녀석이 오늘 아침엔 돌변해서 행패를 부리다 도자기를 깨고 유배중인데...

말이 유배지 하고있는 자세로봐선 완전 천하태평이다!

수빈이가 없으니 심심한가보다!
수빈이가 있을땐 안고 다니며 끔찍하게 이뻐해주는데...

유배중인 블루를 구해주지못하고 나오면서 한컷했다!

구해주기엔 너무 중죄를 지은탓에...
내일 수빈이가 오면 아마 옆에 찰싹 달라 붙어서 고자질 할 것 같다!

"형아! 형아없는 이틀 동안 나 완전 구박 받았쪄! 야옹야옹!

Comment

예인김옥희 : 아그—블루야—
하필—그—도자기를——ㅠ
차라리——쌤 걸—그냥— 좀—밀어내지——
중죄는 중죄다———

♪♩muosun♪♬ : 이미 깨졌으니 블루 자유롭게 해주시면 안될까요
반성의 시간이 더 필요한가요 깨우침은 얻었을까요~~~!!

김윤희 : 더운데 지도 잘못한 걸 알구 반성하시만 그래도 벌은 받아야징~~^^

설순미 : 항상 느끼는 거지만 주인님의 사랑을 듬뿍 받는 블루...^^

김윤희 : 고양이도 젖니가 빠진다는 건 첨 알았네요!

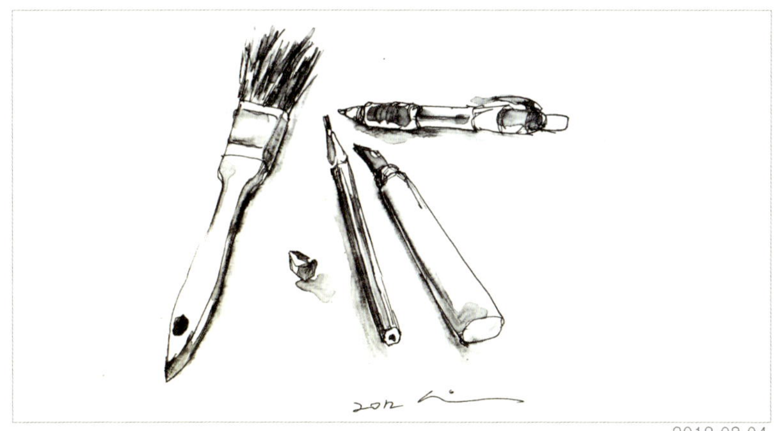

2012.08.04

팔자

오늘도 걷고 있다.
어제처럼,
그제처럼...

내일도 걷고 있을
오늘 같은 어제 그 길을
난 '팔자' 라 부른다.

애써 벗어나려 하지 않고
더 심취하려 하지 않아도
오늘도, 내일도,
변함없이 걷고 있을 이 길을
난 '팔자' 라 부른다.

Comment

수라니뽀~♡ : 우리들의 팔자는 정해진 걸까요.. 만들어지는 걸까요..

느티 김성종 : 팔자, 운명, 있다고 봅니다.
다만 겪고 대처하고 배우는 건 다 저마다의 몫이겠지요.^^

2012.08.07

늦었습니다!

그림하시는 카친이십니다! 사진이 너무 작아서 못 그리고 있었는데 큰 사진이 올라와서 얼른 그립니다! 언제 내려갈지 몰라서요! 작품전 준비 중이신듯 합니다!
잘 준비하셔서 만족할만한 작품전을 성황리에 치루시기 바랍니다!
전문가를 비전문가가 그리는 이런 헤프닝이 제 방에선 마주 있는 일이랍니다!
이해해주시고 웃어주십시오!
조그만 추억으로 생각해주시면 더 좋구요!
무더운 날씨에 건강 유의하시면서 작업하시기바랍니다!

Comment

이숙연 : 거의 올백의 모습이 예쁘세요~ 얼굴선이 참 아름다운 분이신거 같아요^^
어쩜 요리도 섬세하게 표현을 잘 하셨는지...ㅎㅎ

♥그레이스♥송♥ : ㅋ~ㅋ~ 혹시 전가요. 선생님 ~ㅎ~ㅎ~ㅎ
님~감사해요~ㅋ 꾸벅 당근~맘에~들어용 ㅎ~ㅎ~ㅎ~
행복하시구 대박~나시구 파이팅~요
♥가지러~가야데나~ ㅋ~ㅋ~ㅋ~

2012.08.07

탄광체험!

친구이자 카친이기도한 멋진 사나이 탄광체험 중인 장면이랍니다!
직접 갱도에 들어가서 광부님들의 노고를 몸소 느끼며 그 분들을 위해 뭔가를 찾기 위한 아름다운 체험이랍니다! 중년을 보내면서 고향에 뭔가를 해놓겠다는 의지가 강한 카친이랍니다! 고향을 다른 어디보다도 살기 좋은 곳으로 만들고 싶은 마음은 누구나 가질 수 있는 마음이겠지만 실천하기란 어려운 일이지요!
실천하고 있는 이 멋진 사나이에게 박수 부탁드립니다!

Comment

김옥희 : 네. 짝짝짝. 격려를 보냅니다...

꼬까신*(이성숙)* : 짝짝짝~~&& 저두 박수 보냅니다~~

드보라/윤경 : 멋지군요~~!!! ~~~~(^.*)

동그라미 : 저를 아름답게 그려 주셔서 감사해요^^이제야 인사드리네요 꾸벅
멋진 친구 두셔서 좋으시겠어요~
저도 제 곁에 좋은 친구들이 있어 행복하고 든든합니다^^

별처럼 맑고 빛처럼 밝게 : 황재형 작가가 연상되네요 '광부'
드로잉 멋져요 샘!

2012.08.09

600번째 스토리!

이 그림이 제 600번째 스토리랍니다!
얼마 전에 카친이 되신 분의 스토리에서 아주 오래전의 빛바랜 흑백사진을 한 장 발견했습니다! 소중한 사진이란 걸 느끼겠더군요! 수 십 년이라는 지나간 세월을 무색하게 하는 추억의 사진 한 장을 제 600번째 스토리에 올리려고 그렸답니다!

제 어린 시절의 모습도 생각나고...!
추억이나 회상 같은 아름다운 단어가 막 떠오릅니다!
지금은 연세가 상당히 되셨을 이 분들 중 어느 분이 제 카친이신진 모르겠습니다만 두 분 다 반갑습니다! 제 스토리에 모시게 되어 참 좋습니다!

친구님들! 조금은 시원한 늦여름, 초가을의 날씨를 즐기고들 계십니까?
우리 생에 다시는 오지 않을 오늘입니다!
의미있는 시간으로들 채우시기 바랍니다!

Comment

예인김옥희 : ㅋ—누구인지——알아요——샘— 꼬맹이가—샘—카친에요—
루디아 : 어머나~~깜짝요~~ㅎㅎ 어쩔 줄 모르겠네여~~감사합니다^^
같이 찍은 분은 그때 교회 교사였구요 4~5세 정도 됐어요~~^^ 감사해요 꾸벅~~^^
이숙연 : 600번째 선물이군요^^ 마음에 진한 감동의 선물~!
감사의 마음과 기쁨의 표현에 보는 저도 행복해지는 저녁입니다~ㅎ 멋지세요~!^^*

2012.08.09

이젠 더 이상은...!

참 존경하는 분이다!
잘못된 많은 것들을 바로 잡기위해 스스로 많은 것들을 내려놓으셨던 분이시다!
가장 높은 자리에 있는 사람이 스스로 누릴 수 있었던 많은 것들을 포기하기란 쉽지가 않았을 것인데...!

퇴임 후에도 존경받아 마땅한 최초의 전임대통령의 길을 걸으셨다!
비록 마지막 모습이 안타까웠지만 피치 못 할 당신의 아픔이었을 것이라 이해하고 있다!

요즘 다시 권력의 자리에 오른 많은 사람들이 그분을 내세운다!
너무도 사납게 상대를 몰아붙이고 마치 투사인 냥 매사를 전투적으로 하는 사람들이 그분의 뜻이라 감히 입에 달고 산다!
이젠 더 이상 그분을 욕되게 하지 않았으면 좋겠다!
무엇이 그분의 뜻인지를 제대로 알기나 하는 사람들인지...
언제 그분이 뜻을 관철시키기 위해서는 사납고 전투적인 투사가 되라고 한 적이 있었는가?

언제 그분이 내편 아니면 모두가 적이라고 한 적이 있었는가?
언제 그분이 법 앞에서 정치적 탄압을 들먹이며 자신을 변명하기 바빴었는가?
언제 그분이 선동과 구호만으로 국민들을 투쟁의 도구로 삼은 적이 있었던가?

그렇지 않으셨다!
그분은 묵묵히 실천을 했을 뿐이었다!
그래서 바보가 되셨고 그 바보를 국민들이 사랑했던 것이다!
지금 그분을 들먹이며 권력을 탐하는 많은 이들이 그분과는 다른 행보를 보이고 있다!
그러면서 그분의 뜻을 이어가기 위함이라 역설한다!
그게 그분의 뜻이 아니라 자신들의 욕심임을 국민들은 모두 알고 있음에도, 심지어는 그들 스스로도 국민들이 알고 있다는 사실을 알면서도 그런 짓을 번복하고 있다!

존경받는 사람이 없어져가는 사회이다!
그나마 존경 받을 수 있는 분을 더 이상 더럽히지 말고 그분을 이젠 놓아드려야 하지 않겠는가!
자신들의 서푼가치도 없는 정치적인 야망을 실현시키고자 진정으로 존경받아 마땅한 분을 만신창이로 만드는, 그 더러운 짓을 이제 그만 멈춰줬으면 좋겠다!
이 정권 초기에 대통령의 측근에서 온갖 악역을 자행하던 어떤 배우가 있었다!
그동안 알고 있었던 그 배우에 대한 이미지와는 180도 다른 그의 행보에 국민들은 너무도 충격을 받았었다!
하지만 그는 정권을 잡은 쪽의 일등 공신이었기에 그렬려니 하기도 했었다!
지금 야권에선 이번 대선을 통해 정권 교체를 해야 한다며 연일 핏대를 세우고 있다!
그들 중 상당수는 그분의 뜻을 계승한다는 것이 정치적 신념인 사람들이다!
그런 사람들 중 몇몇은 지나치게 과격한 표현과 극단적인 이분론적인 사고방식을 여과없이 드러내기도 한다!
그러면서도 자신들은 선하니 따르라한다!
그분의 뜻이라며....!

정권교체를 원하는 많은 사람들이 있다!
그 많은 사람들은 누가 정권을 잡느냐보다는 누가 국민들을 위한 정치를 할 것인가에 더 관심이 많다!
정치판에서 이미 돌아가신 분들을 팔아서 득세하려는 정치꾼들이 사라지기를 바라는 마음이 굴뚝같아 오늘 그분을 한번 그려본다!
그분은 몇 해 전에 돌아가신 분이다!
그분이 지금 그분의 분신이라 자처하는 사람들에게 어제, 그리고 그제, 무슨 말씀을 해주실수가 있었겠는가!

당당하게 정치를 하는 모습이 아쉽다!
누굴 팔지 않고 스스로의 신념과 확신으로 정치를 하는 사람들이 고픈 현실이다!
한 두 살 먹은 애들도 아니고, 누굴 내세우지 않고선 혼자 옷도 못 갈아입을 사람들이 정치를 하고 있으니 코메디 보다도 우습게 되버린 것 아닌가!
여야를 떠나 대권을 노리는 많은 사람들이 자기 스스로의 프로필로만 나서는 사람들이 단 한사람도 없다!
참 부끄러운 일이다!
누구랑 친한 사람들만 나와서 누구랑 친하니 뽑아달란다...!
반장선거도 아니고!
똑똑하고 양심적이고 진취적인, 그러면서도 살아온 세월이 부끄럽지 않고 떳떳하며 귀감이 될 수 있는 사람을 뽑을 권리가 우리 국민들에겐 있다!
국민들이 선거를 보이콧해야할 지경이다!
뻔뻔한 사람들만 나와서, 부족한 사람들만 나와서, 덜 뻔뻔하고 덜 부족한 사람을 뽑아달라는 선거를 언제까지 계속해야만 하는 것인지...

우린 누구 같은, 누구와 친한 사람을 원하는 게 아니라 누구보다도 훌륭한 사람을 뽑고 싶다!
당연한 상식이 오히려 이상인 이 이상한 현실이 나만 이상한가?
상식적인 사회가 되었으면 좋겠다!

더도 말고 덜도 말고 초등학교 교과서에 나오는 정도의.....!

Comment

효산 양재혁^^ : 어께에 외로움이 가득차게 느껴지네요...
☆글이야기~카스도배하는 친구사절^^~ : 이 시대에 그분과 같은 사람이 다시 나올 수 있을까 싶습니다. 더위 조금 가신 저녁에 어찌 또 맘 울컥해 덥게 만드시나요.
조각하는, 정진홍입니다! : 경란님! 조송해요~ㅎㅎ
하도 아류들이 설치는게 보기 싫어서 그만~;;^^
예인김옥희 : 샘의—옳은 말씀에—한표요——^^~ㅎㅎ
김경희♥♥뿅뿅하트♥ : 보고 싶고 정말...그리운 얼굴이에요ㅜ
설순미 : 선생님^^그림 느낌 넘 좋습니다. 아깝고 ...그리운 분입니다^^
송인숙(하얀그리움~♥) : 너무 보고싶은 분입니다~♥

2012.08.10

부지런하신 선생님!

참 부지런도 하십니다!
오늘도 변함없이 오전 일찍부터 하루를 바삐 사시고 계시네요!
부끄럽습니다!

멋진 모습을 붓 펜으로 옮기려니 손이 떨려서 비례가 안 맞은 듯 합니다만 내친걸음이니 완성시켰습니다!
이해하시기 바랍니다!
붓이 한번가면 수정이 안되는지라...!
더 늘씬하게 동세도 더 잡아야하는데...하하하...!

암튼 저도 선생님 덕분에 부지런 떨었답니다! 광주는 아침부터 비가 조금씩 내립니다!
가랑빈지 보슬빈진 모르겠습니다만 암튼 운치있게 내립니다!
이런 비는 그냥 '비' 라고 하면 안 될 것 같은데...!

가랑비, 보슬비, 여우비, 실비, 이슬비, 가을비, 늦 여름비, 걍 비...하하하...!
오늘도 일단 즐겁게 시작합니다!

2012.08.10

버려진 고양이 !

동네 아파트 하수 배관 속에 새끼 고양이가 버려져서 근 한 달간 그곳에서 살고 있단다! 이름은 다이아 인데 주인이 이사 가면서 누가 키우려면 가져가라고 그곳에 두었다는데...

문제는 우리 아들이다!
매일 밥이며 물을 나르느라 온통 다이아에 신경이 꽂혀있다!
누가 키워줬으면 좋겠다고 난린데 말릴 수도 없는 일이고...
어젠 우리 블루가 종일 기운이 빠져있었다!
"수빈이 네가 야생고양이 만지고와서 블루한테 병이 옮을 수도 있는데 앞으론 다이아한테 가지마! 잘못되서 블루 죽으면 어떻할래?"
지네엄마가 야단을 치자 눈물이 고인 눈으로
"그럼 어떻해? 다이아는 아직 새낀데...! 그 자리에만 있는데 .....!"
정말 어떻게 하면 좋을지 보통 문제가 아니다!
"수빈아! 다이아 밥주러가서 절대 안거나 만지지 말고 밥하고 물 만주고 와.
다이아 만지다 블루 만지고 그러면 블루는 집에서 키우는 고양이라 면역력이 약해 병 걸릴 수도 있거든! 알았지?"
"응 ! 그런데 아빠! 다이아가 달려와서 안기면 어떻해? 난 안 만질려해도 막 와서 안기면?"

참 미칠 지경이다!
고양이 주인이 아이들 놀이터근처에 버리고 가면서 누구든 키울 사람 있으면 가져 가랬단다!
이름은 '다이아' 라고 하면서...
나한테 걸렸으면 절대 그곳에 못 버리고 갔을텐데!
나쁜...!

어젯밤 내내 다이아를 어떻해야 좋을지 고민을 해봤는데 답이 안나온다!
우리 수빈인 데려오자는데 블루도 벅찬 실정이고....
밥이나 열심히 가져다주는 수밖에 지금으로선 뾰쪽한 수가 없다!
비가 오니 배관 속에 사는 다이아가 갑자기 생각이 났다!
방금전까지만도 비가 와서 기분이 좋았었는데...!
휴...!

우리 아들 벌써 그쪽으로 갔을 것 같다!
어젯밤에
"아빠! 비 오는데 다이아는 어떻해 ?"
"원래 동물들은 비도 맞고 그러는거야! 밖에서 사는 동물들 많잖아! 아파트 쓰레기통 뒤지는 고양이들도 많고... 다들 비도 맞고 눈도 맞으면서 크는 거야! 걱정마!"
"그래도 다이아는 새끼잖아?"
"...!"
지금쯤 비 맞고 있는지 확인하러갔을 우리 수빈이를 어떻하면 좋을까요!
새끼 고양이 다이아는 또 어떻하구요...!
답이 없네요!

Comment

김선희* : 동화같은 이야기 잘 들었어요. 버려진 고양이 폭우라도 쏟아지면 큰일이네요...
임~♪자영 : 아이~~~~참,,,어뜨카지?
수빈이의 따뜻한 맘과 다이아의 맘이 하나였음 좋겠다~~,,,
김병선 : 참 내 그 양반들 정말 너무하네요. 어떻게 키우던 동물을 버리고 갔을까요? 죄받으면 어쩌려고...미리서 키울 사람 알아봤어야지 ㅉㅉ~ 말 못할 짐승들만 슬프네요...
예인김옥희 : 샘———————— 할 말이 생각 안 나요——
주인 찾아내고 싶어——ㅠ
설순미 : 애완동물 파는데..아님 동물병원에 데려다 주면 그곳에서 관리해 주지 않나요?
수빈군 예쁘게 잘 크고 있네요^^

2012.08.10

붓 펜!

너무 재밌습니다!
아슬아슬한 긴장감도 있고 물 칠을 했을 때의 번짐이나 진한 선을 그어갈 때의 후련함, 모든 게 참 재밌는 도구 같습니다!
한 가지 문제는,
수정을 할 수가 없다는 점인데요...
웬만큼 많이 안 틀리면 그냥 그려나가는 뻔뻔함을 더 키워서 앞으론 붓 펜을 좀 더 많이 써볼 생각입니다!

오늘 제 그림을 올려주시면서 늦게 올려서 죄송하시다는 선생님이 계십니다!
전혀 그렇게 생각하지 않으셔도 됩니다!
설령 안올려주셔도 괜찮습니다!

오히려 제가 고맙습니다!
훌륭한 모델들을 이리 많이 모셔놓고 잘못 그려도 너그럽게 이해해주실뿐더러 오히려 칭찬까지 해주시는데 이런 좋은 일이 또 있겠습니까!
전 카스를 통해서 정말 많은 공부를 하고 있답니다!
사람의 표정을 파악하고 여러 가지 재료를 사용해서 기법을 익히고 다양한 반응들을 통해 생각지 못했던 것들을 깨우치고 있으니 이 얼마나 좋은 공부입니까...!
연필이 아닌 붓 펜으로 이미지를 표현해봤습니다!
마음에 드시길 바랍니다.

저는 오늘 일이 좀 있어서 일찍 퇴근합니다!
하지만 긴장을 늦추지마십시오!
이따가 또 옹알이하러 들어올 수도 있답니다!
오늘도 여러분들 덕분에 참 좋았습니다!
좋은 저녁시간들 보내시기 바랍니다!
안녕히...!

Comment

예인김옥희 : 샘——벌써—가을—여인을— 좋은시간 보내세요m^^~
루디아 : 넘 멋집니다~~ㅎ
설순미 : 숙련된 솜씨입니다^^
한 붓으로...이미지 전달은 많은 연습과 노력없이는 그려내기 어려움을 잘 압니다^^
참 많이 닮으셧네요^^
도도한 영희...친구ㅎ사양해요 : 또 ㅎㅎ 멋찐공부 하셧네욤. 감사드려요!

2012.08.11

다이아 구출작전!

오전에 친구 주유소를 들렀다!
얘기도중에 다이아 얘기를 슬쩍 꺼내봤다!
"야! 고양이한번 키워봐라! 진짜 영리하고 깨끗한 동물이더라!
똥 오줌 알아서 다 가리고 애교도 많고...!"
"에이! 우린 고양이는 어쩐지 좀 그렇던데....!"
"아녀! 나도 예전엔 그랬었는데 키워보니 참 귀여운 동물이더라!"
"너 말하는 뉘앙스가 묘하다? 고양이가 어쩌고저쩌고 하는 게...!"
"우리 동네 어떤 못된 ㅇㅇ이 이사 가면서 고양이 새끼를 버리고 갔는데 요즘 그 고양이 때문에 우리 식구들이 고민이 많다. 울 아들이 아주 늙는다. 늙어....!"
"어떤ㅇㅇ이 키우던 동물을 그렇게 버리고 간다냐? 독한 놈이다!"
"그러게 말이다! 복 받을 거니 좀 키워주라...!"
"그럼...데려와 봐라!"
"금방 다녀올게...!"

수빈이 한테 전화를 했다!
"수빈아! 다이아 분양할 수 있게 되었는데 지금 아빠가 집 앞으로 갈테니까 나와있어...!"
"와 ! 아빠 진짜야?"
"그래! 얼른 나와!"

수빈이와 함께 다이아가 있는 놀이터 뒷편 배수구엘 갔더니 누군가가 벽돌로 배수구

입굴 막아놨었다!
다이아도 보이질 않았고...
"다이아! 다이아.....!"
한참을 열심히 부르는 울 아들의 염려스러운 목소리에 안심을 했는지 콘크리트 틈에서 예쁜 새끼고양이가 야옹거리며 나왔다!
" 아빠 ! 얘가 다이아야 !"
"응 ! 아주 예쁘구나!"
다이아를 준비해간 박스에 담아서 주유소로 나는 듯이 달려갔다!
"봐! 예쁘지? 예방접종하고 사료랑 변기통이랑 사줘야 할꺼야!
아직 새끼니 정을 많이 줘라!
버려진 고양이라 아직은 겁이 많지만 며칠이면 적응 될테니 잘 키워라!"
"휴! 돈 들 일만 남았구나...하하하...!"
다이아를 남겨두고 돌아오는 길에
"수빈아! 이제 안심되지?"
"응! 아빠 가끔 보러 와도 되지?"
"그래 ! 가끔 보러오자!"

너무나 게운하게 풀렸지않습니까!
십 년 묵은 체증이 내려가는 듯 한 기분입니다!
어린 다이아가 좋은 주인을 만났으니 우리 수빈이도 이젠 걱정 안 할테고...!
이 좋은 소식을 얼른 알려드리고자 서둘러 올립니다!
즐거운 주말들 되실겁니다!

Comment

설순미 : 엄마가 되고 보니..
말 못하는 동물들도.. 모성애가 있고 지 좋아하는 곳에 마음 줄 줄 알던데...
버리고 간 전 주인 참 독합니다.
어짜피 가족이 된 거 목숨 다하는 그날까지..데리고 살지.. 잘 하셧어요

임~♪자영 : 어쩜,,,이리 좋은 소식이~~ㅋ 올림픽 메달 소식도 좋지만 수빈이와 다이아와 함께 볼 수 있고 갈 수 있는 길이 열려서 넘넘 좋구 넘넘 행복하네요~~수빈이의 따뜻한 맘, 아빠인 셈한테 배워나가고 닮아가는 모습 앞으로 쭉~~~보길 원해요~~~♬♩♪♩♪♬

김윤희 : 새로운 보금자리 새론 주인 아찌와 행복했음 좋겠네욤~~^^

하늘사랑 : 동물 사랑하는 곱고 예쁜 마음씨를 가진 수빈이 최고네요^^

2012.08.14

오래된 카친입니다!

이 카친은 아마 제가 카스를 시작할 초기부터 지금까지 변함없는 친구랍니다!
초창기에 컴맹에 문명의 혜택을 지금보다도 훨씬 더 받지 못했을 무렵부터 이런 저런 도움을 주시던 카친이시죠!
활짝 웃고 계신 전신사진이 올라와서 한번 그려봅니다!
실제보다 좀 짧아졌나싶기도합니다만 이해해주시고.....!
늘 변함없는 우정을 가지고 있겠습니다!

Comment

설순미 : 현주님이시네요..^^ 예뻐게 잘 표현 되었네요..

이승연 : 현주언니 기분좋겠당..ㅋ..
이뻐게 그려주셨는걸요..^^

☆sara☆김현주 : 와아아아아아~~~ 진심! 감사하고 고맙습니다. 진홍작가님^^'
이제야 발견해서..엄청! 애석하구요
그림으로 그린., 실루엣 나름~괜찮은데요..?ㅎㅎㅎ
작가님과 오래된 카인인연 진심! 영광입니다^^

2012.08.14

재밌는 이야기!

지난여름에 작업장에서 한참 작업을 하고 있는데 선배님이 오셨답니다!
그 선배께선 아주 재밌는 분이시랍니다!
작업하는데 고생한다며, 기운 날 얘기를 해주신다며 해주신 이야기랍니다 !
사전에 사투리 공부를 좀 하셔야 겠습니다!
전라도 사투리로 '글쎄' 는 '금메'로 쓴답니다!
숙지하시기 바랍니다!

어떤 청년이 스포츠카를 몰고 시골길을 드라이브 중이었답니다!

그런데 웬 닭 한마리가 스포츠카를 추월해서 달려가더랍니다...!
스포츠카 체면이 있지....
그 청년은 창피한 마음에 속도를 높였답니다!
그런데도 그 닭을 못 잡고 뒤쳐지기만 하는 게 아니겠습니까....!

한참을 쫓던 그 청년은 갑자기 뇌리를 스치는 생각에 쾌재를 불렀답니다!
'저 닭을 사서 세계를 돌면서 경주를 시키면 떼돈을 벌겠구나!"

청년은 수소문 끝에 그 닭의 주인을 찾아 갔더랍니다!

"달리기 잘하는 닭 주인 되시나요?"
"나가 쥔 인디 머땜시 그라요?"
"아! 제가 달리기 잘하는 닭을 좋아 해서요 제게 파실순 없으신가요?
닭 값은 후하게 드리겠습니다!"
"안팔라요! 일없슨께 가보쇼!"
"오백만원 드리겠습니다! 꼭 사고 싶으니 파시죠!"
"아! 안판당께라! 가씨요!"
청년은 더욱 더 욕심이 나서 마지막으로
"아저씨! 제가 타고 온 저 스포츠카하고 바꾸시죠!"
주인은 한참을 고민하더니
"얼렁 가씨요! 못 파요!"

청년도 더 이상은 방법이 없음을 알고는 슬슬 화가 났답니다!
그래서 퉁명스런 말투로
"아저씨! 닭 한 마리하고 스포츠카하고 바꾸자는 데도 안 된다는 이유가 도대체 뭡니까?
이유나 좀 압시다!"

한숨을 푹 쉬던 주인이 하는 말,
"아! 금메 닭을 못 잡는단 말이요...!"

하하하.....!
편안한 저녁들 보내십시오!
저는 내일 뵈러 오겠습니다!

Comment

임~♪자영 : 느낌을 달 수 없는 글이네욤~~'
멋쩌요,,좋아여,,기뻐요,, 웃고 담달 이을께여~~~ㅎ
*여여 '.' : 아~~시방 저렇게 빠른 닭을 워째 잡는다요.
☆sara☆김현주 : ㅎㅎㅎㅎㅎ재밌는 이야기.. 매력에 푹~빠지겠습니다

2012.08.18

목탄 첫 작품입니다!

목탄으로 끝낸 첫 작품입니다!
미흡하지만 오랫만의 작업인지라 만족합니다! 정말 이십년도 지난 듯 싶습니다!
목탄의 특성을 어렴풋이 기억해내는 걸로 이번작업의 성과는 충분하게 다가옵니다!

주말 잘들 보내고 계십니까?저는 내일 경기도 출장을 다녀와야 한답니다! 그래서 오늘은 시간이 되는대로 몇 작품 더 초안을 잡아놓고 가려합니다!
목탄으로 그리는 그림은 연필로 드로윙 하듯이 5분,10만에 그릴 수 있는 게 아니라서 좀 피곤하기도 합니다만 아직까지는 재밌습니다!

Comment

샬롬♥민서 : 만져보고 싶을 만큼 탱글탱글 생생합니다
변정희 : 이야~ 원하는 작업들하고 사시는 모습 진정 멋지십니다~^▽^*
♥그레이스♥송♥ : 멋져요! 아름다운 ~곡선~ㅋ
임~♪자영 : 그림보는 안목은 없지만~ 곡선의 선이 넘 아름답고~
그림이란 생각이 안들만큼 살아 움직이는 듯 참...멋있어여~

2012.08.22

아빠하고 나하고!

언제 보아도 아름다운 모습이 부모와 자식 간의 모습 아닐까요? 어떤 모습으로 어디에 있건 다른 생각을 할 수 없이 그저 아름다울 수 있는 모습 ! 우리가 누군가의 자식이며 누군가의 부모이기 때문일 것입니다!

난 이런 모습을 보면 못 지나치겠습니다! 그래서 돌아가지도 않는 붓을 놀리기 시작 합니다! 한국화를 전공했었다면 참 좋았을 텐데...! 잘 그리는 사람이 그리는 그림보다 못 그리는 사람이 그리는 그림이 더 성의가 많다는 점을 알아주셨음 합니다! 하하하...

Comment

봄처녀(춘희) : 행복하고 아름다운 모습이네요^^*

강옥희 : 자꾸 눈길이가네요~~ 전 갠적으로 사진으로 보는 것보다 그림으로 보는게 더 좋아요 사진은 전체를 보지만 그림으로 보면 사진에도 담고 싶었던 그 마음이 보인다고나 할까요 아무튼 흐뭇한 미소를 띄우게하네요

한미라 : 선생님. 제가 사랑하는 두 사람을 멋지게 작품으로 만들어 주셔서 너무너무 감사드립니다 아이에게 소중한 인연으로 만난 분이, 멋지게 그려주셨다고 얘기 하면 너무 좋아할 것 같습니다.^^ 그 웃는 모습을 생각하니 벌써부터 기분 좋네요. 소중히 잘 간직하겠습니다

2012.08.24

가족!

아빨 닮은 아들과 엄말 닮은 딸, 그리고 미소가 똑같은 가족!
참 아름다운 모습이지요!
죄송스러운 점은 아빠가 무척이나 잘생기신 분인데 제 붓이 잘못가버린 바람에...
많이 죄송합니다! 아빠의 미남얼굴을 잘못 표현한 것 때문에 다시 그리기에는 너무 깝깝해서요..! 다시 네 분을 다 그려야 한다는 것을 생각하니 갑자기 눈이 침침해져와서 그만... 이해해주실거죠! 하하하...!

아름다운 가족사진을 보니 공통점들이 있었습니다!
진짜로 미소가 똑같더군요!
아마 아들은 훗날 아빨 닮아 훈남이 될 것이 분명하고, 따님도 엄마를 닮아 아름다운 숙녀가 될 것이 분명 하더군요!
서로 연결된 손들이 참으로 가족이라는 관계를 잘 대변해주는 연출이었답니다!
누가 시키지 않았을 것입니다만 무의식중에도 서로를 감싸안은 모습들이 참 좋더군요!

비 오는 금요일 정옵니다!
행복하시기 바랍니다!

2012.08.24

비가 참... !

계속 내립니다!
창가에 앉아 빗소리를 듣고 있노라니
모든 일에 대한 의욕이 많이 상실되는 것 같습니다!

그냥...!

비는 이런 못된 감성을 깨우는 뭔가가 있습니다!
저처럼 창가에 우두커니 앉아 넋 놓고 비의 횡포을 감상하는 듯한 카친이 계셔서
한 컷 올립니다!
일부러 음영처리를 하지 않았습니다!
횡량함을 방해할 것 같아서요...

그림이 풍성해지면 분위기가 더 따듯해져 버릴 것 같아서요!
이 사진은 카친께서 아마 고독함을 표현하려 찍은 포즈 같았거든요!
그래서 붓 선으로만 끝냈답니다!

내리는 비를 따라 저 땅속으로 흘러 들어가 버리고 싶다는 듯이
해탈한 모습이 아닐까싶네요....!

무지하게 즐거운 포즈였다면 제가 완전히 남의 다리를 긁고 있었다는 뜻일테지요!
하하하...
그래도 제가 헛다리 짚은 것이었다면 좋겠습니다!
고독함보다는 즐거움이 나올테니까요!
가끔은 고독을 즐기는 즐거움도 있긴합니다만....

비 !
참 줄기차게도 내립니다...!

Comment

황철원 : 붓 끝에도 비가 흠씬 묻어 있습니다! 느낌 좋아요!!

김유진 : 창문에 비는 나를 보아달라는 듯이 소리를 낸다.톡,톡,토~~~ㄱ...
그 소리가 안쓰러워 눈이 아파 눈물이 날 만큼 바라다본다. 그렇게 생각과 비는 하나가 되어 아래로 아래로 흐른다. 혼자만의 흐름이 고독이지만 그 고독마저 아름다워 보이는 비오는 날의 창가에 모습입니다~위의 사진을 난 이렇게 표현하고 싶네요~~^^

2013년 계사년답게 냉철한사고로 : 분위기 좋고 미인이시네요

2012.08.24

친구 !

물가에 내놓은듯한 친구랍니다!
늘 걱정스러운 친구지요!

하지만 정작 이 친군 내 걱정을 합니다!
지가 뭐라고...!

아무리 험한 말을 주고받아도 오래가지 않아 풀어지고 마는 이상한 친구사이랍니다!
30년을 친구로 지내고 있답니다!
때로는 서로 욕도 하고, 때론 안타까운 상황에 가슴아파하고, 때론 걱정하고 위안 받으면서 우린 30년을 살아오고 있답니다!
하지만 난 늘 물가에 내놓은 아이처럼 내 친구가 염려스럽습니다!
이 친군 날 그리 생각하는 것 같구요!

이 친군 다른 사람들에게 날 소개하면서 늘 이렇게 얘길 합니다!
"내가 가장 사랑하는 마음의 친구다!" 라고...
하지만 난 한 번도 그리해 본 적 없답니다!

쑥스럽게 말로 그러는 게 체질이 아니거든요!

주변 친구들은 늘 이친구의 근황을 내게 묻습니다!
아마 나와 가장 친한 친구로 다들 인정을 하나보더군요!
그런 친구에게서 세월의 흔적이 보입니다!
아! 우리도 오십을 넘겼다는 걸 늘 잊고 살았나싶습니다!
친구란 이런 것 일 것 같습니다!

굳이 말하지 않아도 늘 변함없는 사이!
피를 나눈 형제는 아니지만 오히려 피를 나눠줄 수 있는 사이!
아무리 실망을 해도 돌아서면 이해가 되는 사이!
떨어져 살아도 늘 곁에 있는 것처럼 느껴지는 사이!
표현할 필요 없이 느낌으로 충분히 서로를 이해할 수 있는 사이!
내 친구랍니다!

이젠 물가에서 놀지 말고 좀 평탄한 곳에 머물기를 간절히 원하는 내 친구 랍니다!
좋은 일이나 아주 안 좋은 일이 있을 때면 가장 먼저 생각나는 내 친구랍니다!
이 친군 내 친굽니다!

Comment

wie-bok.su : 한발한발 떼어보자. 고지가 저긴데 여기에 주저 않아 포기할 순 없잖나?
난 널 믿는다 반드시 네 가꿔왔던 그 꿈 꼭 이루리라고..사랑한다. 친구야!
카스가 초보라서 힘들구나..ㅎ
언제나 네가 내 친구라는 것이 난 자랑스럽다!

송임숙 : 친구분이 너무 미남이시고 우정이 대단하십니다. 서로 걱정해 주며 변함없이 삼십년 간 우정을 지켜 오셨다는 건 인생 성공입니다. 친구분께서도 진홍선생님처럼 친구 옛 이야기를 글로 재미있게 표현해 준다는 건 문장력도 대단하시지만 진홍선생님을 진심으로 사랑하시는 우정이 묻어납니다. 부럽습니다. 그 우정 영원하소서~!!

조각하는, 정진홍입니다! : 밤 사이에 무슨 짓을 해놓은거냐~~
누가 보면 너랑 나랑 연애하는 줄 알 것다~~
순한 양 같은 내 이미지를 한방에 박살 내 놨군~;; 니 때문에 못 살것다!!;;
하여튼 cnn이 따로 없어요~~~동네방네 마이크로 방송을 해라~~;;태풍온단다!
느그 집 강가라서 더 조심해야 쓰것다! 웬만하면 나가지마라!

2012.08.25

캐리커쳐!

새로 카친이 된 분이십니다!

제가 부러워하는 이미지를 가지고 계시더군요! 저처럼 무늬가 험한 사람들은 이분처럼 부드럽고 샤프한 이미지가 정말 부럽거든요! 와이셔츠 마지막 단추까지 채우고도, 심지어는 넥타이까지 매고도 목에 여유가 있는 분들...! 너무 부럽답니다!

저는 넥타이는 생각도 못하고 단추만 잠가도 목 위로 피가 안 통하는 느낌이거든요!

부럽습니다!

조금 마음에 덜 드시더라도 이해해주시기 바랍니다!

Comment

별처럼 맑고 빛처럼 밝게 : 모자가 잘 어울리는 분들은 모두 부러워요 제겐 먼——패션도구

수라니뽀~♡ : 멋진분이니세요

♠♣[光風霽月]♣♠ : 정진홍님 너무도 감사합니다. 제 그림은 태어나서 처음으로 보는군요. 복마니 받으실 겁니다! 행복한 주말되십시오. 멋진 인연으로 보답하겠습니다!

조각하는, 정진홍입니다! : 아~그러시군요~더 잘 그려드렸어야 햇는데~^^

풀내음(무조건 친추거절요.죄송) : 이분은 저의 카신이신?ㅎㅎ 진짜 똑같이 잘 그리셧네요 남성미가 물씬 풍기는 잘 생긴 분이시랍니다.ㅎㅎ

2012.08.26

고독한 명자 !

"아저씨! 저거 우리 갠디 왜 여깄다요?"
기름 넣으러 온 어떤 중년인이 친구에게 했던 말이란다!
"아! 아저씨 개요? 매일 돌아다니다 밥 때 만 되면 이리 오곤해서 챙겨줬더니 아예 자릴 잡네요! 나는 유기견인지 알았소!"
"아 ~ 그랬소! 그먼 여기서 키워부씨요!"
그렇게 명자는 주유소의 정식 가족이 되었단다!
오늘 내일 금방이라도 새끼가 나올 듯이 드러누워 가픈 숨도 쉬고
어쩔 땐 밥그릇 앞에서도 멍 하니 먼 곳만 바라보는 명자!
엄마가 되려니까 지네 엄마가 그리운 걸까! 전 주인한테 사랑받지 못하며 자란 탓인지 유난히 사람을 잘 따른다!
내 무릎 발치에서 날 바라보는 명자의 눈은 너무도 착해 보이고 순해 보인다!
어쩌다 개로 태어났는지... !
짠하다!
친군 사골이라도 먹여야겠다며 명자의 출산준비를 마치고 부산을 떠는데 정작 명자는 고독해 보인다!
명자의 밥그릇이 너무 쓸쓸해보여서.... !

2012.08.25

남매!

이 아이들은 절 할아버지라 부르는 아이들이랍니다!
제 조카의 아이들이지요!
유난히 서로를 챙기는 오누이랍니다!
사랑스런 아이들이지요!

어릴 때 제겐 엄마 같던 누님의 아들의 자식들이니 어떻게 제가 할아버지가 된거죠!
중국에서 지금껏 살았답니다!
똑똑한 아이들입니다!
곧 중국으로 들어가는데 서운하지만 머지않아 돌아오게 된다니... !
건강하게 잘 지내다 왔으면 좋겠다는 바람을 담아 그려봅니다!
할아버지가 ....! 하하하...

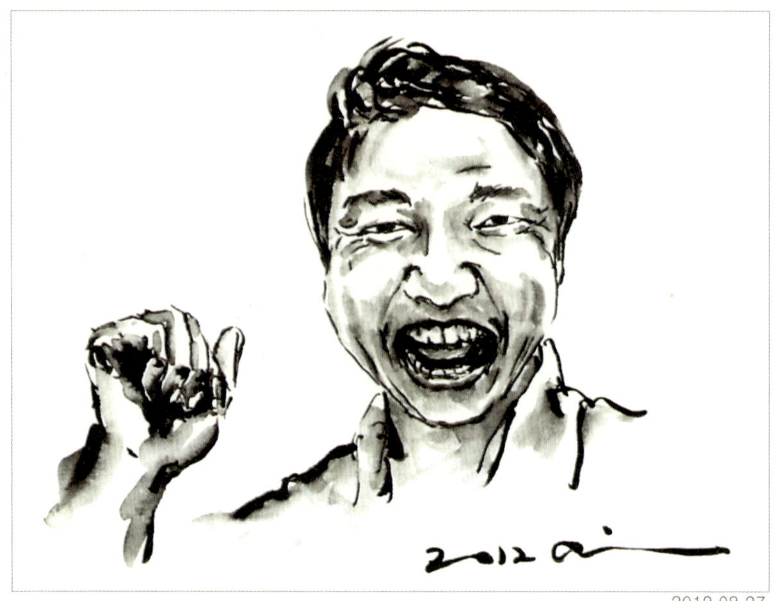

2012.08.27

표현!

감정을 꺼리낌 없이 표현할 수 있는 사람은 당당하다!
입속 풍경을 남들에게 보이는 것을 두려워하지도 않고, 오로지 기쁨은 그 기쁨 자체로만 즐길 수 있는 사람!
정직한 사람일 것이다! 이 카친의 이 사진을 보며 느낀 생각이랍니다!
잘 나온 사진을 두고 하필 이 사진을 골랐느냐며 불만을 가지실 수도 있겠다싶습니다만 제 눈에는 이 사진이 가장 잘 나온 사진이더군요!
좋은 카친이 되었음 하는 바람을 담아 그렸습니다!

Comment

김윤희 : 혹시 표현하기 좋은 사진이라 골랐던 건 아닌가요..ㅎ
근데 작가님 끊임없이 여전히 부지런하시네욤~~^^
☆sara☆김현주 : 진정! 우경님다운 ..그림이예요^^
이우경 : 감사합니다^^~~역쉬 멋있는 분이십니다~~
비타민 : 표정이 예술이군요...

2012.08.27

모르셨군요!

음식을 드시고 여운을 즐기시는 장난기어린 사진이 있더군요!
아마 오래된 카친이 아니셔서 제 특기를 모르시고 방치하신 듯 합니다!
이런 멋진 장면을 그냥 지나칠 제가 아닌데 말입니다! 아마 이분은 평생 이런 선물 못 받으실 겁니다! 누가 감히 이런 모습을 그릴 수 있겠습니까!
방심하시면 이런 참사가 일어납니다! 다른 분들께서도 미리미리 장난기 심한 사진은 감춰두시는 것이 좋으실텐데요..하하하...!
멋진 분을 이리 그려 올려서 죄송합니다!
잊지 못 할 추억이 되시라고...!
태풍 잘 이겨내시기 바랍니다! 아자아자 홧팅....!

Comment

부산 긍정에너지'종결자'이미숙♥자청비 : ㅎㅎㅎ좋은 추억이니까 이해하실 겁니다!
송영옥 : 멋지네요. 이런 깜짝 선물을 받다니 영광입니다. 감사드려요^^
조각하는, 정진홍입니다! : ㅎㅎㅎ쿨~하시게 받아주셔서 감사합니다!^^
태풍피해 없으시길 바랍니다^~

2012.08.28

여행!

이분은 제대로 정면 사진을 안 찍으셨더군요!
뒷모습에 가까운 측면 사진이나 멀리서 찍은 사진 등등....
얼핏 얼핏 보이는 얼굴이 무척이나 아름다우신 분인데 그래서 일부러
사진을 오묘하게만 찍으시는가봅니다!
수많은 팬들이 귀찮게 할까봐...!
야경을 바라보시면서 음악을 듣고 계시는 모습이 보기 좋아 한 컷 그립니다!
그런데,
혹시, 가출하셨어요?
가방이 너무 커서요....! 하하하...!

Comment

☆sara☆김현주 : 가출하셨어요..? 에서 빵~~~! 터졌어요
구름처럼 : ㅋㅋㅋ이거 전가요?
조각하는, 정진홍입니다! : 네 ㅎㅎ가출하실 때의 모습~~^^ㅎㅎㅎ
구름처럼 : ㅋㅋ신랑이랑 함께 하루에 한 번씩은 가출을 하죠 ㅋ
저 이 그림 오늘 봤네요ㅎㅎ 이거 제가 포스팅해야겠네요ㅋㅋ

2012.08.29

천사로 시작합니다!

태풍이 지나가고 다시 매미가 웁니다!
그 거친 바람을 이겨내고 저렇게 씩씩하게 울고 있는 매미도 참 대단합니다!
이렇게 돌아가는 것이 삼라만상의 조화겠지요!
아직은 더위가 좀 더 남은 듯 싶습니다! 그래도 지난여름의 폭염만 하겠습니까만...!
그늘에선 제법 시원하기도합니다! 가을이 아주 쬐끔은 느껴지는 것 같기도 하구요!
저 귀퉁이에서 빼꼼히 고개를 내민 체 눈치보고 있는 가을이 보입니다!
눈치볼 것 없이 그냥 와도 뭐라 할 사람 없을 것 같은데 말입니다!
정신없던 지난 며칠은 이제 털어버리시고 활기차게 일상을 맞이하시기들 바라면서 깜찍한 천사로 오늘 첫 그림을 시작했습니다!

Comment

설순미 : 느낌이 참 좋은 그림이네요. 저는 옆모습이 참 좋더라구요.
한미라 : 제 아이 또래인 것 같아 더 눈길가네요. 이쁩니다~~
SM의포토다이어리...♬ : 넘 귀엽고 예쁜 우리 가연이가 여기 모델도 됐네요~ 완존 영광입니다.꾸벅^^신기하다~ ㅋ

2012.08.30

또 하루가 갑니다!

하루가 또 이렇게 가려나봅니다.
하루 종일 놀아도 길기만 했던 어린 시절의 하루와는 많이 다른 제 하루랍니다!
갈수록 짧아지는 하루들을 아프게 보내는 것 외에는 달리 뾰쪽한 수가 없는 것 같습니다!

가는 세월을 묶어 둘 순 없으니까요!
나이를 먹어간다는 것이 참 두렵습니다.
나이 값 때문이지요!
나이 값을 해야 한다는 강박감이 나이와 비례하게 커지거든요.
나이 값은 어떻게 하는 걸까요?

전 아직도,
이 나이가 되도록 나이 값을 하지 못 하는 것 같습니다.
잘 모르겠거든요! 어떻게 하는 것이 나이 값을 제대로 하며 사는 것인지를...

아직도 저는 그냥 삽니다!

하루하루 할 수 있는 것들만 하며,
하루하루 해야 할 일만 하며,
하루하루 하고 싶은 일만 하며...
그래서 나이 값을 못 하나 봅니다!

하기 싫은 것, 할 수 없는 것, 안 해도 될 것, 등등을 하며 살아야 나이 값을 하며 산다는 얘길 들을 수 있을 것 같은데...

머리가 아픕니다! 나이 값을 연구하느라....
적은 나이가 아니니 당연히 해야 했을 연구를 저는 지금에야 하는 중이랍니다!
그래서 머리가 아픕니다!
지금도 솔직히 말하자면 나이 값이 무엇인지 잘 모르겠습니다!
모르는 걸 잘하겠노라며 연구를 하고 있노라니 당연히 머리가 아플 수 밖에요!

꼭 나이 값을 하며 살아야 겠지요?
그래야 할 것 같긴 합니다!
세상에 공짜는 없으니까요!

하다못해 자장면 한 그릇을 먹더라도 당연히 지불해야 하는 값이 있는데 하물며 나이 값은 말할 나위도 없겠지요!

하긴 해야 겠는데...!
어떻게 해야 할까요?

참 어렵습니다!
나이 값 하며 산다는 게...!

Comment

이상애 : 정진홍님은 화가이신가요? 아님 글쓰는 작가신가요?
조각하는, 정진홍입니다! : 상애님!조각이 제 본업이랍니다! ㅎㅎㅎ
김윤희 : ㅋ..새삼 부끄러워집1니다 제가 가끔 고민하는 부분이거든요 어떤땐 카친분이 아들보다 어린 사람을 만났을 땐 카스 그만해야할까 하는 생각도 들지요
나이 값 하려면 조용히 살지 뭐하러 카스 이런 거 까지 하느냐 욕 먹을거 같기도 하구요
좀 생각해보면 고정관념에서 벗어나 고집을 버리는게
나이 값이 아닐까는 생각도 든답니다..하하하
설순미 : 저도 같은 고민을 하고 있는중이라...

2012.08.30

오래된 카친이십니다!

표현이 좀 그렇습니다! 오래된 카친이라니....!
제가 카스를 시작할 무렵부터라는 뜻이랍니다!
5월 초 부터 시작했으니 겨우 4개월 되었는데 마치 몇 년이 지난 것 같기도 하답니다! 이분은 초창기에 카친이 되신 몇 분 들 중 한 분 이십니다! 늘 섬세한 감성으로 매사를 대하시는 분이시더군요! 진지하고 진솔한 댓글에 제가 죄송스러울 때가 많았답니다! 저는 답글도 잘 못 드리거든요! 겨우 그림으로 제 얘길 풀어놓는 게 고작인데도 불구하고 늘 진지하게 댓글을 올려주시는 분이시랍니다! 감사함을 표하며 최근 모습으로 한 컷 올립니다! 제 무성의를 앞으로도 쭉 이해해주시라는 부탁도 같이 올립니다! 붓질이 조금 늘었으니 붓으로 교체해드립니다!

Comment

초록향기**** : 멋있는 분이시군요~~^^ㅎ 편안한 밤이요~~^^
설순미 : 뉘신지 알겠습니다^^
鄭光溶 : 이숙연씨? 똑같습니다..^^
이숙연 : 늦은밤 찾아왔습니다^^

9월의 소통 옹알이

2012
2012
2012
2012
2012
2012
2012
2012
2012
2012
2012
2012
2012
2012
2012
2012
2012
2012

2012.09.02

늦었습니다!

매일 좋은 정보를 올려주시는 카친이십니다.
올려주시는 대로 넙죽넙죽 받기만 하고 있답니다!
늘 감사한 마음입니다! 오늘에서야 그렸답니다.
변명 같지만, 선 그라스 벗으신 사진을 기다렸답니다!
인상이 너무 강하게 그려질 것 같아서요!
헤어스타일도 강하신데 ...하하하...!
제가 아직은 붓놀림이 약해서 너무 무섭게 그려지면 혼내실까봐...
휴일 잘 보내시고들 계시죠? 저는 손님 기다리는 중이랍니다!
기다리는 시간에 한 컷 올립니다!

Comment

젠 틀맨파라다이스 : 선생님 감사합니다. 정말 영광입니다. 실물보다 넘 잘 그리셨어요.
가까운데 함 모시고 싶어요. 담에 썬글 안쓰고 사진올릴게요.
감사하구요. 주말저녁 행복하세요.

조각하는, 정진홍입니다! : 좋아하시니 저도 좋군요~~^

2012.09.02

병아리 무덤!

오래전에 입시 미술학원을 운영했었던 적이 있다!
그때의 이야기다!
입시미술학원이라고 반드시 고등학생들만 다니는 건 아니고 중학생들도 많이 다닌다.

어느 날 학원에서 병아리 소리가 아주 시끄럽게 났다!
추적해보니 위층의 중학생 녀석들이 원장실을 피해서 병아리를 몰래 가지고 올라갔던 것이다!
아주 쬐끄만 , 이제 겨우 솜털이 뽀송한 녀석들 두 마리를 새우깡 박스에다 넣어 놓고 난리를 피우고 있었다.

아...!

오래 살지 못하고 십중팔구는 죽는다는 것을 경험상 알고 있지만 어쩌겠는가
이미 학원으로 가지고 들어와 버렸는데....
아이들에게 단단히 일러두고 경리여직원을 시켜서 병아리를 아랫층에서 보살펴 주라고 특명을 내렸다!

어릴 적 학교 앞에서 한번쯤은 다들 경험했을 그 유혹을 아이들이 뿌리치긴 힘들다는 걸 잘 알고 있다.
이왕 들어온 병아리니 최대한 오래 살도록 해주는 길 뿐이었다!
하지만, 그건 내 바램이었을 뿐,
삼사일이 지나기도 전에 그만...!

평소에 드라이브를 자주 가던 곳 중에 주암댐 전망대라는 곳이 있다.
그곳엔 노태우 전 대통령이 세운 커다란 조형물이 있었는데 볼 때마다 돈이 아깝다는 생각이 들곤 했었다.
병아리 두 마리를 작은 과자 상자에 담다가 문득 그곳이 떠올랐다!
광주에서 약 한 시간 거리다.

난 병아리를 상자에 잘 담아서 주암댐을 향했다.
전망대에 도착하니 해가 지기 시작했다.
평소에 참 쓸모없이 여겨지던 조형물 주변으로 몇 명의 관광객들이 성의 없이 조형물을 둘러보고 있었다!

사람들이 빠져나간 후에 눈치를 봐가며 조형물 밑을 나뭇가지로 파서 병아리들을 묻어주었다!

그날이후부터 그 돈 아깝게 느껴지던, 대통령이 하사한 조형물은 지구상에서 가장 거대하고 훌륭한 병아리 무덤이 되었다! 하하하...

지금도 가끔 그곳을 가곤 한다.

이젠 더 이상 짜증나는 조형물이 아닌, 노오란 , 솜털이 뽀송뽀송한 예쁜 병아리 무덤으로만 느껴진다!

병아리들이 잘 자고 있겠지...라는 생각만 하다가 돌아온다!

대통령이 만들어준 병아리 무덤!

지구상에서 유일한...!

2012.09.03

이별!

살아있는 그 무엇과의 이별이건 간에 이별은 아픈 것이다!
사람과의 이별만 이별이랴....

말은 못 하는 대신 진실한 몸짓으로 주인과의 교감을 나누는 반려동물들은 웬만한 사람보다도 그 존재감이 클 수 밖에 없다는 걸, 키워본 사람들은 안다!
불쌍한 사람천지인데 그깟 키우던 개 때문에? 라는 사람도 있을 것이다!
하지만 그건 대단히 편협하고 잘못된 생각이다!

완전히 다른 경우를 한가지의 잣대로 제단하려는 것이며, 이거 아니면 저거 식의 이분논적인 사고방식을 가진 사람들의 오해에서 비롯된 생각 일 것이다!
어찌 개와 사람이 같을 수 있겠는가!

우린 사람이니 사람답게 좀 넓은 가슴으로 사람이 아닌 종 들을 대하는 게 맞지 않을까?
사람이 아닌, 살아있는 모든 것들은 전부 음식이 될 수도 있다는 원시적인 사고방식에서 벗어나야 하지 않겠는가!
반려동물과의 이별을 슬퍼하시는 카친이 계셔서 간직하시라고 한 컷....!

2012.09.04

비가 옵니다!

비가 어정쩡하게 내립니다!
쏟아지는 것도 아니고, 그렇다고 가늘게 이어지는 것도 아니고, 왔다갔다 지 맘대롭니다!

이런 날은 웬지 마음이 밝아지질 않죠?
기분 전환할 대상을 찾아 마치 킬리만자로의 표범처럼 눈 덮힌 카스를 기웃거렸더니 이분의 멋진 사진이 있더군요!
그렇다고 머 제가 표범이고 이분이 먹잇감이라는 건 절대 아닙니다!

창가에 앉아있어도 덥지 않고 바람이 참 시원합니다!
이런 게 가을바람이겠죠?
이젠 매미보다는 귀뚜라미가 더 나대는 계절인 듯 싶습니다!
어느 나라에선가는 아주 훌륭한 요리로 귀뚜라미를 쓴다더군요!
지구상에 존재하는 생물들은 딱 두 종류로 나뉘는 것 같습니다!
먹을 수 있는 것과 못 먹는 것 !
될 수 있으면 못 먹는 것이 아주아주 훨씬 많아지는 세상이 되었으면 좋겠습니다!

2012.09.04

식사들 하셨습니까요...!

이분은 상당히 오래되신 카친이십니다!
분위기처럼 조용히 이곳에 오시는, 비교적 원년 멤버에 속하신 분이시죠.
'원년멤버' 라는 말이 제가 해 놓고도 우습군요! 하하하...
오래전에 연필로 한번 그려드렸습니다! 오늘 붓 펜으로 교체해드립니다!
연필로 그린 건 반납하시기 바랍니다! 사실은 이 포즈로 그린 그림이 있어서 다른 포즈를 그려 드리려고 했는데 이 사진만큼 개성이 뚜렷한 사진이 없더군요.
건축디자인 관련 일을 하신다는데 외관상은 딱 어울리신 듯 싶습니다!
좋은 작품 많이 하시기 바랍니다!
건축일하시면서 조형물이 필요하시면 언제든 연락하십시오! 하하하

Comment

"테마가 있는 건축"★피터팬★ : 정화백님 머리숙여 깊이 감사드립니다 감사합니다
설순미 : 와~멋진 그림입니다
김유진 : ㅎ담배회사 모델하셔두 되겠는데~~^^
임~♪자영 : 참——멋찌십니~~~다요~~~ㅎ

2012.09.07

게기는 중입니다!

연 사흘째 작업실엘 못나가고 밖에서 일을 보고 있답니다. 그래서 그림도 핸드폰 기능을 활용하여 틈틈이 그릴 수 밖에 없었답니다. 이 카친께는 대단히 죄송하다는 말씀을 올립니다.

막간을 이용해서 수성 펜을 빌려서 그렸는데 펜 뚜껑이 너무 투박한 관계로 물이 많이 번져버린 듯 합니다! 다음에 작업장에 들어가면 다시 한 번 그리겠습니다!

엊그제 저녁에 제 몽타즈를 올려놓고 여러분들께서 올리신 댓글에 심한 충격을 받았답니다!

헐!, 깜짝이야!, 힘내요!, 기타등등...

어떻게 응징을 해야 할지 지금도 고민 중이랍니다!

자세히 보면 아기자기하고 꽤 섬세한 얼굴 아니던가요? 비록 합쳐놓은 분위기가 다소 칙칙하긴합니다만 하나씩 떼어 놓고 보면 그리 험한 무늬는 아닌데...

가을의 초입에 여러분들께 받은 상처가 너무 커서 아무래도 이번 가을은 심각하게 보내야 할 듯싶습니다!

앞으로 저도 친구님들 인물사진에 무차별적인 댓글로 응징을 시작하려합니다!

헉!, 헐!, 허걱!, 깜딱이야!, 용기가 대단하세요! , 등등 하하하...

열심히 연습해서 남자다운 뒷 끝을 보여 드리겠습니다요! 기대들 하십시오!

2012.09.14

붓 펜입니다!

오랫만에 붓 펜을 잡아봅니다! 살짝 흔들리는 걸 느꼈습니다만 뻔뻔하게 완성했답니다! 그리다 중도에 그만두다보면 아주 안 좋은 습관이 되거든요. 조금만 어긋나도 수정해서 그릴 생각보다는 다시 그리려는 생각이 먼저 들기 때문에 웬만하면 끝까지 완성하는 게 좋답니다.

이분 분위기가 아주 청순하고 지적인 분이시랍니다. 물이 많이 번져서 제대로 표현 못 해낸 부분은 다음에 제가 더 익숙해지면 만회하렵니다.

Comment

esmie-에즈메이shin : 우와~넝굴당 조윤희씨 같아요~^_^
너무예쁘심 붓펜느낌 너무 좋은데요~~

月也 김미경(wolya) : 부드러운 느낌이 촉촉해 보여서 편안해요^^**

성화 : 진홍님..실물보다 더 멋지게 그려주시고 분위기 칭찬까지 몸둘바를 모르겠습니다^^
이렇게 뚝딱뚝딱 그려내시는 걸 보면 마법사 같아요..ㅎ
감사합니다^^ 저 가져가도 괜찮을까요?

조각하는, 정진홍입니다! : ㅎㅎ가져가십시오 성화님

설순미 : 아주..깨끗하고 청순한 이미지이십니다^^

2012.09.18

너무하십니다!

저 같은 후배들은 어찌 살라고 그러십니까?
더불어 살아가는 세상에서 어찌 그리 무모하게 월등 하신지요?
요즘 배에 힘주고 다니느라 사실 많이 창피합니다!
오늘 이 카친의 관리 잘하신 몸매를 뵈면서 느낀 점이 많습니다!
나이는 숫자에 불과하다는 말씀 새겨듣겠습니다!
저도 배에 힘 안주고 다녀도 볼록하지 않도록 관리 들어가겠습니다요!
존경스럽습니다!

Comment

김윤희 : 독한 분이시군요~~
그 어려운 관리를 이케 멋지게 하시고~~^^
강호중(姜鎬中 Jiang Hao Ahong) : 정선생님 ~~~~~~!!!!
이렇게 빨리~~~!!! 감사~~~ 湖湖衸~~!!! thank you very mucj~~!!!
도모 아리가도 고자이마스~~~!!!
☆sara☆김현주 : 와! 멋진 신사분^^ 신사의 품결이 느껴져요

2012.09.20

하하하...!

이분 표정이 예술이시죠?
제가 잘 담아내진 못했습니다만 아주 깜찍 하시답니다!
붓 끝이 말을 잘 안 들어서 이미지가 덜 나왔습니다만 이해하시리라 믿습니다!
하하하....!

Comment

soo♥그림이 좋아♥~ : 하하하 선생님ㅎㅎ
강옥희 : 귀여운 분이시네요~~~ㅎ
min♥ : 모델분 눈빛이 애교작력~ 잘 표현하셨네요^^
은학정 : 귀한 분 모셨네요 코를 넘 잘 그리셨네요
☆sara☆김현주 : 참!유쾌한 분 ..Soo님^^ 도도한 영희...친구사양해요 예술이닷~~~
부라보~♥마이 라이프 : 익살스런 표정~ 쪼아요~^^

2012.09.21 / 갤럭시노트S펜으로...

사랑싸움!

와! 이 강적들 좀 보소!
이 시간에 싸운다!
새벽 2시39분인데...!

동네사람들 다 깨우려고 저러는 걸까?
데이트가 끝난 후에 데려다 주러 오는 동안에 문제가 생겼던 걸까?
그래도 좋을 때다!

웬만큼하고들 가라....!
니들 사랑싸움 동네에 중계 방송해 놓고 내일부터 어떻게 다닐려고 그러니?
적당히 하고 가지 않으면 내가 119 불러버린다!
배도 아프고 심심하기도 한데 진짜 불러 버릴까 보다....!

Comment

예인김옥희 : ──ㅎㅎㅎ── 놔──두세요─ 선생님─샘내시지말구──
설순미 : 연애싸움 부럽기도 예뿌기도 하네요..^^
부라보~♥마이 라이프 : 그래도 귀여운 커플~^^ 턱으로 싸우는 거 같아요~ㅎㅎ
김은미 : 재미있네요 ㅎㅎ남의 싸움이 재미있으면 안되는데ㅋㅋ
Julia : 느낌 스터커에 '웃겨요'라는게 있다면 스터커 하나 붙여 놓고 싶네요ㅎ

2012.09.21

성질 급한 카친!

어려운 각도와 역광을 무릅쓰고 붓 칠을 해나가다가 잠깐 나갔다왔더니
사진을 교체하셨다! 하하하....
참내...!
소재를 주시겠다고 하시더니
모델이 시간 지나면 포즈를 바꾸듯이 긴장감을 주시는군요!
뭐 그래봤자 제 손해는 아니랍니다요!
암튼 감사합니다!
친구가 되어주시고 소재도 제공해주시고...!
오늘도 행복 가득한 날 되시기 바랍니다!

Comment

bejjangE♡소은 : 제가 아는사람ㅋ 멋진그림입니다~~~^^
부라보~♥마이 라이프 : 죄송함~~ㅋ 이릉 어짬꽈~헤^^

2012.09.21

이제 머지않아...!

제가 처음 접한 이분의 모습은 휄체어 에 앉아계신 모습이었습니다.
지난 몇 개월의 재활훈련으로 조심스럽게 걷고 계신 이분의 오늘 사진이 제겐 감동입니다! 세상에서 가장 강한 것은 사람의 정신일 것이라고 늘 믿고 살아왔습니다.
오늘 저는 그것에 대한 확신을 다시 한 번 가져봅니다!

이 분의 부인이 제 카친이십니다! 부군의 간병이 힘 드실테지만 늘 즐거운 모습으로 이곳을 찾아주십니다! 제가 아는 가장 강한 부부이실 듯 싶습니다!

사랑이 없이는 절대 불가능하다는 진리를 늘 일깨워주시는 두 분께 오늘 정말 따사로운 가을볕을 보내 드립니다! 머지않아 접하게 될 사진에서는 더 당당하시게 힘이 들어간 다리로, 강하게 지구를 밟고 계시는 모습이시리라 믿어 의심치 않습니다!
더 많이 행복하시길 바랍니다!

Comment

부라보~♥마이 라이프 : 세상 가장 행복한 두 분 이심을~ 이 순간에도 사랑하고 응원합니다
성화 : 두 분의 사랑도 강한 의지도 감동입니다 숙연해집니다'
박미화♥앉은자리가꽃방석! : 지난 가을 하늘에 먼저 간 우리 큰오빠 생각나네요 부부님의 건강을 발원합니다
임~♪자영 : 두 분의 사랑의 결실이 아닐까 싶네여~~부부님 좀 더 힘내시기를 빌어봅니다♥
설순미 : 따뜻하고 감동이 있는 글입니다^^ 빨리 회복되시기를 멀리서나마 바랄께요 :

2012.09.21

소재 주셔서 감사합니다!

출사중의 한 컷 같습니다!
그런데 이 카친을 찍으신 분이 더 프로이신가 봅니다!
인물로만 꽉 채우시지도 않았고 아웃포커스로 촛점을 잡아서 배경을 은은하게 채우신 컷이 참 좋더군요! 정작 모델이신 카친께선 웃음을 참지 못 하셨고....!
찍은 척만 하고 계셨죠...?
감사합니다! 소재고갈이라고, 가출하겠노라고 엄포를 놓고 났더니 이렇게 소재가 밀려 드는 군요! 친구님들께 늘 감사드립니다!

Comment

김은미 : 멋지네요~구도가 잘 잡혀 멋스러움과 편안함이 함께 느껴지네요~^^

예인김옥희 : 참—멋집니다—선생님— 모델분도—
그다음—미술용어 몽땅 다—포함

임~♪자영 : 드높은 하늘만큼 큰맘으로 하루 홧팅 하세여~~♬♩♪

오겸신 : 왠지 편안한 느낌, 자유로워보여요^^

박미화♥앉은자리가꽃방석! : 가방매고 떠나신것만도 왕부럽^^

2012.09.21

아빠와 아들!

참 말이 필요 없는 모습이네요!
우리 수빈이랑 저런 모습을 연출해보지 못한 미안함도 크지만, 내가 아버지랑 못해본 안타까움이 더 큰 건 아직 어른이 덜 되어서겠지요.
잠자리가 사진 상으론 잘 보이지 않았지만 아빠의 조심스러운 손가락 모양이 잠자리를 다치지 않게 잡을 때의 모습 같아서 연출했답니다!
좋은 부자의 모습을 보면서 반성할 사람들은 반성하고 그래야겠죠? 하하하...

Comment

성화 : 감사합니다. 정작가님^^ 사진을 톡으로 보냈더니 모델료를 요구합니다. 어찌할까요?..ㅎㅎㅎ

조각하는, 정진홍입니다! : 다른 사람을 그린거라고 하시면 될 듯 싶습니다만~~ㅎㅎㅎ

성화 : ㅎㅎㅎ그러면 되겠군요. 임기응변도 대단하신 분^^ 저의 중 1인 딸아이 이름도 수빈이예요. 작가님 아드님이랑..ㅎ

조각하는, 정진홍입니다! : ㅎㅎ좋은 이름입니다 ㅎㅎ 제도 며칠밤을 새며 옥편 붙들고 지은 이름이랍니다ㅎㅎ

김영신(Painter)-자연으로 : 멋진 모습 보니 입가에 잔잔한 웃음 지어봅니다

2012.09.23

행복을 주는 사이!

세상에서 가장 좋은 그림입니다!
다른 말은 필요가 없는....!
세월이 아무리 흘러도, 내일 지구의 종말이 온다 해도 변함없을,
사랑을 주고받는 사이!
모자지간이라는 관계는 그런 것이니까요!
이 아이가 자라서 아빠가 되어도 이날의 엄마 품을 기억하기 바라며 한 컷 그려봅니다!

Comment

설순미 : 글도 그림도. 좋아요

김영신*(Painter)-자연으로 : 세월이 지나도 기억하겠죠 우리모두~~행복함에 적어봅니다

VEronica ♪ : 앗 저..맞죠? 와우 한참 들어다봤어요~~진홍님 너무 감사합니다..
이 그림 갖구싶어요.. 글도 너무 멋지구 영광입니다!!

한미라 : 선생님.즐거운 주말 보내셨나요? 엄마와 아들..
덕분에 기분 좋게 월요일 하루를 시작합니다

조미숙♥예원맘♥ : 제가 사랑하는 동생이 여기있네요^^~

2012.09.23

서양화가 십니다!

전시장에서 문자를 보내고 계시나봅니다!
제가 간이 배 밖으로 나온 지 꽤 된 듯 싶습니다! '이젠 그림을 전공하신 분들을 이렇게 비전공인 제 붓으로 그리면서도 봐주시겠지'라는 배짱이 생겼습니다!
그림하시는 분들은 남들이 잘 안 그려주시니 이렇게 그리는 것을 애교로 봐주시리라 믿는 마음에서 이렇게 똥배짱을 부리고 있으니 부디 너그럽게 이해해주시기 바랍니다!
조각하는 제 눈에 보이는 모습입니다!
마음에 드시길 바랍니다!

Comment

설순미 : 오~~~ 그림 멋져요..짝짝짝

조각하는, 정진홍입니다!' : 설선생님~~~!!! 박수치시면 제가 시킨줄 알텐데요~~;;; ㅎㅎㅎ

민들레 : 와 부러워요!!! 전 언제나 모델이 되보려나?

0사랑합니다~♥성하림You are my sunshine~ : 하하하~~~♥
모야욤 요렇게 명작을 그려놓구선 왜 인제 알려주는 거야욤^^오마이갓~~♥
천부적인 손길에 제 모습이 그려졌군욤 감사감사~~.^~♥ 고이 모셔가오리다~~~♥

조각하는, 정진홍입니다! : 마음에 드신다니 다행입니다 ㅎㅎ

2012.09.12

늦었습니다!

이분 사진이 이렇게 온전하게 올라온 게 처음인지라 얼른 그렸답니다.

오랫만에 연필을 잡았습니다. 요즘 갤럭시 노트로 그리는데 재미가 붙어서 많이 게을러졌는데 연필을 잡고 보니 살짝 긴장이 되는 군요! 그래서 손이 더 많이 가고 더 신경을 많이 썼답니다! 그러니 좋게 봐주셔야한다는, 일종의 '협박' 이지요! 하하하...

식사들 맛있게 하셨나요? 오늘 우리 곰돌이 생일이랍니다. 그래서 셋이 피자헛에 와있답니다! 친구 여러분들! 좋은 시간 보내십시오!

Comment

임~♪자영 : 웃음이 좋아 보이시는 카친이시네여~~————
곰돌이 수빈군,,,'생일 추카합니다~~~♬♪♩

esmie-에즈메이shin : 와우~너무 감사하옵니다~~ㅠㅠ 감격스러워 기쁨넘쳐...
다른분들 차분한 이 밤에 저 혼자 방방 떠 버렸사와요~~~^.,^
이런날이~제게도 오는군요ㅠ ㅠ 감사합니다~엉엉

송임숙 : 환한 미소가 아름답습니다! 노트로 그리신 그림도 멋집니다만
역시 연필화가 섬세하고 편안한 느낌이듭니다.

2012.09.18

여행 중에 한 컷!

배경에 찍힌 웅장한 사찰이 우리나라의 사찰은 아닌 것도 같고...?
암튼 어디 여행 중에 한 컷 찍으신 듯 합니다!
두터운 파카를 입으신 걸로 보아 계절은 겨울일 것이구요. 겨울에 어디 사찰 앞에서 이런 포즈로 사진을 찍으신 분께선 얼른 자수하시기 바랍니다!
어디에서 언제, 어떻게 찍게 된 사진인지도 소상하게 밝히시기 바랍니다!
입장이 난처하시면...
아닌 척, 못 본 척 하시면 됩니다요....!
하하하...

Comment

동그라미 : 어머나 감사합니다!^^ 절 주인공으로 세워주셔서요! 아이들 겨울방학때 가족여행으로 중국 상해에 있는 우리나라의 인사동과도 같은곳이에요! 이런 가을에는 친구들과 여행하고파지네요^^

조각하는, 정진홍입니다! : 기뻐해주시니 제가 고맙습니다~~^^ 이 가을 행복하게 나시기 바랍니다^^

2012.09.24

훗날 짱구는!

아들 녀석 만화 영화 보는데 콜라며 팝콘이며 취러스 며 손이 부족하게 시중들고 계시는 아빠의 모습을 훗날 짱구는 세상에서 가장 존경하는 아빠로 기억할 것입니다!
사실 아이들 만화 영화 보러 같이 가는 거 아빠입장에선 상당히 용기가 필요한 일이랍니다....!
특히나 늦둥이 아들 녀석 일 땐 더 그렇죠!
제가 울 아들을 늦게 봤습니다! 그래서 잘 알지요. 아들을 사랑하는 마음이 쪽팔림 따위와는 아주 비교자체가 안될 정도의 마르지 않는 깊은 샘물과 같을 때, 망설이지 않고 즐겁게 같이 갈 수 있는 거 같습니다!
짱구 아빠 화이팅 입니다!
저는 예전에 수빈이가 유치원 다닐 때 학부모 참관수업을 간적이 있답니다!
아내 말로는 아빠들이 많이 온다고 괜찮을테니 대신 다녀오라더군요.
아빠는 딱 저 혼자였습니다...! 저는 교통순경 모자를 쓰고 젊은 아줌마들만 북적거리는 색동 반에서 아이들 교재로 활용되는 즐거움을 만끽 했었답니다....!
내 아들이 너무나 사랑스러웠기에 가능했던 일 일겁니다!
저 무지하게 숫기 없고 부끄럼타는 편이거든요.
암튼 월요일을 아주 사랑스런 부자의 모습을 담으며 시작했습니다!

2012.09.24 / 갤럭시노트S펜으로...

멍 때리는 시간!

전인권의 '사노라면 ' 이란 노래가 있다!

하루 일과를 마치고 밤늦은 시간에 퇴근을 하면서 황룡강 근처를 지날 때면 나도 모르게 튀어나오곤 하는 노래다!

고래고래 목청을 높여 그 노래를 부르다보면 마치 예전 대학시절로 돌아 간 듯 한 착각이 들곤 한다.
예전에 텅 빈 작업실에서 자주 불렀던 노래이기 때문일까?

'새파랗게 젊다는 게 한밑천인데...'
이 부분의 가사가 좋았다.

하지만,
이젠 새파랗게 젊지도 않아 그 든든한 밑천도 없는데...

지금도 그 노래를 부르다보면 마치 청년시절의 내 모습으로 착각을 하곤 한다!
그래서 그 노래가 좋은가보다!
착각을 하게 해주기 때문에!

새파랗게 젊은 줄 알고 습관처럼 부르던 그 노래가, 어느덧 나와는 맞지 않은 노래가 되어 있다는 현실이 놀랍기도 하지만, 참 많은 세월이 흘러버렸음이 마치 낮잠 한숨 자다 일어난 멍 한 느낌이라고나 할까....!
그래도 난 부를 것이다!
새파랗게 젊지도 않고, 그래서 든든한 밑천도 없지만, 그래도 난 부르려고 한다!

오늘밤에도 황룡강 근처를 지나면서 어두운 강물이 깜짝 놀라 반짝이는 모습을 보면서 난 웃고 지날 것이다!

'새파랗게 젊다는 게 한 밑천인데....
째째하게 굴지 말고 가슴을 쫘악 펴라... !' 하면서...

계속 멍이나 때려야겠다 ! 하하하...

Comment

설순미 : 아직도 그 노래 어울리세요!^^
윤미영 : 공감!! "새파랗게 젊다는 게 한 밑천인데 한숨일랑 쉬지 말고 가슴을 쫙 펴라
내일은 해가 뜬다 내일은 해가 뜬다"
고운 오후되세요!
♪♩muosn♪♬ : 저도 이 부분 좋아해요
그 뒤가 내일은 해가 뜬다 내일은 해가 뜬다~~♬♪♩
부르면서 나 스스로를 위로하며 용기를 얻던 노래죠~~^^
느티 김성종 : 엇! 점점 기능을 손아귀에 꽉 쥐신 듯.^^
강옥주 : 화가님~! 살아 있을 날 중에 오늘 지금 이 시간이 제일 젊으세요!
글구 무엇이든 척척 그려내시는 재주가 한 밑천이구..그만 멍때리세요~~ㅎㅎ

2012.09.24

오랫만에!

오랫만에 누드 한 점 그려봅니다!
붓을 마음먹고 휘둘러서 형태가 다소 왜곡된 부분도 있습니다!
크로키의 특성이니 이해해주시며 봐주시기 바랍니다! 크로키란 동세를 급히 파악해서 한 번에 선을 그어 그려내는, 일종의 속기라고도 할 수 있답니다. 일설에 의하면 '드가'는 무용수의 크로키를 3초에 마쳤다고도 하더군요! 동세만 잡았겠죠!
빠르게 붓을 놀려 먹물의 농담을 크로키가 끝난 다음에
물 칠을 해서 끝낸 그림이랍니다!
나른한 가을의 오후를 나른하게들 보내시라고....!

Comment

박미화♥앉은자리가꽃방석! : 나른한 포즈는 아닌데요
문난희 : 갠적으로 누드크로키 감상 참 조아한답니다!
임~♪자영 : 힘들겠어여~~~ㅎ 자세가여~~~~~*~*
별처럼 맑고 빛처럼 밝게 : 형태가 아닌 선 맛! 맛깔스럽습니다! 샘 짱 요.
김영신(Painter)-자연으로 : 누드크로키! 정말 매력있는 작업이죠!

2012.09.24

모자쓴 모녀!

오늘 첫 그림을 부자의 모습을 그렸는데 마지막 그림을 모녀의 그림으로 마감하는군요! 빛을 재밌게 받으며 찍은 사진이더군요!
그냥 넘기지 못 하는 성격인지라...!
아름다운 모녀를 그리면서 먼 훗날을 미리 떠올려봤답니다!
엄마의 가장 친한 친구로 든든하게 엄마의 곁을 지겨 줄
딸아이의 모습이 눈에 선합니다!
저녁시간 아름답게 보내시기 바랍니다!

Comment

은학정 : 마무리 아름답군요 줌세요! 칼 퇴근^^~

Angirr jeong,s♥ : 서로 든든한 지킴이가 되어줄 듯 짧은 시간동안 이 많은 그림을 그릴 수 있다는 건 크로키 만의 장점.. 멋져요.. 즐감하고 갑니다.

활.. : 진홍님 고맙습니다..ㅎ 울 딸애가 너무 좋아하네요!

조각하는, 정진홍입니다! : 좋습니다~~~^^

2012.09.25

참내....!

이상합니다!
아주 많은 동세가 있는 포즈도 아닌데, 약간 위에서 아래로 찍은 사진 일뿐인데 제겐 참 어려운 포즈로 다가 오네요. 하하하...
새 붓에 적응하기위해 어제 연필로 한번 그렸던 분을 다시 한 번 더 그려봅니다만 죄송스럽게도 이미지를 제대로 담아내질 못 한 것 같습니다.
아주 화창한 가을 날씹니다!
친구님들! 한편의 동화를 쓰듯이 오늘을 살아가시길 바랍니다!

Comment

설순미 : 분위기 있는 분이십니다..^^

문난희 : ㅎㅎ~쌤 저의 사진 표정이 참말로 거시기했나봅니다!
감히 쌤을 두 번씩이나 힘들게 하다니요.
저는 무척 맘에 들어요! 그리구 너무너무 좋아요!

행복한나그네(은실이) : 살짝 미소짓는 표정이 살아있는 듯...
똑같아요 만약에 저의 의지대로 미대에 갔더라면 지금쯤.. ㅋㅋ

☆sara☆김현주 : 참!미인이시네요!

2012.09.25

요즘 대세!

준비가 되어있는 사람에겐 기회가 반드시 온다는 것을
요즘 이 친굴 보면서 실감하고 있다! 얼마 전까지만 해도 이 친군 병역비리로 손가락질을 받으며 군대를 두 번씩이나 갔던, 결코 자랑스럽지 못했던 친구였다! 하지만, 그럼에도 불구하고 지금은 세계에서 가장 많은 관심을 받으며 대한민국을 알리는 일등 공신으로 거듭났다!
준비가 되어있었기 때문이다! 이친구가 운이 좋아서, 어쩌다 한곡 떠서 하루아침에 그 천운을 잡은 건 결코 아니라는 얘기다. 히트곡도 많은 친구며 콘서트현장에선 황제 같던 친구였다. 시련은 인간을 더 야무지게 만들뿐이라는 얘기가 허언이 아니라는 걸 요즘 이 친굴 통해서 실감하고 있다! 흐뭇하다......!

Comment

초록향기**** : 많이 공감되는 글이어요~~ 요사이~세계적인 스타가 되었어요!~~
강옥희 : 우리나라의 또 하나의 자랑~~ 싸~~~이!
설순미 : 처음엔 잘 몰랐는데..자꾸 들으니 노래가 매력있더라구요
송인숙(하얀그리움~♥) : 진홍쌤 준비되어 있는자에게 기회가 온다는 말 깊이 새겨야겠어요!

2012.09.25

시인이십니다!

이 카친께선 시를 쓰십니다! 눈빛이 예사롭지 않으시죠? 이분의 사진을 오늘에야 찾았답니다. 내리시기 전에 얼른 그렸습니다! 아름다운, 때론 예리한, 글을 쓰시는 분이시라서 작업노트를 작성하기가 무척 부담스럽습니다!

시인의 감성을 가져보고 싶었습니다.

아무나 가질 수 없는 것이지만 그래도 그 '아무나' 에 속하고 싶었던 적이 있었답니다!

신춘문예에 두어번 떨어지고 나서야

그 아무나가 정말 아무나가 아니란 걸 알았답니다!

Comment

江(바람부는들판)권기택 : 고맙습니다!

정 화백님~~ 심해에 잠든 그 사진을 인양하셨네여^^~

언젠가 시집을 내게 된다면 이 사진 꼭 사용하고 싶네요!

그렇게 해도 괜찮겠지요? 다시 한번 감사의 마음을 전합니다^^

조각하는, 정진홍입니다! : 얼마든지요~~^^ 마음에 드신다니 다행입니다!!!

2012.09.25

추억의 사진 한 장!

이 애 띤 아가씨는 이제 중년이 되어가고 있을 것 같습니다!
추억 속으로 잠시 돌아가 보십시오. 꽃처럼 청초하던 그 시절로....
풋풋했던 그 시절도 아름답지만 지금의 모습도 아름답다는 걸 잊지 마시고요!
엄마만 부르며 살던 그 시절, 엄마로만 불리어지는 지금 현재...!
두 모습 다 내 모습입니다!
사진이 좀 선명한 상태로 올라오길 기다리다 제가 졌습니다!
오늘밤엔 이 그림을 보시면서 세월을 한번 거슬러 가보시기 바랍니다!

Comment

풀내음(무조건 친추거절요.죄송) : 저를 보는 듯 하군요~~^^*
김선희* : 엄마나! 정진홍선생님! 카친들 그림 그리시느라 바쁘세요
어디서 본 듯한 모습이어서 깜짝 놀랐네요! 좋은 밤 보내셔요!^^
조각하는, 정진홍입니다! : 어디서 본 듯 하시면 그 어디서가 맞을겁니다 ㅎㅎㅎ
설순미 : 선희님 반갑습니다^^~
김선희* : 네. 순미샘! 오늘 제가 주인공 됐네요 쑥쓰! 편히 주무셔요!^^

2012.09.25

걱정스럽습니다!

이 사람이 얼마나 모진 풍파를 겪게 될지.....!
똥 묻은 개들로부터 엄청난 공격을 받겠죠?
" 당신 그 재를 언제 어디서 묻혔는지 말해!"
불을 보듯 뻔한 상황인데....

우리나라는 참 이상한 나랍니다.
죄도 아주 아주 큰 죄를 지으면 용서가 되고 아주 작은 죄는 가차 없이 처벌하고.....
이왕지사 큰 죄를 지어야 떳떳할 수 있는 지구상에서 유일한 법체계를 가지고 있는 나라죠! 부정부패에 연루되어도 정치적인 탄압이라고 몽니를 부리면 또 그런갑다 하고 넘어가주는...

참으로 이상한 나랍니다!
무슨 때만 되면 노점상들을 개 쫓듯이 몰아내면서도 몇 천 억씩이나 부정하게 돈을 긁어모으는 사람들에겐 아주 친절하게 알아서 기는 나라...!

대한민국이 왜 이렇게 부끄러운 나라가 되어가고 있을까요?

옛 말에 윗물이 맑아야 아랫물도 맑다고 했습니다!
전과자들이 득실거리는 윗물이 어찌 아랫물더러 맑지 못하다고 훈계를 할 수 있는 것인지..!

이사람 참 걱정됩니다!
똥 묻은 개떼들로부터 얼마나 많은 인신공격과 아니면 말고 식의 테러를 당하게 될지....

이 사람과 일면식도 없지만, 단지 동갑내기라는 사실 하나만으로도 엄청 걱정이 되는군요!

잘 이겨내기 바랍니다!

2012.09.26

이 분도....!

스토리에 비슷한 사진이 있으신 분!
망설이지마시기 바랍니다! 하하하....
사진들이 워낙 작은 전신 스넵 사진들뿐이어서 미뤘었는데 오늘에야 그립니다!
사진이 없으신 분들은 달리 방법이 없겠지만 손톱만한 사진이라도 올려놓으신 분들께선 조금이라도 서운하실 수도 있겠다는 생각에 오늘은 밀린 숙제하듯이 카친 분들 중 미뤄뒀던 분들을 찾아서 그리고 있답니다.
진즉에 그릴걸 그랬습니다!
웬지 숙제를 하고 난 후의 개운함 같은 게 밀려옵니다!

Comment

설순미 : 산을 좋아하는 영신님이시네요..^^
느낌좋아요...보시면 좋아하시겠다..^^~
김영신(Painter)-자연으로 : 진홍님 절 그려주시다니 진심으로 감사드립니다~~^^

2012.09.26

알아보시겠습니까?

이분은 이런 분위기를 좋아 하실 것 같다는 생각이 들었습니다!
약간은 흐릿한, 정리가 칼같이 되지는 않았어도 어지러운 것은 아닌, 그런 분위기를 좋아하실 분 같더군요!
사진을 약간 엔틱 풍으로 작업하셔서
올려 놓으신 걸 보며 느낀 제 잔머립니다! 하하하...
붓에서 물이 흘러넘쳐 많이 번진 느낌입니다만 이해해주십시오!
늦어서 죄송합니다!

Comment

황철원 : 아이쿠! 정화백님!
비루한 무명시인을 분위기 있는 유명시인으로 탈바꿈 해 주셨네요!
섬세하고 떨림없는 라인 늘상 부러워하고 있습니다! 감사합니다!

조각하는, 정진홍입니다! : 마음에 드신다니 저도 좋습니다~~^^ 행복한 날 되시길요^^

☆sara☆김현주 : 모델도 작품도 멋지네요^^

2012.09.27 / 갤럭시노트S펜으로...

대리운전기사!

"대리 부르신 분 !"
"아저씨! 밖에서 조금만 기다리세요!"

밖에서 조금 기다리라는 얘길 듣고 나가는 대리기사의 표정엔 피곤함이 역력해보였다. 창가자리에 앉아 있던 터라 우연히 그 상황을 목격하게 되어 밖을 보고 있었는데...

내 자리에서 두 테이블 건너의 세 사람 중 뚱뚱한 사내가 대리기사를 부른 것 같았다.
"야 ! 얼렁 가라! 대리 기다리것다!"
"아 !괜찮아! 지가 기다리지 어디가겠냐?"
"야! 그러지 말고 얼렁 나가라!"
"아이! 괜찮하다니까! 가불면 딴 대리 부르면 되지 머! 하하하...!"

승용차 옆에서 가게 쪽을 물끄러미 쳐다보며 시계를 바라보는 대리기사의 짜증난 듯한 모습이 술 취한 세 명의 치기어린 농담과 오버랩 되면서 내가 짜증나기 시작했다!

나와 대리기사의 담배에 거의 동시에 불이 붙었다.
깊이 담배연기를 내품던 대리기사의 인내력도 한계에 달했는지 다시 가게로 들어왔다.
"사장님! 출발 안 하실건가요?"
"아! 아저씨! 쫌만 기다리씨요!"
다시 밖으로 나가는 대리기사...
전혀 중요한 대화도 아니고 더 앉아있을 하등의 이유도 없을 것 같아 보이는데 그러고 또 한참을 농찌거리를 하며 웃고 난리였다.
그러다 마지 못 해 일어나 나가는 그 뚱땡이의 능글능글한 모습을 보면서 어찌 그리도 생긴 대로 노는지 싶었다!

대리기사들에게 시간은 바로 돈이다.
부업인 경우가 많다던데 하룻밤에 몇 탕이나 하겠는가...
그나마 저 뚱땡이같은 손님들만 걸린다면...

세상을 살아가면서 아무리 제멋으로 산다지만 '경우'라는 것도 생각하면서 지 멋을 부린다면 얼마나 좋을까!
웬지 측은하게 느껴지던 대리기사가 뇌리에서 쉽게 지워지지가 않아 이렇게 스토리에 담는다!

우리 카친들께선 절대 안 그러실 것이라 믿으면서...!

Comment

부라보~♥마이 라이프 : 세심하신 선생님~^^ 좋은 아침이예요~
저도 몇해전 겨울 경험삼아 잠깐 대리운전을 했었는데 그야말로 척박한 시장이더군요..
심신을 더 골골케 만드는 어려운 바닥이었어요~~
참~세상은 요지경속 입니다.
멋진그림 진솔한 글 항상 감사히 보고 있습니다~~^^
김윤희 : 전혀 중요한 대화도 아닌 것이 바로 술의 힘이겄지요~~켁
박미화♥ 앉은자리가꽃방석! : 살면서 말입니다. 나는 중요하고 남은 안 중요하게
행동하는 것들 이해 안됩니다. 진짜 질 떨어지는 차주 ㄴㅗㅁㅅㅣㅋㅣ군요 ㅋ
ㄱ황현숙,로뎀,목표 : 조금만 배려하면 세상이 훨씬 아름다워질텐데~~♠

10월의

2012.10.01

어머니는...!

어머니는 행복하게 힘든 준비를 하신다.
펴지지 않은 허리를 무릎으로 지탱하시고, 햇살 내리쬐는 허름한 정제에서 묵묵히 행복을 쌓아 가신다.

마늘을 까고 토란을 깎으시며 잘 보이지 않은 희미한 그것들을 몇 십 년 내공으로 그렇게 하신다!
먼 길 달려오는 자식들을 생각하면 너무도 행복한 노동이기에...

고생이라 생각하며 마지못해 찾아와서 불만 가득한 하루 이틀을 보내고 가는 며느리의 속내를 알면서도 예쁘고 고맙다는 어머니는 그저 하루라도 더 있다가길 바라는 마음으로 모른 척, 또 모른 척 하신다.

그 며느리도 언젠가는 며느리에게 품을 마음이기에...
언제부턴가 명절이 며느리들의 고생하는 날로 정해져버린 듯 한 분위기이다.

'시월드' 라는 신종단어가 생기고 그 '시월드'는 무척이나 부정적으로 묘사되는 게 다 반사이다.
드라마에 나오는 시어머니는 며느리를 괴롭히는 괴물이며 그런 시어머니를 이겨내는 며느리는 현명하고 바람직한 여자들의 표상으로 묘사되고...!
왜 이리 되어 가는지...
너무 과한 것 아닌지...

사회적인 분위기를 만들어가는 드라마의 악영향만 탓해본들 무슨 소용이 있으랴...
갈수록 가족 이라는 단위가 나노 단위정도로 좁혀져가는 현실이 참 서글프다.

어느 카친께서 올려놓으신 사진 한 장을 보면서 참 깊은 감회를 느끼며 그려봤습니다.
제 개인적인 감정이 듬뿍 들어갔습니다만 이해해주시길...
명절연휴를 더 행복하게 마무리하시라는 의미로 올립니다...!

Comment

月也김미경(wolya) : ㅋ저는 종가집의 종부~
그래도 이 세상에서 가장 행복한 주부임에 늘 감사의 마음으로 지냅니다.^^*

설순미 : 자식은 부모의 마음과 사랑을 못 앞질러 가는 것 같아요..

박미화♥앉은자리가꽃방석! : 친정엄마 시어머니, 같은 마음이라는거 오래전에 알았어요!
부모란 같은 마음이라는거!

전!민변숙 콜렉션(민선생) : 정진홍 선생님!! 정진홍 선생님!!
재 생일 선물로 이 그림 대문에 걸려고 하는데..저 주세요 *^_^* ***?!?

조각하는, 정진홍입니다! : 네~~ ^^ 그렇게 하십시오~~
기꺼히 드리겟습니다! 다시 한번 축하드립니다~~~ ^^

2012.10.01

이별의 서울역!

여자 친구 돌아오셨나요?
명절 쇠러 가시는 여자 친굴 보내시면서
마치 몇 년은 이별을 해야 하는 것처럼 절절하게 글을 올리신 카친이 계십니다!
너무 사랑하셔서 그렇겠지요!
여자 친구께서도 혼자가시기 싫으시다는 표정이 역력하구요!
내년 명절엔 꼭 같이 내려가시길 바랍니다.
그러기위해선 이번 명절이 지나고 나면 가정을 꾸리셔야겠죠?
두 분의 행복한 미래를 미리 축복합니다!
그렇게 절절하신 모습이 참 아름답습니다.

Comment

정진서La vie En Rose : ㅎㅎㅎ이거 정말 대단하네요. 정진홍님~^^감사합니다~^^
문난희 : 저도 그랬었답니다 쌤~~ 아 미치겠던데요
그래서 결혼했답니다! ㅎㅎ~
김은미 : 참 좋을때지요~ ^^
박미화♥ 앉은자리가꽃방석! : 이쁜사랑 이쁘게 키우시길

2012.10.01

멋진 모녀!

딸은 세월이 가면서 엄마의 가장 든든한 친구가 된다는 얘길 제가 여러 번 했었답니다!
이분들을 뵈면서 정말 그렇겠구나 싶습니다!
멋쟁이 이신 엄마를 닮은 딸과 딸에게 세련된 유전자를 그대로 물려주신 엄마의 모습이 정말 잘 드러난 사진이더군요!
행복하게 오래오래 좋은 친구로 삶을 채워나가시길 기원하면서 한 컷 그려봅니다!
행복하시길...!

Comment

김은미 : 참 정다운 풍경이네요~분위기가 넘 좋아요~^^

박미화♥앉은자리가꽃방석! : 이번 명절에 시골 내려갔더니
우리 형님, 우리 딸 보더니 엄마 같은 딸이래요. ㅋ
그 집은 아들만 둘인데 우리딸보고 이뻤나봐요.

블루스카이 : 저도 오늘 울 엄마모시고..엄마친정.. 즉 저의 외가에 다녀왔어요. ㅎㅎㅎ
엄마가 넘 좋아하시니.. 모처럼 효도한 것 같아 쯤..마음이 가볍네요..^^

박미선 : 와~~넘 감사해요. 행복하네요. 엄마가 넘 좋아하시겠어요..
카톡으로 보내주시면 뽑아서 액자해 드려야겠어요~~~^*

2012.10.01

녹동 앞바다!

아버지를 뵈러 다녀왔습니다.
제 나이 7살 때 돌아가신 아버지께 저는 너무도 아쉬움이 많답니다.
울 수빈이에게 내가 가지고 있는 마음과 똑같을 울 아버지 마음을 저는 잘 알고 있답니다.
비록 어린 나이였지만 날 보시며 안타까워하시던 아버지의 눈길을 전 기억하고 있답니다.
당신께서 막내 곁을 오래 지켜주시지 못 하신다는걸 아셨던 울아버지의 마음이 담긴 눈길이었음을 전 오래전부터 알고 있답니다.
그래서 아버지를 뵈러 가면 늘 아쉬움이 큽니다.

담배 한 대에 불을 붙여 놓아드리면서 아버지의 모습을 그려보고, 돌아오는 길에 다시 한 대를 더 올려놓으면서 인사를 드리고 왔답니다.

울 아버지는 제게 참 많은 것을 물려주셨습니다.
비록 아버지와 함께 한 짧은 세월이었지만 당신의 모든 것을 제게 물려 주셨던 것 같습니다.

제 기억속의 아버지 모습은 병색이 짙어 누워계시던 모습이 전부였지만 아버지는 늘 마음을 다하여 제게 사랑을 전하려 하셨다는걸 저는 압니다.

아버지를 뵈고 오는 길에 고향 앞 바다를 담아왔답니다.

울 아버지가 내 나이 때 바라보시며 웃으셨을 멋진 녹동 앞 바다의 모습이랍니다.
세월이 갈수록 아버질 닮아간다는 소리가 기분 좋습니다!

늘 제 마음속에 아주 많은 사랑으로 자리하고 계시는 울 아버지!
사랑합니다 아버지....!

Comment

전!민병숙 콜렉션(민선생) : 선생님!! 오늘은 선생님 글! 읽으면서 두 번 울어요
어머니! 소리없는 내공에 울고 아버지! 소리없이 전달하시던 사랑에 울고...
참! 진솔하신 글귀에서 사람의 마음에 감동도 단단함도 주시네요!

조각하는, 정진홍입니다! : 좋게 받으셨다니 참 좋습니다~ ^^ 행복하십시오~!!!

천금이 : 항상 느끼는 진솔한 글들이 마음에 와닿는..
진홍님 스토리에서 짠한 감동을 느끼고 갑니다. 추석연휴 잘 보내시고 계시조~~^^

풀내음(무조건 친추거절요.죄송) : 알수록 정이 많은분이세요.
글을 읽으며 가슴이 아려오는군요. 병든 와중에도 아버지의 사랑을 전해주려는
모습들을 아직도 기억하는군요. 그러한 어린아이에 맘이 그려지는거 같아
오늘밤 마음이 짠해오네요. 멋지게 자라준 일곱 살 아들아 고맙다!
이렇게 아버님이 오늘밤 귓속말로 다가올 겁니다. 좋은 밤요~~^^* :

2012.10.02

사자가 되어버린...!

귀엽고 무대뽀였던 우리 뚱이가 이젠 사자가 되어버렸다!

아파트에서 키우다 너무 말썽을 많이 피워서 처갓집 마당으로 유배를 보냈던 우리 뚱이를 몇 달 만에 보게 되었다.
대문 앞을 당당히 차지하고선 여전히 난리법석인 녀석을 보니 어찌나 반갑던지...!

밤늦게 아파트 현관엘 들어서면 기다렸다는 듯이 달려들어 난리를 치던 귀엽던 모습은 사라졌지만 여전히 지나치게 반가워하는 모습은 예전 뚱이 그대로였다!

이 녀석을 보내면서 울 아들은 눈물바람으로 녀석을 안고 처갓집까지 갔었다.
이왕가게 된거니 지가 데려다줘야 한다며...!

지금도 울 아들과 나는 가끔 둘이서 뚱이 얘길 하곤 한다.

" 아빠! 뚱이 보고 싶다!"
" 그치? 나도....!"

오늘 아침에 마트에 들러서 뚱이가 좋아하던 소시지를 몇 개 사며 즐거워하던 우리 수빈이 모습이 어찌나 해맑던지...!

지를 유배 보낸 주인이건만 원망하나 안 했던 것 처럼 어찌나 반겨주는지...!
짜식이 참 뭉클하게 하고 있어...!

오늘 보니 우리 뚱이는 완전히 똥강아지였다! 수빈이 큰아빠가 뚱일 주시면서 진돗개 새끼라고 하셔서 나랑 수빈인 그리 믿었었는데...!
그래도 너무 이쁜 뚱이다!
똥개면 어떠랴....!
진돗개보다 잘났는데...!
근데... 귀만 쪼끔 더 섰으면 좋으련만... 하하하...

우리 뚱이 너무 건강하게 잘 자라고 있어서 너무너무 예쁘고 대견스러웠다!
고 녀석 참...!

Comment

설순미 : 옛 주인을 알아보는 눈치네요..^^
조각하는, 정진홍입니다! : 알아만 봤겠습니까~~ ^^ 난리가 났답니다! ㅎㅎㅎㅎ
♪♩muosun♪♬ : End이의 모습 귀엽고도 애교스러워 이별할 때 정말 슬펐겠어요.
제가 어릴 때 우리집 강아지들은 이만큼 이쁠때면 불의의 사고(일명 쥐약사고)로 목숨을 잃었던 강아지가 많았죠
어린 마음에 괴로워하며 이리뛰고 저리뛰다 결국 어느 좁은 곳 물내려오는 곳 등 껌껌한 곳에 들어가 궁금해 바라보면 까만곳에서 바짝이며 빛나던 슬픈 눈동자가 생각나 눈물이 나네요!
조각하는, 정진홍입니다! : 맞아요~~그랬었죠 저도 비슷한 기억이 있네요!
쥐 잡는 날이 동네 개잡는 날이었죠~~;;; 어릴 때 우리 캐리도 그때 죽었거든요~~!!
ㅎㅎ쥐 잡는 날을 만든 사람들한테 따질 수도 없고 ㅎㅎㅎ :

2012.10.01

연우의 일기!

오늘도 정말 너무 힘 들었다!
온종일 얼마나 시달렸는지....
어찌나 귀찮게 하는지 내가 전생에 무슨 팔자였을까?

온종일 곁에서 떨어지질 않는다!
이런 찐드기...
그래도 날 끔찍하게 생각하는걸 보면 예쁜 구석도 있는 것 같고....
그런데 누구지?

엄마는 분명히 아닌데... 이모?, 아니면 고모?
이모면 어떻고 고모면 어떠랴....!

휴....!

이제야 완전히 곯아 떨어지셨군!
이제 내 시간 좀 가져볼까....!

우선, 음, 기저귀 찼으니 쉬 나 한번 할까...?
아니다!
사나이 체면이 있지...!
차라리 응가를 해버리자!
푸하하하..!

이제 내 세상이다!
깰지 모르니 조금만 더 자는 척 하고 있자!

휴....!
조카노릇 하기도 참 힘들다!

연우의 오늘 일기 끝!

Comment

블루스가이 : 귀저기찬 연우의 입장에서 글을 쓰신 듯...?^^잼있네여...ㅎㅎ

이정희 : 헉!!우리조카 연우가 이런 마음인줄 정말 몰랐네요!!
ㅋㅋㅋ하긴 연우가 심심한 고모랑 놀아주느라 좀 피곤하긴 할꺼에요 ㅋㅋㅋ
오늘도 저한테 마니 시달렸을텐대 진홍님 글보구 빵 터졌네요!
ㅎㅎ잼있게 써주셔서 고맙습니다!!!ㅋㅋ

설순미 : 일기랑 그림을 보니.. 그림속 연우 넘 귀엽네요^^

매그놀리아 백옥연 : 연우녀석 귀엽네요! 굿모닝~입니다 오늘도 활기찬 하루 보내세요~
온유한순우야! ㅋㅋㅋ 아이들이 저런맘도 있겠지요? 내 관점에서만
아이들을 판단하고 대하려하는..자신을 뒤돌아보는 그런 계기가 되었습니다

2012.10.03

더 많이 생각하시길!

살아가면서 잊어도 좋을 것들과 절대로 잊어선 안 되는 소중한 기억들이 있답니다!
틈만 나면, 될 수 있으면 많이 자주 생각하십시오! 그래서 슬픔을 초월하고
행복하게 그 추억에 적응될 때까지 아주 많이 생각하시기 바랍니다!
그래서 엄마를 떠올리는 게 아프고 쓸쓸한 기억이 아닌,
행복하고 소중한 기억이 될 때까지 쭉....! 그렇게 하시라고 그렸습니다!

Comment

매그놀리아 백옥연 : 아~엄마 울엄마,,
카스에 올라온 그림. 한눈에 울엄마인걸 알았습니다.
아침에 눈뜨면 폰에 저장된 엄마와 인사를 하고
퇴근길에 이제는 주인없는 엄마의 폰으로 전화를 걸기도 합니다.
아직도 아니 언제까지나 엄마는 저의 마음 속에 함께합니다!
정진홍선생님!! 감사합니다.. 정말 감사합니다! 많이 생각하겠습니다.
엄마를, 엄마의 사랑을..

조각하는, 정진홍입니다! 넵~~^^ 너무 좋습니다~~^^ 행복한 저녁시간 보내십시오~~!!!

2012.10.03 / 갤럭시노트S펜으로...

기다림!

많은 이들이 얘기했다!
인생은 기다림이라고...

매순간이 기다림의 연속이며
어쩌면 인생자체는 기다림을 위한 시간인지도 모르겠다는 생각이 든다!
무언가를 기다리지 않는 인생도 있을까?
달관한 도인조차도 무엇인가는 기다릴 것 같다!

가장 마지막으로는 다음 삶을 기다리는 것까지 포함해서 모든 순간을 기다리며 사는 것이니 만큼 이젠 기다림에 익숙해지고 기다리는 시간을 초연하게 보낼 수도 있어야 할텐데...

여전히 기다림은 초조하다.

아직도 기다림은 안타까움이 많이 섞인 조바심이 담겨있고,
아직도 기다림은 상당히 짙은, 조금은 인내하기 괴로운 향이다.
체념이 있다면 기다림은 없을 텐데 애초부터 체념이라는 건 흉내만 낼 수 있을 뿐 진짜 체념은 사실은 없는 것인지도 모를 일이다.
체념 또한 어쩌면 기다림의 다른 모습일지도....!.

지금 난 무엇을 기다리고 있는 걸까?
나도 모르겠다. 오래된 습관처럼 그렇게 막연한 뭔가를 기다리는데 정작 무엇을 기다리는 것인지 모르겠다.

오늘도 기다리다 하루가 거의 지나가고 있다!
이러다 어느 순간 뭔가가 온다면 그게 과연 내가 기다리던 것 일까?
그런 척이라도 해야 하는 것일까?

기다림은 참 지루하다!
그래서 기다림인가 보다!

Comment

동그라미 : 기다림의 연속인데 기다림에 조급하지 않고 초연할 수 있다면..
김선희* : 기다리기란 인내심이 필요하지요? 혹시 인생이란 기다림 자체가 아닐까요?^^
쎄미♥한영 : 쉽게 쓰시는 듯 한 글들과 그림이 너무도 조아요^!^

2012.10.05

붓 펜!

이분도 물 칠을 하지 않은 붓 펜 작업만으로 마무리 했습니다!
안경을 벗으니 훨씬 좋아 보입니다. 이분의 그림을 연필로 그릴 때가 아마 제가 그림을 그려드리기 시작한 초창기 같습니다! 너무 오랫만에 잡아보는 연필이어서 좀 죄송한 그림이었답니다! 그런 그림을 고이 보관하시는걸 보며 많이 죄송스러웠습니다.
이 그림이 그 그림보다 낫다는 것은 아닙니다.
다만 고마움이 더 담긴 그림이라고 이해하시면 될 것 같습니다!
늘 행복하십시오!

Comment

김병선 : 저 닮았다고 우길래요!
저랑 닮은분이?
조각하는, 정진홍입니다! : 안 우기셔요 됩니다! ㅎㅎ맞습니다!~~~
행복한 날 되시기바랍니다! 병선님^^
김병선 : 와우! 파일로 주세요! ㅎㅎ지난번도 좋았는데..두번째까지 받을줄이야..

2012.10.06 / 갤럭시노트S펜으로...

그리움!
이 시간만 되면 우리 블루는 베란다에 앉아서 밤하늘을 바라보곤 한다.

한참을 미동도 하지 않고 마치 동상처럼 그러고 있다가 내 다리사이로 파고든다.
그리곤 몸을 뉜다!
이럴 땐 고양이가 아니라 무척이나 사색을 즐기는 사춘기 소년 같다!

별별 생각이 다 섞여있는 사춘기 소년의 머릿속과 우리 블루의 머릿속이 비슷할지도 모른다는 생각이 때때로 들곤 한다. 어쩌면 정작 블루는 아무생각도 없이 그저 졸고 있었는지도 모를 일이다!
블루의 그리움은 내 그리움이고 블루의 외로움은 내 속에 있는 그것 일지도 모른다.

두께가 어지간한 세월을 방패삼아 그리움이나 외로움을 막아보려 해도 그건 세월의 두께로도 어쩔 수가 없는 것인가 보다!

대상이 선명한 것도 아니고 특정한 뭔가가 떠올려지지도 않은, 막연한 그리움이 정말 진하다는 걸 느껴본 사람들이 얼마나 될까?

늘 사춘기로 살아가는 듯 한 중년의 카오스가 바로 이런 것 일까....?
중년이지만 절대 실감 못하는 불치병!
그 불치병으로 인한 합병증이 바로 이 그리움과 외로움으로 나타나는 것 인가보다!
쉽게 말해 '섭리'에 순응하지 못 해 발생하는 부작용이라고나 할까...!
휴....!
블루가 나까지 센치해지게 만들었나보다.
이 심야에 이런 옹알이까지 하게 만들고 지는 아주 곤하게 잔다!
깨워버리고 싶다...!
얄미운 녀석.!

Comment

JUST ILLUSION★키아라★ KiArA : 달바라기하는 블루가 넘~쓸쓸해 보이넹..ㅠ
봄처녀(춘희) : 왜 표현을... 외롭게 표현하세요~ 우아한 블루를^^
은학정 : ㅎㅎ우리집 멍돌이도 그래요!
설순미 : 근데 참 신기하네요. 그 시간만 되면..말 못하는 고양이의 뒷 모습, 찐짜 무슨 생각을 하는 걸까..
수라나뽀~♡ : 그 어느 것 하나도 나에게 있어 소중하지 않는 것이 없다는 걸 블루를 통해 또 다른 나를 생각게 하네요.. 블루~ 아주 멋진 블루 마니마니 사랑해주세요~!!
Jenny♡ 행복하세요♡ : 명랑하라~고양이^_^♡

2012.10.06

새로 오셨습니다!

이분은 사진예술을 하시는 분이십니다! 이분의 스토리에 아름다운 작품들이 너무 많아 어느 것에 눈을 둬야할지를 모르겠더군요! 예리하시면서도 그윽하신 눈매를 담아보고 싶었는데 제 붓이 마음대로 안 가는군요. 어제 늦게까지 tv를 보면서 잤더니 촛점이 잘 안 맞습니다! 핑계치고는 좀 유치하죠? 하하하...
암튼 이분의 카스에 가셔서 행복을 찾으시라고 소개드립니다!
좋은 분들끼리 아름다운 추억 공유하시길 바라며 한 컷 올립니다!

Comment

이승규[Akra]렌즈로e-세상보기 : 진홍님! 멋진데요^^부탁을 드린다면 200미리 망원으로 사진담은 진사의 모습을... 이 그림 써도 되나요! 그런데 어찌 가져와야하는지...

조각하는, 정진홍입니다! : 얼마든지 쓰십시오~~^^ 켑처를 하시면 됩니다 그게 안된다면 제가 메시지로 보내 드릴 순 있습니다만~^^'

김병선 : 멋지신분이네요!

풀내음(무저건 친추거절요,죄송) : 흐얼~~~ 제 카친이신 이승규님인거 같은데.. 정말 똑같네요.ㅜㅜ 대단하셔 찐분홍님.

2012.10.07 / 갤럭시노트S펜으로...

울 아들의 자전거!

어젯밤에 한바탕 난리가 났답니다.
지난 어린이날 선물로 자전거를 사줬었는데 도둑을 맞은 거죠!

녀석이 워낙 성장이 남달라서 덩치에 비해 너무 왜소한 자전거를 타고 다니는 게 안쓰러워 성인용 자전거를 사줬었답니다!
지난 5 개월 동안 폼 나게 타고 다니던 그 자전거를 도둑맞은 거죠!

아내와 수빈인 밤늦게 까지 동네를 돌아다니며 자전거를 찾겠다며 애를 쓰다 들어와서 결국 월요일 날 관리소장이 출근하면 cc tv 를 통해서 도둑을 잡겠노라고 의지를 다지며 방으로 들어가더군요!

녀석이 참 아끼던 자전거였는데...

아침에 핸드폰이 울려서 보니 아내의 전화였답니다!
집에 있는 줄 알았는데 언제 나가서 전화를 하고 있나 싶어 받았더니

"자기야! 수빈이 얼른 깨워봐!"
"응! 왜 그래?"
"자전거 찾았어!"
"어? 어디서? "
"어디긴 학교지!"

금요일 날 학교에서 돌아오면서 타고간 자전거는 버려두고 애들하고 놀다가 그냥 들어온 것 같더군요!
지난번에도 태권도장에 두고 와서 이틀 만에 찾은 적이 있었거든요.
그런데,
울 아들은 기어코 우기고 있답니다!
지금까지도...
억울하다며 울고불고...!

"억울해! 잉 잉! 진오한테 물어봐! 가지고 왔단 말야! 잉 잉!"
하하하....

"수빈아! 그 도둑놈 참 신기하지?
어떻게 니가 자전거를 놔두는 곳을 알아서 거기다 가져다 놨을까? 하하하..."

"몰라! 왜 나한테 물어! 잉 잉!"

지금도 울 아들은 억울하다며 대성통곡을 하고 있답니다!
우리 수빈이가 치매 끼가 좀 있나봅니다!
자전거는 찾았지만 이 녀석의 깜빡 깜빡하는 덜렁증 때문에 참 걱정이랍니다!

억울해! 잉 잉!! 하하하....

Comment

변정희 : ㅎㅎ역시 귀여운 또 다른 수빈이~^▽^*
수라니뽀~♡ : 아들을 둔 엄마들은 한번쯤 경험했을거에요..
저의 작은 아이도 자전거를 서너개째 잊어버리고도 어쩜 그리 당당하던지 ㅎ
저도 요즘 자전거 매력에 빠져산답니다. 자전거 찾았으니 참 다행이네요!
삼각산 : 멋진글 잘봤습니다^^ 고맙습니다~~*
김영신(Painter)-자연으로 : 그림도 글도 굿~~~좋은날 되시길~~~^*
♥그림이좋아♥은정 : 히히.. 그래도 자전거 찾았으니 다행이네요~ㅋㅋ
억울해잉~~ㅋ수빈군 귀여워요 히히
☆글이야기~카스도배하는 친구사절^^~ : ㅎㅎㅎ 어쩌면 수빈이 말이 진짜일지도 모릅니다!

2012.10.08

반갑습니다!

저만큼 무늬가 무거우신 카친 한분이 새로 오셨답니다!
참 반가워서 죽겠습니다. 하하하하... 터푸하신 이미지가 너무 좋군요! 남자란 모름지기 좀 듬성듬성하게 생겨야한다는 제 소신을 너무도 잘 간파하신 분이십니다
동지를 만난 반가움에 붓도 거칠게 한번 갈겨봤답니다! 이곳에 자주 오셔서 제방의 좋은 분들과 두터운 정을 나누시기 바랍니다.
무늬가 같은 과라는 게 이리 반가울 수가 없군요!

Comment

★백패커★프르는강물처럼 : 헉~~집에 와서 저녁식사 하려던 찰라!!! 잔잔한 호수에 일렁이는 물결과도 같은 이 감동~~~
오랜만에 잊고 살았던 그 무엇이 시간과 공간이 초월하여 다시 내게 나타났습니다. 같은 과, 직감으로 갔다고 생각되어집니다. 근대 하르트만의 피아노 선율이 지금 제 집 피아노위에서 연주를 하는 것 같아요. 진심으로 감사드립니다.

김병선 : 진홍님은 처음엔 살~짝 무서웠는데.. 예술과는 조금 안 어울리시다 했는데 카스를 보면서 푸근하고 멋지신 분 같아요! 알아갈수록 깊이 있는 분..

푸내음(무조건 친추거절요.죄송) : 흐얼~~터프하고 듬성듬성 생긴 게 좀 닮은 거 같네요. ㅋ

2012.10.08

사색!

돌담에 기대어 잠시 사색에 젖어계신 모습 같더군요!
설마 선체로 졸고 계신 것은 아니실테구요! 이분도 새로 오셨답니다!
제가 제 카친 분들께 해 드릴 수 있는 게 이렇게 좋은 분들끼리 공유할 수 있는 추억들을 만드시라고 소개해드리는 것뿐인지라 열심히 모셔 오고 있답니다!
다음에 제가 없을 때도 저로 인하여 좋은 인연을 얻었다는 칭찬을 듣고 싶거든요.

Comment

수라니뽀~♡ : "제가 없을때도"란 말 슬퍼요ㅠ

★백패거★흐르는 강물처럼 : "다음에 제가 잠깐이나마 자리를 비울때에도" 전 이렇게 해석하고 싶습니다. 허락없이~~저와 같은 친구 만들어 주셔서 감사드립니다!!!

김선희⋆ : 제가 없을 때란 말이 슬퍼요.

Jenny♡행복하세요♡ : 주무시는 거 같은데요~~^^ㅎ

블랙로즈♡임미현 : 우와!~이리 멋지게 그려주시다니..그저 감사할 따름입니다~^^ 행복 만땅인 오후 보내시길 바랍니다~^^⋆

조각하는, 정진홍입니다! : 마음에 드신다니 저도 좋습니다~~^^ 좋은날 되시길요~!!!

2012.10.09

이사 계획 중 !

저 앞집으로 이사를 가야할 것 같다!
아침마다 상쾌하게 하루를 시작할 수 있을 것 같은데...!
눈이라도 마주치면 싱그러운 미소로 감사함을 표시하고 내일 또 부탁한다는 무언의 간절함을 담아 살짝 목례를 한다면 알아듣겠지?
신고를 당할지도 모를 일이지만....!
푸하하하하...

Comment

쎄미♥한영 : ㅋㅋ몬사러요~~~ㅎㅎ
이기선(사생작가) : 그 앞집 제가 계약했음. P좀 생각해주면 넘길 의사있습니다.
조각하는, 정진홍입니다! : 신고는 제가 해드리겠습니다~~~!!!
김경희♥♥ 뽕뽕하트♥ : 선생님~~~~참으셔요~~~ㅋㅋㅋ
초록향기**** : 헉~~^^ 신고 들어올 것 같아요~~ㅎ
정은희*^__^~♥ : 푸하하 쉬는 시간임! 댓글들이 넘 웃겨 ㅋ

2012.10.09

생일 선물 입니다!

생일인데 씻지도 않으시고 죙일 집에서 게기고 계시다는 카친께 생일선물로 드립니다! 지금쯤 온 가족이 모여 생일 파티를 하고 계실테니 딱 맞게 제 선물이 도착하겠군요.

마음속으로는 이미 들국화를 한 다발 보내드렸습니다!
필드에서의 심각한 포즈가 프로이신 듯 보입니다!
행복하신 생일 저녁 보내시기 바랍니다!

Comment

풀내음(무조건 친추거절요.죄송) : 생일 축하해요.짝짝짝~~^^*
쎄미♥한영 : 감사합니다~~^ 우울감이 확 가시네요^@^ 꾸벅
김영신(Painter)-자연으로 : 그림의 주인공 생일까지 진홍샘 멋쟁이
쎄미♥한영 : 네, 진홍샘 멋쟁이 맞는거 가터요~~^^
김윤희 : 멋져요~~~^^행복한 카친이시네요~ 이케 멋진 생일선물을 ㅡㄹㄹ
김병선 : 카친님 생일을 축하... 늦었지만..

2012.10.09

카친의 카친!

카친의 카친이십니다!
전시장에서 움직일 수가 없으셨다는군요!
어떤 것에 넋을 잃고 빠질 수 있다는 게 쉬운 일은 아닙니다.

그 대상이 문제가 아니라 본인의 감성 문제거든요!
감성이 메마른 사람은 눈앞에 아무리 천하절경이 펼쳐져있어도 별 감흥을 못 느끼죠.
이분은 감수성이 아주 예민하신 분 같습니다!

멋진 장면을 사진으로 담아 주신 분 또한 무척이나 감각적이신 분이시구요.
밤공기가 조금 쌀쌀합니다.
환절기 감기에 유의하시기 바랍니다!

Comment

박미화♥앉은자리가꽃방석! : 좋은 작품을 만나기도 어렵고 좋은 관객을 만나기도 어렵습니다! 구름처럼~??^^누구든 멋지네요~~~
윤미영 : 진홍님은 더 감수성이 예민하시고 아주 많이 감각적이시고 매우매우 많이많이 감성이 풍부하신 분이시네요!!! 고운밤 되세요
조미숙♥예원맘♥ : 멋진작품 잘보고 갑니다 가을향기 담아 살며시 진홍님께 놔두고 갑니다.
Jung경희 : 멋진 작품 감상 잘했습니다^^~ 다른 분들에게 많은 감동을 주시네요♥

2012.10.10

반갑습니다!

정치적인 성향이 어쩐지 제가 보고 있는 곳과 같은 곳을 바라보고 계시는 분 같아 우선 반갑습니다!

나무젓가락을 야무지게 쥐시고 담소를 나누며 환하게 웃는 모습이 너무 기분 좋게 보여서 한 컷 담아봅니다!
우리 모두가 이렇게 환하게 웃을 수 있는 날이 어서 와야겠지요.

행복한 날 되시기 바랍니다!

Comment

조미숙♥예원맘♥ : 친근감 느끼고 정감가는 모습이네요! 맛점하세요!
ㄱ이상세(이강수) : 헉—감동입니다! 보잘 것 없는 제 얼굴을— 행복하겠습니다! 여러분과 함께 말입니다! 감사합니다!
조각하는, 정진홍입니다! 별말씀을요~~^^ 뜻 이루시길 바랍니다~~!!!

2012.10.10

오랜만에...!

오래된 카친이십니다.

아주 어쩌다 한 번씩 오시곤 하시지요! 하지만 늘 반갑습니다! 이곳에 자주 들러야하는 의무 같은 게 있다면 어떻게 친구가 될 수 있겠습니까?

자기의 본업에 충실하다가 가끔, 아주 가끔씩 들러서 안부확인하면 되는 거죠!

열심히 일하는 모습이 아름다운 거 아니겠습니까?

그런 아름다운 사람들이 제 카친인 게 제게도 자랑이구요.

오래전에 연필로 한번 그려드렸었지요. 답례로 제 얼굴도 그려 주셨었구요. 하하하

늘 행복하시고 멋진 모습 잃지 마시길 바랍니다!

Comment

이장용 ACRODESIGN Interior & Architec : 앗!!! 저로군요...감격의 눈물...ㅠㅠ
너무멋지게 표현해 주시니... 몸둘바를... 항상 카친분들에게 보여주시는 정성과 감동..
감사하고 감사할 따름입니다...
저도 보답으로 진홍님 작업실 찾아서 귀한 술 한병 까야 겠습니다..^^

정은희*^__^~♥ : 션~~한 눈매 모델 분 안 봐도 상상이..

2012.10.10

그림자놀이!

도로 가운데서 이게 머 하시는 짓입니까요?
그러다 차가 놀라면 어쩌시려고...!

여행 중 한 컷인 모양입니다!
즐거운 표정이 보는 사람들까지도 기분 좋아지게 하는 듯 해서 한 컷 담아봅니다!

사진이 너무 손톱만 해서 힘들었습니다!
그러니 마음에 안 드시더라도 무지하게 흡족하신 척 해주셔야합니다!

Comment

백가이버 : 보는이도 더불어 즐거워지네요!~~~즐감입니다!
air : 헉~깜짝 놀랬습니다!~ 사진을 보고 이렇게 금새 똑같이 잡아내시다니...
아~감사합니다~꾸벅~^^
조각하는, 정진홍입니다! : 형편이 좀 나이지시면 큰 사진으로 좀 올리시기 바랍니다! ㅎㅎㅎ

2012.10.10

순간포착!

여러분들께선 지금 사고현장을 목격하고 계십니다!
아름다운 숙녀 분께서 오토바이를 타시면서 별로 안 무서운데 무서운 척 하는 현장을 목격중이십니다!
이 정도의 미모를 가지신분들이 오토바이를 타시면서 전혀 안 무서워하는 건 예의가 아니지요! 하는 수 없이 무서운 척하셔야 하는 그 고충을 제가 잘 압니다!
저도 그렇거든요 하하하...
암튼 이방에 오셨으니 좋은 분들 많이 사귀시기 바랍니다!

Comment

Veronica♪ : 앗 미숙언니다~~!!언니 빨~랑 와보세요~~^^
조미숙♥예원맘♥ : 깜 놀 램 ! ㅎㅎ
멋지게 그려주셔서 감사합니다^^~
Veronica♪ : 크크 언니랑 나랑 동시에~~~
조미숙♥예원맘♥ : ㅋㅋ그러게 통하였느냐~~
에고~~허락없이 죄송합니다! 멋진 작품 감사드려요^^~
조각하는, 정진홍입니다! : 마음에 드신다니 저도 좋습니다 ㅎㅎ 좋은날 되십시오~~^^

2012.10.10

바다낚시!

화창한 날씹니다! 하늘이 무척이나 높군요. 말이 살 쪄 가고 있는지는 안 봐서 모르겠지만 아마도...쪘겠지요!
오늘은 10 이라는 수자가 두 번 겹치니 장 땡 인 날입니다!
무척 좋다는 의미지요!
오늘 아주 좋은 일이 생기신 분들은 무조건 제게 한턱 내셔야합니다.
제가 열심히 바란 덕 일 수 있거든요!
한 턱 내기 싫어서 좋은 일이 있었는데도 자수 안하신 분들은 설마 없으실테죠?
믿습니다!
하하하 ...

Comment

현대자동차♥박미화♥앉은자리가꽃방석! : 와 월척 한 마리 건지세요
♥행복제작가♥한산/오병철 : 작품을 작품하시는 마이더스의 손이 부럽기만 합니다
백가이버 : 너무도 행복한 이 기분을 뭐라 표현할 길이 없어 한참을 망설였습니다
그져—감사드립니다

2012.10.11

선물입니다!

이분의 이 모습이 참 멋지십니다! 이분의 글에서, 그림에서, 그리고 전각에서, 그리고 또 이 모습에서... 가슴 저 밑바닥에 두고 있는 어떤 느낌을 어렴풋이나마 느낄 수가 있더군요!

공감대라고 표현하기에는 너무 주제넘을 것 같은, 암튼 내속에도 비슷한 게 있는 것 같다는 느낌이라면 덜 불쾌해하실까요! 지난 몇 개월이었지만 늘 카스라는 이 공간에 같이 있다는 게 든든했던 카친이십니다!

늘 행복하시고 늘 열정적으로 지내시기 바라면서 미리 선물을 드립니다!

참 좋은 분이십니다!

Comment

넌 나의 비타임 E,C,U : ㅋㅋ저도 마니 뵌 분인 듯..멋지세요~~

은학정 : 느티님! 멋지삼요!!!♥♥

정은희*^__^~♥ : 얼쑤,조오타!

풀내음(무조건 친추거절요.죄송) : 앗~~ 느티님이시네요?ㅎㅎㅎ그냥 넘어갔음 못 볼뻔했네여!

느티김성종 : 그림 선물 고맙습니다! 그런데 어쩐지 이별의 편지 같아서 슬픕니다. 일 만개까지 가시죠.^^

2012.10.11

잡으셔쎄여?

하하하...! 아마 남편 분께서 잡으신 걸로 폼만 잡고 계시지 않으셨나싶습니다!
웬지 낚시대를 너무 느슨하게 잡고 계신 듯 보이거든요!
오래 이 공간에서 제게 핀잔을 많이 주시던 카친이십니다!
늘 따듯하게 지켜봐주셔서 감사합니다!
덕분에 지난 몇 개월이 참 즐거웠답니다.
늘 건강하시고 즐거운 마음으로 하루하루를 행복으로 쌓아 가시기 바랍니다.
오늘도 물론 행복하십시오!

Comment

쎄미♥한영 : ㅎㅎ그렇네요^^ 역쉬 세심한 관찰력이세요^^
김윤희 : 뉘신지 넘 멋진 여자군요~~ㅋㅋ 감사합니다!
은학정 : 복수의 날 ㅎㅎㅎ넘 소심한 복수!
백가이버 : ㅎㅎ좋네요!
김윤희 : 정선생님 감사드려요! 건강하시고 좋은 일들만 있으시길 기원할께요!

2012.10.11

아무리 봐도...!!

애 지금 표정이 심상치 않은데...! 뭔가를 주워 먹고 있는 듯 한데 안 그런가요? 저는 어렸을 때 방구석에서 장판 속에 사는 개미들을 손가락으로 찍어서 먹곤 했다던데요! 예원이 수상합니다! 예원 맘께선 사진만 찍고 계실 게 아니라 얼른 예원이 입안을 점검하셔야 할 듯 한데요! 잔디밭에서 풀 뜯어 넣었을 수도 있거든요! 하하하

아이들은 참 예쁩니다! 요즘 애들은 어찌 이리도 예쁜지...! 암튼 예원이 표정이 심상치 않습니다! 이왕이면 몸에 좋은 개미를 먹고 있어야 할텐데요. 하하하

Comment

0이계선(서울) : 예원이 그리셨네요 ㅎㅎ귀엽지요

수라니뽀~♡ : 예원낭자~ 이쁜공주님이 그러시면 아니되옵지요..ㅎ
어쩜 저리도 이쁘고 깜찍할까 표정이 정말 예사롭지 않은걸요..ㅎ

조미숙♥예원맘♥ : 와우~~ 울 예원이네요 ^____^ 또 이리 큰 선물을 주셔서 감사해요
제 입이 귀에 걸렸어요 ㅎㅎ 이리 큰 기쁨 주셔서 감사합니다
예원이두 무지 좋아할 듯해요 고운밤 되세요^♥^

김병선 : 요즘 애들은 왜 저리 이쁘죠? 우리때는 못생긴 애들도 많던데..
지금은 다~~~이뻐요! 예원이? 예원이도 너무 예쁘고 귀엽네요!

2012.10.13

설마...!

호수를 바라보고 계시는 눈빛이 심상치않습니다!
설마......? 절대 안됩니다요...!
푸하하하...
가을의 우수가 잔뜩 담긴 시선으로 호수를 바라보고 계시는 표정이 좋아서 한 컷 그려 봤습니다! 즐거운 여행이셨을 것 같군요!
두고두고 추억이 되시라고 그렸으니 즐겁게 받아 주셨음 합니다!

Comment

CHOKYUNGOK : 우와~~~이런일이?? 감사합니다~~~카톡으로 보내 주시면 더 감사^^
조각하는, 정진홍입니다! : 네~^^
박미화♥앉은자리가꽃방석! : 분위기 멋진데요. 혼자만의 시간에 푹 빠져 있으신듯...

2012.10.14

훈수 금지!

카친께서 찍어 올리신 사진속의 두 어르신 모습입니다!
어릴 땐 동네 어디서나 흔히 접 할 수 있던 정겨운 모습이었는데.....!
막걸리내기가 분명하실 겁니다!
이런 내기 장기에는 절대 훈수를 둬선 안 되는데 가끔 분위기 파악 못하시는 어르신들이 훈수두시다 큰 싸움이 나곤 하죠! 성질 급한 어르신들이 대게 장기판을 엎으시거든요! 그립습니다. 동네의 양지 바른 곳에서 자리를 펴시고 " 어이 ! 장기 두던 사람 똥 누러 갔다냐? " 라는 추임새를 넣어 가시며 정겨운 한판을 벌이시던 우리네 아버지들의 모습이 ...!

Comment

은학정 : 장기판에 훈수 두는 넘은 낯치도 말라는 야화가 있습니다!
CHOKYUNGOK : 우리 아이들은 아이패드로 장기 두던데요~~~
조미숙♥예원맘♥ : 참으로 정겹고 편안합니다!
정은희*^__^~♥ : 오른쪽 어르신 심각하신 것 같은데 안가 봐도 될까요?
조각하는, 정진홍입니다! : 누가 한마디만 하면 장기 끝 날 판입니다! ㅎㅎㅎㅎ

2012.10.15

붓 펜!

오늘은 씨잘떼기 없는 업무가 바빠서 늦게 시작했습니다!
첫 그림을 카친의 스토리에 계신 할머니로 시작합니다! 웬지 울 엄마가 생각나서요.
등에 햇빛을 받고 앉아계시는 약간은 쓸쓸해 뵈시는 할머니와 노인정에서 열심히 점당 십 원짜리 삼봉을 치고 계실 울 엄마가 오버랩 되는 군요!

Comment

루시아 : 붓펜~~ 음영이 머쪄요. 저도 손끝이 꼬물거려 미칠 것 같습니다~~

조각하는 ,정 진홍입니다! : 그럼 손끝을 풀어보세요~~~!!

새벽여행(손경민) : 정진홍님 감사합니다..카친 맺은지 몇 일 되지도 않은데.. 제 카스 할머니 그리셨군요..담양 오일장에서 잔파를 직접까서 팔고 계시는 할머닐 담아봤습니다...

조각하는 ,정 진홍입니다! : 그러셨군요~~^^
너무 사진이 좋아서 허락도 없이 한컷 담았습니다. 이해해주시기 바랍니다~~^^

새벽여행(손경민) : 에구..제가 감사하죠..저도 황룡강 새벽사진 담으러 가야하는데..게으름만..

행복한 나그네(은실이) : 가슴이 짠해지네요. 감사합니다. 잠시 잊고 있던..
그리운 나의 어머니를 그려봅니다!

2012.10.16

장에 가는 길!

등에 한 짐 지시고 장에 가시는 촌부의 뒷모습을 찍으신 듯 싶다.
짐의 무게로 구부러 지신건지 원래 구부러지신 등에 짐을 지셨는지는 모르겠지만 너무도 애잔한 뒷모습에...!
우리네 부모님들께선 모두 저렇게 사셨다. 손이 갈퀴가 되도록 농사를 지으셔서 손수 거둬들이시고, 날 좋은 날 잘 담아서 장으로 가시는 모습 아닐까!
몇 푼이든 생기면 도회지에서 더 잘 살고 있는 자식들에게 보내주시며 행복해하시는 이 땅의 모든 부모님들께 새삼 감사한 마음이다!

Comment

김윤희 : 오늘 작품은 좀~~ 색다른 느낌입니다!^^
블랙로즈♡임미현 : 삶의 무게를 거뜬히 짊어진 우리네 어머님의 아름다운 뒷모습을 멋진 붓터치로 형상화 하셨네요~ 멋져요~~^^*
새벽여행(손경민) : 진홍샘 멋진 작품으로 그려주신 것..참으로 감사합니다
조각하는, 정진홍입니다!' : 원본이 너무 좋았답니다~~^^
블루스카이 : 웬지..짠 하네요...
박미선 : 애잔한 모습 작품 너무 좋네요..자꾸보게 되요~~^*

2012.10.15

몰입!

바늘 하나가 떨어지는 소리에도 그 많은 악기들 소리보다 크게 거슬린다는 얘길 들은 적이 있다. 수십, 수 백 개의 악기로 합주를 하면서도 잘못된 미세함에 반응할 정도의 몰입! 지휘자란 그런 훈련이 끝난 사람들을 우리가 쉽게 부르는 이름이다.
미세한 손끝의 움직임 하나, 가느다란 지휘봉 끝의 보일 듯 말 듯한 흐느낌...
온몸으로 오케스트라를 이끄는 저 순간의 에너지 소비란 엄청날 것이다.
정중동의 순간!
그 찰라를 담으신 듯한 사진이 날 불렀다!
진짜로 크게 불렀다!

Comment

블랙로즈♡임미현 : 원본보다 더 진하게 몰입의 장면이 전해져 옵니다~^^*
박미화♥앉은자리가꽃방석! : 화합을 이루어 내는 손짓 눈짓 몸짓 그거 하나가 우리에게 절실하게 필요한데...
매그놀리아 백옥연 : 완전 몰입이 느껴집니다..
행복한 나그네(은실이) : 열정이 느껴지는 작품이네요! 표현의 방법~~ 멋지네요 진홍님 즐건하루~웃음짓는 하루~유쾌하게 시작하셔요♬♬♬

2012.10.17

산사에서!

카친께서 산사의 한 컷을 올리셨더군요!
운치 있는 가을 풍경에 취하신 스님 한분도 같이....! 고즈넉 한 산사에서, 온통 가을천지인 그곳에서 잠시 상념에 젖어보는 것도 가을이 되어보는 좋은 방법인 듯 합니다!
가을이 대관절 뭐길래 가을이라는 단어만 들어도 센치해 지는 걸까요?
저 스님께선 낙엽 쌓인 저곳에 쭈그리고 앉으셔서 무슨 생각을 하고 계시는 걸까요?
참 보기 좋은 모습이어서 그려봤습니다만 저는 저런 포즈로 못 앉습니다...!
다리가 짧고 굵어서 피가 안 통하거든요.
콧잔등에 침 찍어 바르고 아주 잠깐은 가능할 것도 같습니다만...!

Comment

♥행복제작가♥Hansan Photomania : ㅎㅎㅎ넘 멋진 작품이네요!

송순지 : 넘 아름답네요! 저런 곳에서 살고 싶어지네요^^~

고창Ⅱ솔뫼골팜♡소범수Ⅱ유기농 전통한옥&힐빙 | 숲치유Ⅱ고사리,감 : 이런 풍경이 점점 가슴에 와서 닿습니다! 선생님도 환절기 감기 조심하시고 좋은 시간 보내십시오. 솔뫼골에서..

천금이 : 사진이랑 또 다른 느낌입니다! 멋지다는 말로 표현하기에는 왠지 좀 식상할 것 같고 암튼 좋아요~^^ 오늘도 굳데이 되셔요! 진홍쌤~~^^*

2012.10.18

분위기!

개인적으로 제가 좋아하는 분위기의 사진이 있어서 그려봅니다!
이목구비를 그리기 싫어서가 아니라 스토리가 있는듯해서 저는 이런 사진이 좋습니다!
여행 중 한 컷 인가봅니다.
차창 밖으로 보이는 들판을 감상하는 여인의 모습이 웬지 끌리지 않습니까?
이분도 새로 모신 분이신데 아마 본인 사진인줄 모르실 것 같다는 예감이 듭니다!
십중팔구는 못 알아 보실겁니다!

Comment

박미화♥앉은자리가꽃방석 : 본인은 본인을 알아볼 수 밖에 없지요. 뒷자석이네요!

쉬리 : 느낌 좋네요^^~

choo(썬)희~~♥ : ㅋㅋ멋져요~~

루시아 : 올린머리, 기다란 목선, 그것만으로도 아름다운 여인 같습니다~~

choo(썬)희~~♥ : 그림이 넘 맘에 들어서 스토리에 올렸어요!
어제 넘 늦은시간이라 댓글안달고 그냥요ㅎㅎ몰래 훔쳐온 기분이라 자백합니다~~~^^

조각하는, 정진홍입니다! : 제가 먼저 훔쳐온거니 이제 피장파장입니다!
ㅎㅎㅎ잘하셨습니다~~!!

2012.10.18

아름다운 동행!

팬클럽 회장님과 그의 스타이십니다!
서로에게 얼마나 고마운 존재들인지... 팬이 없는 스타란 스타일 수가 없겠죠!
사진을 찍으면서까지 스타를 앞세우시는 회장님의 배려가 참 돋보이십니다!
좋아하는 노래를 불러준다는 것 하나로 그의 팬이 되고 기꺼이 팬클럽을 만들고 운영한다는 것이 순수함이 없이는 불가능한 일이지요!
이분의 얼굴엔 그 순수함이 보입니다. 순박한 미소도 보입니다.
앞에 있는 스타를 그리면서 각도를 계산하지 못해 정작 중요한 제 카친의 모습은 조금 서운하게 나왔습니다! 다음번엔 더 잘해보겠습니다. 이해해주시기 바랍니다!

Comment

김동의 김재성팬클럽(김사모) : 정선생님~~!!너무 고맙습니다. 멋진 그림 소장해도 될까요?
조각하는, 정진홍입니다! : 넵 그렇게 하십시오~~^^
루시아 : 미소도^^^ 어깨를 감싸 안은 푸근한 손도 모두 훈훈합니다~~
조각하는, 정진홍입니다! : 미흡합니다만 좋아해주시니 제가 더 좋군요
ㅎㅎ좋은 밤 되십시오~~^^
김동의 김재성팬클럽(김사모) : 네!!감사합니다.^^

2012.10.19

일상!

황룡강변을 지나오는데 공익근무하시는 분들이 길 옆의 잡풀을 제거하고 계셨다! 열린 창으로 들어오는 바람에 섞인 상큼한 풀 내음이 참 감미로웠다. 믹서기로 싱싱한 풋과일을 믹서 할 때와 비슷하다는 생각을 하며 지나왔다! 하지만, 맛은 쓸 것 같다는 생각도 ...

그러다 문득 내 작업실에 같이 살고 있는 화초들이 떠올랐다. 꽃을 피우는 녀석은 딱 두 녀석이고 나머지 열아홉 녀석들은 그저 푸르기만 할 뿐이다. 꽃을 피우면 신기하고 예쁘기는 하지만 그것도 잠깐일 뿐 그저 푸르게 살아주는 것만도 감지덕지하다.

부모가 되어 자식을 키우다보니 비슷한 심정 일 때가 종종 있다.

공부를 잘하고 여기저기에서 큰 상들을 받아오는 자식이 단지 그래서 예쁜 것 일까! 내 작업실에 있는 화초들처럼 꽃은 피우지 못 하지만 그저 푸르게 잘 자라주는 것 만으로도 충분히 기특하고 사랑스러운 것이 바로 자식이라는 존재들 아닐까!

가끔 꽃을 피워 더 기쁘게 하기도 하지만 존재 자체가 기쁨인 것이 바로 자식이라는 생각이 들었다. 길가에서 잘려지고 있던 잡풀들의 향긋한 내음으로 인하여 연상되어지는 오늘의 온갖 잡념들이 어쩌면 매일 반복되는 내 일상일지도 모르겠다.

이런 잡념으로 하루를 시작하고, 시작하던 그 느낌을 다가오는 사물들에 대입시키고, 그것들과 이런저런 얘길 하다보면 어느새 하루가 저무는...
매일 같지는 않지만 크게 다르진 않은 일상에 너무도 익숙해져 일탈을 두려워하며 살아가는 중년의 전형적인 모습 아닐지...!

생각이 많아지면 병이 된다던데 병이 되기 전에 얼른 털어야겠다!

Comment

온유한순우야! : 수필가의 풍모가 보입니다.. 자식에 대한 생각! 정말 공감합니다. 평안한 오후 되시길..

choo(썬)희~~♥ : 생각에 꼬리를 무는 것이 저도 비슷한 듯 ㅋ잼나요~~^^

예인김옥희 : 황룡강변— 선생님 때문에 알게 된 이름 언젠가는 꼭 가보리라—ㅎ 근데—이름이— 엄청나내요——^^~ 선생님 동네—강—답습니다요—ㅎ

김윤희 : 잡념도 생각입니다. 아마 직업에 따라서 잡념도 틀릴 듯 하네요. 저두 잡념이 많아서 병이예요~~~^^^ㅋ

풀내음(무조건 친추걸절요.죄송) : 진홍님 글보며 다시한번 아이들을 생각하며 소소한 것에 감사함 마음을 다져보는 시간입니다. 늘 고맙습니다 고운 하루되세요~~^^^

2012.10.20

어찌까요.....!

이 사태를 어찌 수습 할까요!
어제 저녁에 카스 나들이 중에 발견한 사진이랍니다.
험상궂은 사내의 손에는 하늘을 나는 멋진 천마의 모습이 그려진 문신의 원본이 들려있는데 막상 그 사내의 등에 새겨지고 있는 묘한 형체의 묘한 그림을 어찌해야 할까요...!

문신을 새기고 있는 시술자의 근심어린 표정이 비록 잘린 부분이지만 얼굴에 잘 드러나 있더군요! 어떻게 도망갈까? 이거 남의 일 같지가 않습니다!
우리 모두 저 불쌍한 시술자의 무탈을 기원해줍시다!
즐거운 토요일 보내시기 바랍니다!
푸하하하....!

Comment

안균섭 사진 한 장..추억하나 : ㅍㅎㅎ남의 일이 아니군요..
매그놀리아 백옥연 : ㅎㅎ클났군요. 얼굴이 정말 험악(?)한데..삼십육계를 생각할까요ㅋ 주말입니다. 추위타신댔죠!!따뜻한 하루 보내십시오~저두 두텁게 껴입고 나가렵니다
강옥희 : 중간쯤 글 읽다 빵 터졌는데 어찌까요... 웃음이 멈춰지지않네요... 안타까운 시술자님~~~
Julia : 숨길 수 없는 칼스마 사나이와 안봐도 보이는 시술자 사이의 떨림!!...으... 제가 다 찔끔, 겁이..

2012.10.20

주말 선물입니다!

이분이 알아보실 수 있으실까요? 저는 알아보실 수 있다 에 커피 한 잔 걸겠습니다! 없다 에 거실 분들은 얼른 서명하시기 바랍니다!
제가 자신 있게 큰 소리 치는 이유는 이분의 가슴에 프린트 된 별 모양의 그림 때문이랍니다! 이 옷을 입고 계신 단 한분이시니까요. 그래도 혹시나 싶으신 분들께선 서명하시고 커피 한잔씩들 준비해놓으시기 바랍니다!
주말 선물인데 몰라보시면...
에이 알아보실 겁니다!
믿습니다.....!

Comment

초록향기**** : 알아보십니당~~^^ 물론~~^^ㅎ
해연정사해명 : 늘 멋진 작품에 감탄하고 있습니다. 행복이 차고 넘치시는 주말보네세요~^^
매그놀리아 백옥연 : 한 포스 하시네요^^ 볼우물도..있당~ 전 커피 안걸래요..
담박 알아보겠지요 ㅎㅎ
송순지 : 진홍님 감사합니다! 네~~ 캡쳐하겠습니다 그리고 소중히 간직할께요♥♥♥
조각하는, 정진홍입니다! : 넵~~~순지님^^ 행복하세요~~~!!!

2012.10.20

어제보단 나은가요?

어제보단 더 낫 길 바라며 올립니다!
약속을 지킨다고 그렸습니다만 오늘도 솔직히 마음에 안 듭니다.
하지만 이쯤에서 이해해주시고 너그럽게 웃어주시기 바랍니다.
물론 어제도 너무 흔쾌히 웃어주셔서 너무 고마웠답니다!
상태 좋은 사진을 보면 웬지 너무 잘 그려질 것 같은 의욕이 넘쳐서 오히려 결과는 덜 나오는 것 같습니다!
의욕만 앞서면 좋을 것이 없다는 뜻이지요!
저는 그냥 흐리고 손톱만한 사진으로 완전 집중해서 그려야 오히려 더 잘 그려지는 잡초 스타일 인가봅니다! 고추 짬뽕 한 그릇을 먹었더니 죽겠습니다!
매워도 너무 맵습니다!
광주에 사시는 분들께서는 주몽반점 고추 짬뽕을 한번 씩 드셔보시기 바랍니다!

2012.10.20

불안한디....!

여러분들!
산행 중에 나뭇가지에 의존해서 올라간다거나 내려오는 건
아주 위험하다고들 알고 계시지요?

관광지에서 이분처럼 저렇게 전봇대에 체중을 싣고 계시는 것도 위험하답니다요!
혹시 보기와는 달리 체중이 많이 나가셔서 전봇대가 부러지기라도 한다면.... 아휴...!

왜 그러셨습니까!
보아하니 철 구조물이라서 조금 안심은 됩니다만...
용접이 잘못되어 있었다면 어쩌실 뻔 했습니까...!

앞으론 안 그러시기 바랍니다!
눈물이 쏙 빠지게 야단을 치려다 어른을 감히 이러는 건 아니다싶어 이쯤에서 꼬리 내립니다.

선생님! 주말 선물입니다!

2012.10.20

터프가이!

화보 촬영 중인 모양이다! 카친께서 촬영하신 듯... 이 친구가 나와 동갑 이란다!
터프가 뚝뚝 떨어지는 이친구가... 또 한 친구가 동갑이라고 들었다.
최민식...
그 친구도 터푸가 줄줄 흐른다! 내 갑장들은 다들 한 터푸들 한다! 그리고 멋있다.
나도 멋있고 싶다!
이 친구들처럼 뚝뚝, 또는 줄줄 흐르는 터푸가 아니더라도 그냥 다른 쪼끄만 부분에서라도 멋이 있었음 좋겠다. 나이 들어가면서 나이에 맞는 멋이라도 없다면, 그냥 과거형으로만 예전엔 어쨌노라며 지금을 포기 할 것이 아니라, 지금대로의 멋이 있었음 좋겠다! 그리고 지금대로의 그 멋을 자랑스러워하는 내 자신이라면 참 좋겠다.
찾아봐야겠다!
지금 난 어디에 어떤 식의 멋 같은 구석이 있는지 ...!

2012.10.22

연필!

지난번에 붓 펜으로 한번 그려드렸던 카친이십니다!

이번엔 연필로 그려봅니다. 연필을 세우지 않고 뉘여서 그렸습니다!

선이 날카롭게 나오지 않아야 이분의 부드러운 분위기를 담을 수 있을 것 같다는 나름의 판단에서요. 선을 뭉게면서 부드럽게 그렸습니다만 사진을 찍으시는 분이신지라 눈매만큼은 조금 세워서 강조해봤습니다!

마음에 안 드셔도 이미 그려버렸으니 어쩔 수가 없답니다.

한번 웃어주시기 바랍니다...!

Comment

♥행복제작가♥Hansan Photomania : 정선생님! 영광입니다 멋진 제 모습 잘 간직할께요. 담에 기회되면 찐하게 한잔해요. 감사합니다~~♥♥♥

김선희* : 매번 그림솜씨 놀랍네요!^^

원정환 : 자화상이 멋있네요. 손을 들어 자기생각을 표현하시는 것이 너무 부럽습니다! 우린 얼굴을 그리려면 동그라미 하나 댕그란이 하나인데요 ㅎㅎ

2012.10.23

풍경!

사람 사는 동네는 어디나 마찬가진가 봅니다!
낚시질하는 사람들과 구경하는 사람들의 정겨운 모습이 참 평화롭습니다.
저도 그냥 못 지나치거든요!
어떤 고기를 얼마나 잡았는지 궁금해지고, 고기 망을 한번 확인해 보고 싶고....
사는 게 그런 거 아닌가싶습니다.
더불어 서로에게 관심을 보이며 살아 가는 것!
어려운 일 아닌데 왜 잘 안되는지...
우리끼린 잘하며 살아갑시다...!

Comment

choo(썬)희~~♥ : 작품들 보면서 누드화가 참 매력있다고 느꼈는데 풍경화는 편안한 느낌을 주네요~~~^^

은학정 : 정이죠!!!♥ 아는척!! 그게 사는 재미가 아닌가요!!!

블루스카이 : 네...좋으신 말씀이여요..서로에게 관심을 보이며 산다는 것 ...ㅎㅎ

Julia : 사람사는 냄새!! 오늘도 그 향을 쓰시는 분^^

강옥희 : 오모나...저도 낚시하는 아저씨 옆에서 구경하고 왔는데~~

2012.10.23

대부!

이 볼품없이 서있는 분이, 카리스마하곤 담을 쌓고 살 것만 같은 평범한 어른을, 우린 주저없이 대부라 부른다!
'한국 '락' 음악의 대부!'
왜소한 체격의 그의 몸 속 어디에 그런 열정이 잠재되어있는지...
불후의 명곡들을 만들어내고 지금도 음악을 향한 마지막 불꽃을 태우고 있는 이 어른을 나는 '예술가' 라 부른다. 칠십을 훌쩍 넘긴 그는 지금도 기타를 잡고 노래를 부른다.
그의 노래를 노래로 들으면 이해가 안 되는 사람들이 많을 것이다.
하지만 그의 노래를 음악으로 느끼면 깊은 감동을 느낄 것이다.
노구를 이끌고 몸에 비해 커다란 기타를 어루만지며 불사르는 그의 열정은 존경이라는 단어로는 부족한 그 무엇이 있다.

우연히 1997년 아시아나 항공 잡지를 보다가 지금보다는 훨씬 젊은 시절의 모습을 발견하곤 기쁨에 겨워 연필을 잡았다.
요즘처럼 가벼운 노래가 판을 치는 세상에 다시 한 번 떠올리게 되는 어른이다.
어른이 없다는 요즘시대에 각 분야의 이런 어른들을 다시 찾는 작업이 없어 보여 너무도 안타깝다...!

2012.10.23

날라리!

공설운동장에서 노인들께서 축제에 참가하셔 공연을 하시는 모습이다!
문득 몇 년 전에 광주 인근의 유명축제에 참여하여 작품전을 열었던 기억이 떠오른다.
전국에서 소문난 축제로 알려진 바로 그 축제에 초대전을 하게 되어 내심 뿌듯하기도 했었다. 그런데 그게 아니었다.
축제는 변질되어 장사꾼들이 판을 치고 해당 군의 공무원들 역시 지자체를 위한 축제라기보다는 장사 속으로 가득 찬 듯 한 인상을 깊이 받았다.

여러 가지 행사가 있었는데 가장 잊을 수 없었던 행사가 있었다.
어르신들을 행사에 참여시키겠노라는 취지는 좋았던 것 같다!
시골에서 전통적으로 모심는 장면을 재현하는 어르신들의 공연이 있었다.

연세 지긋하신 할머니 할아버님들께서 복장을 차려입으시고 전통 구전가요를 부르시며 줄을 지어 모를 심는 재현을 하셨다.
긴장하신 듯 두런두런 옆 사람을 지적하시기도 하시며 더운 늦봄 날씨에서도 최선을 다 하셨다.

내 작품이 전시되어 있던 광장에서 이루어진 행사였기에 처음부터 끝까지 지켜보면서 그렇게 화가 날 수가 없었다.
그 넓은 행사장의 그 많은 사람들이 재미없는 노인들의 넋두리에 관심이 없을 수 있다고 치자!
해당 군청의 직원들이나 군수정도는 나와서 응원을 해주는 게 당연한 일 아닌가...?

없었다!

관람객들도 다른 행사장엔 북적거리는데 정작 노인들의 공연은 그분들만의 공연이었다. 그래도 틀리지 않으시려고 서로 구령을 맞춰 가시며 긴장 속에서 끝까지 최선을 다 하시던 그분들을 두고두고 잊을 수가 없었다.

그리고,

노인들의 공연을 기획하고 펼쳤던 해당 군청직원들의 무성의는 정말 쌍욕을 몇 박 몇 칠로 해도 부족할 정도로 상식 이하 였었다!

돈을 받고 좌판을 파는 데만 급급할 것이 아니라, 동원된 인원수로 축제의 성공을 자화자찬만 할 것이 아니라, 해당 지자체를 위한, 마을의 어른들을 위한 기본적인 도덕 공부부터 해야 할 축제 현장이었다.

오늘 우연히 지나간 잡지 속에서 날라리를 연주하고 계신 어르신을 뵈면서 그때의 그 분통 터지던 축제가 떠올라 또 울컥 거린다.
의미 없고 내용도 없이 혈세만 낭비하는 축제들이 너무도 많다!
왜 껀수만 생기면 축제로 판을 키우려고 들 할까?

참 웃기는 짬뽕들이다!

Comment

안균셥 사진 한 장..추억 하나 : 옳으신 말씀입니다..축제가 너무 난무한 거 같습니다. 좋은밤요..
김선희* : 연필 그림으로 뭐든지 표현하시는 모습 부럽네요! 멋지세요^^
송임숙 : 나팔 부시는 할아버지를 섬세하게 표현하셨습니다. 어딜가나 의무적으로 치러지는 전시행사라 무성의함에 화가 날 때가 많습니다. 선생냄께서 올리신 글에 동감하오며 필요없는 축제는 이제 그만 했으면 좋겠습니다. 편안한 밤 되세요~~^^

2012.10.23

휴...!

보기만 해도 깝깝하다!
날마다 어떻게 쓸까.....? 하루 온 종일 청소만 하다 끝나겠다!
어쩌면 청소하면서 도를 틀수도 있겠다!
청소를 싫어하는 몸이다 보니 저런 아름다운 조형물 앞에서도 우선 걱정이 되는 건 어쩔 수가 없나보다!
크기에 압도당하고 그 정교함에 다시 한 번 놀라는 조형물이다!
훌륭하다는 말 외엔 할 말이 없다.
조각을 하는 사람으로서 참 부럽다!
저런 작품을 남길 수 있다는 게....!

Comment

은학정 : 청소가 모든일의 기본입니다! 정리정돈을 잘 하자! 맛저 하세요!
안균섭 사진 한 장..추억 하나 : ㅎㅎ멋진 스케치입니다..선생님..좋은밤요..
글이야기~카스도배하는친구사절^^~ : ㅎㅎㅎ청소 싫어하는 한 사람으로 공감요!
원정환 : 볼수록 입이 쩍—그림이 맛깔스럽습니다!

2012.10.24

산행 중!

단체 그림을 그릴 때 가장 갈등이 심하답니다.
저는 게을러서 밑그림을 그려놓고 그리질 못 한답니다.
왼쪽에서부터 쭉 그려나가는데 만약에 한 사람을 마음에 들게 그려놓은 상태에서 다음 사람을 버려놓으면 그림은 틀려버리거든요. 두 사람, 세 사람, 네 사람을 다 그릴 때까지 그런 불안함을 안고 그려야하기 때문에 단체 그림이 힘듭니다!

부지런해서 밑그림을 확실히 해놓고 그리면 될 일인데 저는 그게 안 됩니다!
밑그림 그려놓고 따라 그리다보면 생동감도 없고 긴장도 안 되거든요.
그리는 재미가 없습니다!
재미가 없다면 제가 왜 그림을 그리겠습니까?
긴장되고 재밌으니 그리는 거지요!

암튼 네 분을 그리긴 했습니다만 마음에 드신 분도 계실 테고 안 드신 분도 계실 테지만 한때의 추억을 담은 이미지로 이해해주셨음 합니다!
즐겁고 행복하게 보이는 사진이라 그렸습니다.
오래오래 깊은 정들 나누시며 세월을 쌓아 가시기 바랍니다!

2012.10.25

다비드- 마라의 죽음!

1793년 다비드가 제작한 마라의 죽음이라는 작품입니다.
프랑스 혁명의 3 거두 중 한명인 마라는 목욕 중 젊은 여성에 의해 암살되고 국민회의는 다비드에게 애도의 작품을 주문해서 제작한 작품이라고 합니다!

작가는 치밀한 계산을 합니다.
빛의 극한 대비를 통해 강인한 인상을 노리고, 어두운 커텐 밑이나 바닥의 어둠속에다 뭔가를 자꾸 그려 넣어서 암살이라는 음모를 강조하려 했던 것 같기도 합니다.
연필로 그리다보니 없어도 될 것들이 그늘 속에 여러 개 있더군요!
음모와 암살을 강조하기위한 심리적인 안배가 아니었나 싶습니다!
순전히 제 개인적인 생각입니다만...!
세계적인 거장들의 작품을 연필로 다시 한 번 그려본다는 게 참 재밌습니다.
느낀 점도 많구요!
'이들은 이렇게 어둠과 밝음을 대비시켜 작품의 의도를 극대화 시키려했구나' 라는 생각도 들고...
암튼 명화를 카피하는 작업을 몇 점 더 해볼 생각이오니 여러분들께서도 이번 기회에 몇 작품 정도는 기억하셔도 좋으실 것 같습니다!

2012.10.26 / 갤럭시노트S펜으로...

참 좋은 사람!

출근하는 길에 주유소를 들렀답니다.
커피를 한잔 하는데 강아지들이 제법 커서 뛰어다니는 모습이 참 평화롭더군요.
한참을 바라보고 있는데 친구가 불쑥
“저 똘망이 녀석 어제 죽을 뻔 했단다!” 라는 것이었습니다.
“왜?”
놀라서 되묻는 내게 친구가 들려준 얘기가 너무 기분 좋아 스토리에 올린답니다!

똘망이라 불리는 녀석이 어제 오후에 고등어 통조림 하나를 발견했던 모양입니다.
주유소 뒤뜰에서 빈 깡통을 가지고 놀다가 그만 머리가 깡통에 끼어 앞이 안 보이는 상태에서 도로로 뛰어든 모양이었습니다.

주유소 앞 도로는 대형 트럭들이 질주하는 공단 도로인지라 아주 위험하거든요!
그런데, 그런데 말입니다.
우리 똘망이가 참 좋은 기사님을 만났더군요!
어떤 트럭기사분이 차를 세우고 똘망이를 잡아서 깡통을 빼주고 주유소로 안고 왔더랍니다!

그 좋은 기사님이 아니었다면 똘망이는 틀림없이 대형 사고를 당했을 겁니다.

그 위험한 도로에서 머리에 깡통을 뒤집어 쓴 새끼강아지를 보고 차를 세워 구조를 한다는 게 당연하게 느껴질 수도 있겠지만 행동으로 실천하기는 어려운 일이지요!
참 좋은 사람입니다!
꽃보다 아름다운...!

오늘도 어딘가를 달리고 계실 그 향기로운 기사님께 따듯한 행복을 한 아름 드립니다!
당신은 정말 꽃보다 아름다운 사람입니다!

Comment

백설이~~^^ : 똘망이 녀석 큰일날뻔했네요. 향기로운 기사님 늘 행복하시기를..

김동희 김새성팬클럽(김사모) : 아름다운 사연입니다. 기사분 고맙습니다! 정선생님~ 소중한 날 되세요.^^

박미화♥앉은자리가꽃방석! : 맞아요.
그래서 아직은 믿을만한 세상이라니까요. 똘망이 다신 캔이랑 놀지마라.

부라보~♥마이 라이프 : 인연일겁니다~ 훈훈한 이야기와 선명한 그림~ 잔잔한 여운이 오래남네요~ 똘망이~~다신 그런일 없길!!!

SM의포토다이어리..♬ : 글을 읽다보니 저도 마음이 따뜻해지네요~
누구나 실천할 수 없는 일을 그 누군가가 하셨네요~~

2012.10.26

보여서 그렸을 뿐이랍니다!

이분은 왼쪽 치아가 귀여운 덧니시더군요!
치아성형을 해드릴려다가 생각해보니 이분의 개성 중 가장 대표적인 개성이실 수도 있겠다는 생각이 들어 그냥 보이는 대로 그렸답니다!
제 개인적인 생각입니다만 아주 예쁜 덧니십니다.
가을에 맞는 스카프를 아주 단디 둘르셨더군요!
목감기는 절대 걸리시지 않으시겠어요!
카친이 되신지 조금 되신 분이신지라 이방엔 상당히 익숙하신 분이십니다.
좋은, 아름다운 추억들 많이 만드시길 바라며 한 컷 그려봤습니다!
마음에 드시길 바랍니다!

Comment

♥행복제작가♥Hansan Photomania : 넘 멋진 작품이 탄생하셨네여. 멋집니다.
정은희*^__^~♥ : 저녁시간 카스 새소식 여는 순간 제 휴대폰 첫 화면에 보이는 즉시 "나다!"그랬습니다 간밤에 제가 꿈을 잘 꿨나봅니다 감사히 가져갈게요!
조각하는, 정진홍입니다! : 그러십시오~~^^

2012.10.28

뭘 찍으셨는데!

흐뭇하게 보고 계시는군요!
한국생활이 마음에 드신 듯 싶어 참 다행입니다!
그 카메라도 한국산 이길 바랍니다!
한국의 가을이 세계적으로 아름답다는 건 익히 아실겁니다!
이 가을에 한국의 미를 아주 많이 그 카메라에 담으시길 바랍니다!
행복하십시오!

Comment

천루 : 선생님,사랑한다!!

조각하는, 정진홍입니다! : 푸하하 천루님~~!!!그건 반말인데요ㅎㅎㅎ
한국엔 존댓말이라는게 있답니다~~^^ 얼른 다시 찾아보세요ㅎㅎㅎ

천루 : ㅋㅋㅋ..알겠습니다. 선생님. ㅋㅋ 사실 오늘 한국어 능력시험도 봤는데요.
결과가 잘 나올지 모르지만 한국에 대한 관심이 많이 가지고 있어서 계속 열심히 배우고 싶습니다..'한국은 사계절이 분명하고 참 아름다은 나라예요. 선생님, 시간이 되시면 좋은 기회로 중국에 관광하시기 바랍니다. 좋은밤 되세요. 감사해요~

2012.10.28

퇴근하렵니다!

이분을 오늘 마지막 그림으로 퇴근을 하려구요!
그림을 하시는 분이십니다! 벌써 이곳에 잘 적응을 하셔서 잘 지내시고 계신듯하여 참 좋습니다! 좀 더 디테일하게 그리려다 그림하시는 분이신데 훨씬 잘 그리실 것이라는 생각이 들어 제가 가장 좋아하는 투박한 선으로 그냥 그렸습니다!
이해해주시리라 믿습니다!
참 우습군요!
못 알아 보실수도 있는데 제가 왜 이런 얘기까지 미리 하는 것일까요?
편안하고 행복하신 밤들 보내시기 바랍니다!

Comment

강명순 : 멋있게 그려주셔서 감사합니다..맘대로 표현하신 샘이 마냥 부럽습니다^♥^
조각하는, 정진홍입니다! : 넵~~^^ 이해해주셔서 감사합니다~^^
퇴근하려다 한 장 더 그리게 되어 이제사 퇴근합니다ㅎㅎ편안한 밤 되시길요~~^^
♥행복제작가♥Hansan Photomania : 너무 멋지게 작품을 만드셨네요.
웃음짓는 표정이 너무 멋진분입니다!
이상한나라..엘리수 : 귀여운 여인이시네요!

2012.10.29

새로 오신 카친이십니다!

제가 좋아하는 후배의 형님이시고 제 친구의 선배님이시고 제 카친이신 분이십니다!
산을 좋아하시는 산악인이시지요!
강한 정신력을 가지고 계신분이시랍니다!
이곳의 많은 분들과 좋은 추억 쌓아가셨으면 좋겠다는 마음을 담아 그려봤습니다.

Comment

수라니뽀~♡ : 듬직하시고 멋지시네요..
오후에도 따스한 햇살처럼 행복가득한 오후되세요~^^

백설이~~^^ : 멋진 벗이 많다는 건 행복한 일이죠! 오후 시간도 스마일하세요~

아♥지 : 와우! 징하게 감사합니다요.. 귀한 선물을 정작가님한테 받군요. 베리굿이여~~

은학정 : 군장 메신 것 같네요^^~짱~~

안균섭 사진한장..추억하나 : 멋진분을 멋지게 표현하셨네요..

원정환 : 와 멋져요! 나도 모델이 될 수 있으려나? 감사합니다

2012.10.29

오늘은 정신이 없습니다!

정신없이 여기저기를 다니다보니 오늘은 차분하게 그림을 그릴 시간이 없었답니다.
자유롭게 연필이 가는대로 따라가면서 그려봤습니다!
이분께서는 불만이실 수도 있겠습니다!
멋진 사진을 이렇게 표현해놨다고 야단치실까 겁납니다만 아마 이해해 주실겁니다!
왜냐면 제가 야단맞고 가만있을 사람이 아니란 건 아실테니까요!
전 야단맞으면 가출할거거든요!
알아서 하십시오!

Comment

신수정 : ㅎㅎ저랑 진짜 닮았네요~ㅋ 고맙습니다^^행복해졌어요 우울했는데ㅎ
수라니뽀~♡ : 너무나 멋진 여인이시네요..^^
초록향기*** : ㅋ ㅋ ㅋ~~ 야단맞을 그림이 아닌데요~~ㅎ 오늘도 수고 많으셨어요~~
백설이~~^^ : 멋진 여인을 아름답게 그려주셨네요! 가출 안하셔도 될 듯~~^^
홍사황 Rain maker♡ : 멋집니다..역시 진홍님은 손 가는대로 맘 가는대로 그릴 때 훨씬 분위기가 나옵니다..ㅎㅎ예술가는 생각이 많으면 안되는 것일까요?? ㅋ

2012.10.30

카피!

카친께서 올리신 사진인지 그림인지는 잘 구별이 안 되는 풍경화가 눈에 띄어 연필로 흉내를 한번 내봤습니다!

화순 어느 마을에 비슷하게 생긴 방앗간이 있답니다.

양철지붕하며 군데군데 이어서 붙인 그 흔적들이 고스란히 세월을 담고 있어서 참 많은 생각을 하게 하는군요!

아마 한때는 명절이면 바글바글하게 사람들이 모여들어 가래떡을 뽑아내고 쌀가루를 찧느라 분주했을 텐데 이젠 녹슨 지붕만 겨우 남아있군요!

추억을 떠올리게 하는 그림인지라 카피를 했으니 이해해주시기 바랍니다!

Comment

수채화향기 : 멋집니다

신수정 : 스토리가 있어조아요^^

CHOKYUNGOK : 방앗간처럼 보입니다~~ 제가 방앗간집 딸이거든오~~ㅎ

원정환 : 옛생각이 나는 그림이네요♥♥

김은미 : 연필 한자루로 못하는게 없이 다 표현된다는게 대단합니다^^

2012.10.30

특별히 다르진 않습니다만...!

지난번에 이분을 그렸습니다만 제 마음에 너무 안 들게 나와서 오늘 다시 한 번 더 그렸답니다! 지난번 그림과 특별히 다르진 않습니다만 제 느낌이 이번엔 조금 나은 것 같습니다! 다시 그려드린다고 약속을 드렸었습니다!

기대를 많이 하셨다가 실망하실까 두렵습니다만 암튼 지난번 그림보단 느낌이 나은 것 같아 편안하게 올립니다!

Comment

신수정 : 거침없을 듯 하지만 걱정할 줄도 아는 인간미가 느껴지네요~ㅎ편안한밤 되세요^^

초록향기***: 멋진~ 볼수록~ 인간미~철철~ 진홍쌤~~^^ 편안한밤되서요~~~^^ㅎ

고창 솔뫼골팜♡소범수 유기농전통한옥&힐빙 숲치유 고사리,감 : 선생님 덕분에 행복합니다 흡족합니다!

11 월의

2012.11.01

애교!

이곳 카스에서 가장 애교가 많으신 남자분이십니다!
그 어떤 남자분도 이분처럼 밝은 미소를 띠며 손으로 애교를 보이신 분은 없으셨답니다! 여자분들께선 얼굴근처로 손을 많이 가져다놓으셨지만 이렇게 노골적으로 요염하게 손을 얼굴근처에 올려놓으신 남자 분은 이분이 유일하십니다!
어디 또 계시면 알려주십시오!
밝은 미소가 백 만 불짜리 십니다!

Comment

신수정 : 인간만큼 백만가지 색을 가진 대상이 또있을까요? 1초1초가 다르지요 ㅎ
손혁건 : 늘 잘보고 있습니다^^ 친구님들을 대하는 애정이 넘치시네요^^
김동희 김재성팬클럽(김사모) : ㅎㅎ정선생님 저도 애교에 도전해볼까 합니다. 많이 추워졌네요. 건강도 잘 챙기시구요.^^
이소영 : 저도 노력해야겠구나 생각해 봅니다 ㅎㅎㅎ
안균섭 사진한장..추억하나 : 애교가 철철..멋진 작품..^^
최치현 : 선생님! 아이고..감사합니다 한참을 봤습니다 제가 맞군요. 영광입니다 소중히 간직하겠습니다!

2012.11.02

보호!
누구로 부터 누구를 보호하기위한 철 구조물인지 한번 생각해 봐야겠습니다!
나무가 걸어 나와 사람들을 해칠까봐 가둬둔 것인지,
아니면 생각 없는 사람들이 나무를 해코지 할까봐 경계구조물을 만든 것인지...!

참 할 일없는 사람들이 많습니다!
그냥 눈으로 보고 가슴으로 느끼는 걸로는 성이 안차서 기어코 올라타고 발로 차보고 쉬도 한 번 해봐야 비로소 성이 차는 사람들이 참 많은가봅니다!
그래도 그렇지...!
저 철 구조물은 너무 한 것 같습니다! 어딜가나 오래된 보호수들을 보호한다는 명목으로 나무 감옥을 만들어 둔걸 자주 봅니다!

나무가 중죄를 지었을 리는 만무하고...
사람과 나무가 서로 보호하고 사랑하는 사회가 우선 되어야겠지만 나무감옥도 다른 것으로 좀 대체해야 하지 않을까요?
인간의 무지함을 너무 공공연하게 광고하고 있는 것 같아서 나무들 보기에 부끄럽습니다!

아름다움을 소중히 여기고 경배하는 것은 인간만이 누릴 수 있는 특혜거늘 그 특혜를 마다하는 인간들이 참 많은 세상입니다!
다른 것도 좀 마다해보지....

2012.11.02

들어오기만 해봐라!

어젯밤에 베란다에서 담배를 피우고 들어가려다 문득 거실 쪽 문 밑에 뭔가가 웅크리고 있는 게 보이더군요!
가만 보니 우리 블루가 공격자세를 하고선 날 기다리고 있었습니다.
거실로 들어서면 날라차기를 하려고 문 뒤에서 준비를 하고 있던 것이었지요!

바보 녀석이 유리창이란 것도 모르나 봐요!
하긴 거실엔 불이 환하고 베란다는 캄캄하니 순간적으로 유리창으론 밖이 잘 안보일 수도 있었겠지만...!

완전히 공격자세로더군요!

등을 잔뜩 세우고 웅크린 자세는 우리 블루의 돌격직전에만 보이는 용맹스러운 자세랍니다.
모른 척 거실로 들어가다가 잽싸게 뒤로 빠졌더니 휙 하고 헛발질을 하며 내 앞으로 떨어 지더군요!

우리 블루는 이런 녀석이랍니다!
냉장고를 향해 뛰어차기를 하며 가볍게 턴해서 착지하는 훈련을 자주하더니 이 녀석이 날 차려고 그리 맹훈련을 했었나봅니다!
거실에서 베란다 쪽을 보며 잔뜩 웅크리고 날 기다리던 우리 블루가 떠올라 웃음이 납니다.

2012.11.02

지수양 축하해요!

카친의 딸아이가 연주하는 모습입니다!
미래의 자랑스러운 피아니스트를 제가 미리 그리는 영광을 얻었습니다!
세월이 아주 많이 흐른 뒤 이 아이가 세계를 누비면서도 이 그림을 가지고 있었으면 좋겠군요! 아빠의 각별한 사랑이 담긴 사진을 제가 붓으로 한번 그려봤습니다!
사랑스러운 대한의 딸로, 세계적인 피아니스트로 우뚝 서게 될 날을 기대하고 있겠습니다!
제트기가 지나가면서 하늘에 멋진 그림을 흘려놓고 가는 군요.
가을하늘 참 좋습니다!

Comment

麗園최현숙 :사랑스런 모습입니다^^
원정환 : 선율이 아름다워요—예술입니다—하나로 모든 것이 표현된...
{수사랑~홍석태}~빛으로..행복을..그리다!! : ㅎㅎ울지수..멋진작품 늘 감사드려욤!!
최치현 :굉장한 의미를 담아낸 작품이군요. 희망의 내일이 펼쳐지는 듯 합니다.
김영신(painter)-자연으로 : 역시 진홍님의 배려가 여기까지 행복이 묻어나는 스토리 좋아요!
박미화♥앉은자리가꽃방석! : 멋진 피아니스트가 되길 같이 빕니다!

2012.11.03

불 좀 빌립시다!

담배를 피우는 사람들은 안다!
라이터가 아닌 피우던 담배로 불을 붙인다는 게 얼마나 친근하고 소탈한 모습인지...!
이분은 그런 분이셨다!

사진을 유심히 보노라니 원형탈모 흔적같이 보이는 부분이 있었다.
빛 때문인지 정말 탈모가 있었는지는 확실하지 않지만 이분이라면 신경성 원형탈모도 분명히 있을 수 있는 분 같아서 비워뒀다!

요즘 대권 후보 중에 유력한 민주당의 후보께선 조직에서 '친노' 색채가 강한 분들을 뒤로 빼고, 자칭 '친노' 라는 분들께서도 대의를 위해서 자진 사퇴를 하는 모습을 보이고 있다.

선거에 우선 이기기 위해서...!
친 노무현이 부끄러운 것인지, 아니면 친 노무현이 선거에 불리하다는 판단인지, 아니면 친 노무현을 국민들이 싫어한다는 판단에서 인진 잘 모르겠다!
하지만, 어떤 이유에서건 당당하지 못하다!

친 노무현을 싫어하는 사람들이 선거에 영향을 줄 정도로 많아졌다면,
친 노무현으로는 선거를 치루기 어려운 지경에 이르렀다는 판단을 내렸다면, 이는 노무현의 잘못이 아닌 친 노무현이라는 사람들의 잘못이다.

노무현의 뜻을 잘못 해석한, 노무현이라는 이름을 자기들에게 유리한 부분으로만 이용한, 노무현이라는 사람의 당당하고 소신있던 뜻을 자신들의 유불리에만 맞춰서 너무 안하무인으로 행동한, 그래서 노무현이라는 대한민국의 아름다운 바보를 진짜 바보로 만들어버린 친 노무현 이라는 그룹의 잘못이다!

노무현을 독점하여 국민들에게서 멀어지게 한 친 노무현이라는 사람들에게 충고하고 싶다!
담뱃불을 빌리던 소탈하고 당당한 국민의 대통령을 일개 집단의 수장으로 더 이상 전락 시키지 말아 달라!
친 노무현으로 선거가 불리하다면 그건 당신들의 자업자득이니 안고 가야하는 게 아닌가?
언제는 친 노무현이라는 구호로 자신들의 자리를 확보했으면서 이젠 슬그먼이 내려놓겠다는 건 너무 비겁하지 않은가!
이왕지사 내려 놓을 거라면 앞으론 영원히 친 노무현이라는 위선으로 아름다운 국민바보 노무현을 더럽히지 말라!

당신들만의 노무현은 아니다!
오히려 노무현을 자신들이 유리한 데로만 이용하려는 당신들보다도 더 사랑하고 존경하는 수많은 국민들이 있다는 진실을 더 이상 간과하지 말라!

이제 더 이상 그분의 이름을 더럽히지 말고,
이제 더 이상 그분의 뜻을 왜곡하지 말고,
이제 더 이상 그분을 국민들에게서 멀어지게 하지 말라!

2012.11.04

때!

사람에게는 때가 있다고들 한다. 무슨일을 이룰수 있는 때!
어쩌면 운수를 말하는것일수도 있고 그것과는 상관없이 자신이 쌓아놓은 결과물을 검증 받는 시기 일수도 있다.

이 사람의 때는 지금일까!

나는 그것이 참 궁금하다.

정치판에서 온갖 더러운 떼를 묻히며 살아오지 않아서인지 신선함이 돋보이는 이 사람의 때가 지금이었음 좋겠는데 과연 그럴까?

너무도 식상한 정치판의 뻔한 사람들과는 너무도 달리보이는 이사람에게 과연 때가 온 것 일까!

최선일지는 모르겠으나 지금같은 후보군에선 단연 군계일학같다는 생각이 드는데, 그래서 이사람이 선택을 받았으면 좋겠다는 생각이 참 굴뚝 같은데 사람들의 생각이 똑

같지는 않은지라... 누구의 생각이 맞고 틀리다의 문제는 아닌듯 싶고 다만, 조금 다르다 의 문제 일 듯 싶다.

대한민국 국민이라면 그누군들 나라가 잘못되기를 바라겠는가!
다만 나라를 위하는 방법에 있어선 나름대로의 생각들이 모두 다를 수 있으며 그런것들을 서로 인정하면서 살아가야 한다는게 가장 바람직한 민주사회 일것이다.

단, 정당하지 못 한 방법으로 정당하지 못 한 짓을 하는 사람은 당연히 응징해야 할 것이다!

난 이사람의 때가 지금이어서 압도적인 선택을 받아 대한민국을 이사람의 비젼으로 잠시 이끌어도 좋을것 같다는 생각을 가지고 있다.
하지만 다른이들의 생각은 그게 아니어서 다른 사람을 선택하는것에 대해서도 불만은 없다.

다만 내 생각은 이렇다는 것 일 뿐!

2012.11.04

참 좋은 사람

노무현 대통령을 마지막까지 지켜주었던 친구!
강직하고 의리있는 친구이자 정치적인 동반자로 늘 묵묵히 자신의 직무에 최선을 다했던 사람!
노대통령이 서거하신 후 노무현재단 이사장으로 의리를 다하시던 분!
그런 그가 대통령이 되겠다고 나섰다.

좋은 분이며 의리있고 강직한 분이시니 당연히 대통령이 되셔도 좋을 분이시다.
하지만, 좋은분이며 의리있고 강직한 분이 대통령의 조건은 아니지 않은가...
사람은 누구에게나 그릇이 있다고 한다.

반드시 크다고 좋은것은 아니며 중요한건 그 활용도 일것이다.

어디다 써야 좋을지를 제대로 찾아서 적재적소에 써야만 그릇의 용도에 맞는것 아닐까!

우린 지금도 용도에 안맞는 그릇을 지나치게 크고 중요한 용도로 쓰려다가 나라가 꺼꾸로 가는 참변을 겪고있지 않은가!
이분을 참 좋아하지만 대통령 자리엔 어울리시지 않으실것 같다는게 개인적인 내 생각이다.

이분 개인의 문제라기보다는 이분을 둘러싼 집단이 문제 일것 같아서...

이분은 현재의 자리에 오르시는 동안 너무도 주변 특정집단에 의존을 많이 하셨다.
아니, 정확히 표현하자면 주변의 특정집단이 이분을 현재의 위치에 세웠다는게 맞는 표현일 것이다.

그 특정집단이 바로 이분이 대통령이 되셔서는 안된다는 이유이자 원인이다.

그집단은 너무도 초심을 잃어버렸다.
너무도 안하무인 격으로 변질되었고
너무도 집단이기주의에 빠져버린듯 하다.

그런 집단으로 인하여 현재의 자리에 오른 그가 대통령이 된다면 그집단으로 부터 받은 빚을 갚아야 할것이며 그런 상황은 결국 또 한번의 혹독한 나라의 시련기가 될수도 있다는게 아주, 아주 개인적인 내 생각이다.

난 이분이 단일화에 양보를 하셔서 더 큰 뜻을 이루시길 바라는 간절한 마음을 가지고 있다.

훌륭한 분이시니 그럴수 있으리라 믿고 있다.

개인적인 내생각에 동의하지 않으시는 분들께서는 너무 기분 상하시지 않으셨음 합니다!

이곳은 제 개인 카스이며 지극히 제 개인적인 생각임을 밝혔으니까요...!

저는 이런 생각을 가지고 살아가는 사람이라는것을 적는것 뿐이니까요...!

2012.11.04

좋은 정치인!

난 이분의 흉상을 작은 소품으로 만든적이 있다.
누가 시킨것은 아니고 순전히 자의에 의한 작품이었다.

돌아서면, 입장만 바뀌면 공약을 헌신짝 버리듯 하는 국회의원들과 대통령에 비해, 한번 국민을 상대로 한 약속은 반드시 지켜져야 한다는 걸 캐치플레이로 내세운 이분에게 상을 주고싶었다.

약속을 잘지키는 정치인에게 국민이 주는 상을...

하지만 대통령으로서의 이분은 생각하지 않는다.
대통령보다도 훨씬 대접을 받으며 살아온 이분의 평생이 중산층이나 하층민들의 생활과는너무도 동떨어져있었기 때문이다.

이분의 아버지가 박정희 전대통령이기 때문에 반대하는건 절대 아니다.

현재 대통령이하 국회의원 전부를 살펴보더라도 이분처럼 국민과의 약속을 철저하게 지키려는 사람은 없을것이다.

그거 하나만으로도 훌륭한 정치인이라는 개인적인 생각을 가지고 있다.

난 이분이 대통령이 되는걸 반대하지 않는다.
다만 내가 지지하는 사람이 다를 뿐이다.

누구에게나 지지하는 대통령후보가 있듯이 난 이분을 지지하지 않는다는것이지 이분을 반대한다는 것은 아니라는 얘기다.

이거 아니면 저거, 아군 아니면 적 이라는 생각으로 서로 상처투성이가 되는 전쟁은 멈춰야하지 않겠는가!
누가되든 나라를 위해 최선을 다해준다면 좋을 일이지만 그 최선이 서민들이나 중산층을 위한 최선이 아닐것 같아서 난 다른분을 지지하고 있다.

이분의 정치적인 신념은 존중한다.
그리고 이분은 훌륭한 정치인이다!

2012.11.05

얼른 그렸습니다!

이분 온전한 독사진이 없으셨던 분이십니다.
끼어서 찍히시거나 아주 흐린 사진뿐이었는데 웬일로 독사진이 올라와서 내리시기 전에 얼른 그립니다!
그런데, 그 목도리 정말 꼭 하셔야했습니까?
머리카락은 짧으셔서 좋다고 했는데 그 총채 같은 목도리에서 정말 죽겠더군요!
제가 노안이 와서 잘 안보이거든요!

그림 마음에 드시길 바랍니다!

Comment

강옥희 :여성스럽고 이쁘신 분이네요.
송인숙(하얀그리움~♥) : 어찌아셨나요? 저의 흑백 사진으로 고생하셨었는데..
기억해주셔서 감사합니다. 예쁘게 그려주셔서 고맙습니다! 주변에 자랑해야겠어요~~
조각하는, 정진홍입니다! :그림이 많이 미흡합니다~~^^ 하필 컨디션 안좋을 때~~~!!!
다음에 다시 깨끗하게 해보겠습니다. 편한밤 되십시요~~^^

2012.11.06

이외수님 아닙니다!

혹시나 싶어 미리 말씀 드립니다!
그분은 절대 아니며 그냥 그려보고 싶다는 생각이 들어서 그려본 인터넷상에 올라온 얼굴이랍니다! 허름한 외모지만 깊이 있는 눈매하며 꽉 다문 입매, 깊이 패인 주름과 대충 길러서 꽉 다문 입을 더 야무지게 해주는 수염 등등이 괜히 그려보고 싶은 마음을 불러 오더군요!
한국적인 얼굴입니다!
우리 주변에서 쉽게 볼 수 있는...
벌써 어두워지는군요! 종일 우중충하더니 어둠은 또 빨리도 옵니다!
내일 서울 출장 갑니다. 점심 지나서 약속이니 아침 일찍 출발해야겠습니다!
한 시간만 걸리는 거리였음 좋을 텐데...!

Comment

김유진 : ㅎㅎ이외수? 라구 생각하는 찰나에 글을 보니 아니라해서~~
황철원 : 엑설런트!
♥행복제작가♥Hansan Photomania : 많이 닮았네요 ㅎㅎ

2012.11.06

우리들의 아버지!

오래된 잡지 속에서 한 장의 사진을 봤습니다!
주름진 얼굴에 온화한 미소를 짓고 계시는 한 촌노 였습니다!
입 속 사정은 모르겠으나 치아문제로 입은 한쪽으로 비틀어지셨지만 수줍게 웃고 계시는 그 얼굴에선 온통 행복이 느껴지더군요!
앙상한 손에 자랑스럽게 들어 올리신 것은 다름 아닌 옥수수였습니다! 땡볕에서 땀 흘리시며 가꾸신 수확물이신게지요! 단지 옥수수가 좋으신 것은 아니실겁니다!
이제 저 옥수수를 자식들에게 줄 수 있음이 행복하신게지요!
옷 한 벌이 몸에 맞는 게 없이 그저 하루가 어떻게 가는지, 외로움이 뭔지 열등감이 뭔지 조차도 생각하실 겨를이 없이 우리 아버지들께선 사셨습니다! 그리고 몇 푼 안 되는 저 옥수수 하나만으로도 행복하실 수 있으셨던 참으로 아름다운 분들이셨습니다!
오늘 제 눈에 띈 저 촌노의 사진은 세상 그 어떤 재벌보다도 행복하신 모습이었답니다!
자식들이 돈 벌어서 인플란트도 해드리고 몸에 맞는 따듯한 내복이라도 보내드렸겠지요....
저런 옥수수로 기른 자식들이니 당연히 그리 하겠지요 ....

세상의 모든 아버지들께 감사드립니다...!

2012.11.06

피에타!

1498~99년까지 미켈란젤로가 높이 174센티의 대리석을 깎아서 제작한 조각상입니다! 르네상스 시대의 대표적인 조각가가 아니라 동서고금을 막론하고 이런 조각가는 다시 나오기 힘들 것 이라는 게 제 개인적인 소견입니다!

500년 전에 지금처럼 기계도 발달하지 않았던 시절에 대리석에 이토록 섬세한 조각을 할 수 있었다는 게 그저 놀라울 뿐이지요! 이런 거장을 능가하지 못해서 결국은 추상미술이 나온 것이 아닐까 싶습니다!
더 잘 할 수는 없으니 다른 것을 부각시켜 개념을 바꾸자는 의도로... 조각을 하는 입장에서도 이런 거장의 작품 앞에선 숨이 턱 막힙니다!
진정한 장인정신과 예술혼이 없이는 불가능한 작품이지요.

조그만 재주로 기고만장해서 예술가임을 자처하는 부끄러운 후배들은 이런 거장들의 작품 앞에서 아주 긴 세월을 반성해야 할 것 같습니다!

미켈란젤로의 '피에타' 였습니다!
기억해놓으십시오!

자화자찬!

2012.11.12

어제 케이블티브이를 보니 과거 김대중정부때 민주당 국회의원을 지냈던 사람이 나와서 얘길하고 있었다.

자신이 박정희 정권으로부터 온갖 탄압을 다 받다가 미국으로 망명을 갔던사람이라며, 박근혜후보를 도와 대선을 치루는 자신의 뜻을 알아달라는 얘기였다.
순교자가 스스로 순교자라고 생각하는 자체가 가장 위험한 생각이라며 자기 혼자만 민주화운동으로 인한 피해자가 아니라는 얘길하면서... 그러면서 민주화운동으로 인해 탄압을 받고 미국으로 망명까지갔다는 전력을 다 얘기하는 의도는 또 무엇이었는지...

민주당에서 최고의원까지 지낸 사람인데 박근혜 후보에게로 간 자신의 행동을 정당화시키고자하는 의도가 역력했지만 그의 사람 됨됨이로 보면 전혀 이상할것도 없는 행보이기도 하다.

내 기억으로는 그사람이 민주당에 있을때도 참 창피한 의원이었었다.
다만, 나이를 그렇게 먹었으면서 자신의 마지막 모습을 그리 엉망으로 만들어가는 그가 좀 안스럽다는 생각이 들었다. 그런사람의 선동을 따라 민주당에서 박근혜후보 지지자로 돌아서는 사람이 과연 있을까?

구정치인들의 가장 대표적인 특징이 자화자찬을 늘어놓는다는 점일것이다!
참 창피하고 뻔뻔한 짓을 정말 너무 잘한다. 그래서 국회의원이라는 신성한 자리의 권위가 시궁창으로 굴러들어가버렸을지도 모른다.

자화자찬을 잘하는 사람들은 어떤 직업을 가졌건간에 참 무식해보인다. 그런데 아이러니 하게도 많이 배웠다는 사람들, 많이 가졌다는 사람들일수록 자화자찬이 더 심하고 그래서 아주많이 무식하다는 점이다.

우리가 알고 있는 지식과 지혜의 차이일 것 같다.
많이 배워 지식은 많을지 몰라도 살아가는 지혜가 부족하면 그게 무식한 것이다.
많이 배우지 못해 지식이 부족하다고 무식한건 절대 아니라는 얘기다.

대학교수 중에도 무식한 사람들이 바글거리고 재벌, 고위 공직자들일수록 더 무식한 사람이 많다는건 비단 내생각만은 아닐것이다.
못배운 사람들은 무식한 사람들이 드물다.

왜냐면, 잘난척을 안하기 때문이다.
그들은 오히려 순수하며 겸손함이 몸에 베어있다.

지식층의 오만하고 교만함이 결국은 무식으로 드러나는 경우가 많은데 그들 스스로는 절대 인정하지 않을것이다.

어제 전 민주당의원의 얘길 듣노라니 유식을 가장한 교만하고 오만함이 영락없는 무식의 모습, 바로 그것이었다. 그러면서 나 자신도 돌아봤다.

나도 모르게 나 스스로 자화자찬을 하고 있진 않을까?
절대 그럴리없다고 믿는 내 확신 또한 잘못된 무식의 소치는 아닐까?
그림 그리고 조각을 한다고 마치 예술가나 되는것 처럼 거만 떨진 않았던가? 다른이들을 평가하고 무식하다고 질타하는 이런 모습은 과연 무식한 행동이 아닐까? 그래도 할 말은 해야겠기에...
무식한 사람이 되더라도 너무 가증스러운 사람들의 눈 가리고 아웅하는 짓은 정말 못 참을것 같아서... 그래서 이 늦은밤에 찍 소리 한번 하고 들어갑니다!

2012.11.12

수능 끝난 기념!

세계에서 가장 불행한 청소년기를 보내는 대한민국의 꿈나무들이다.
유치원, 초등학교, 중학교, 고등학교를 오직 대학진학이라는 절대적인 목표 하나에만 매달려 살고 있는 우리 아이들에게 너무도 미안하다!
수능을 끝낸 아들에게 소주 한잔을 따라주는 아빠의 마음속엔 그런 미안함이 가득하실 것 같다.
그리고,
이젠 어른이 되는 초입에 선 아들에게 아빠가 벼르고 별렀던 기념식이었을지도 모른다! 아들에게 술을 한잔 따라주며 이날을 기억해주길 바라는 아빠의 마음을 아들도 깊이깊이 새길 것으로 믿어 의심치 않는다!

난 언제나 해 볼까!
울 수빈인 이제 초등학생인데.....
이 아름다운 부자에게 깊은 사랑이 영원하길 바라는 마음으로 그려봅니다!

아들!
수능 치루느라 수고했다!

2012.11.12

찬바람이....!

찬바람이 불기 시작하면 그리워지는 추억이지요...! 시골집 부엌은 언제 떠올려도 온기가 가득한 추억이지요. 부뚜막에 나란히 걸린 가마솥과 까맣게 그을린 아궁이... 눈도 못 뜰 정도로 연기가 자욱한 그곳에서도 우리네 어머니들께선 잘도 견디셨지요.
당연한 즐거움으로만 여기신건 아니셨을테지만 그냥 즐거움이라 꾹꾹 눌러 참고 사셨던 것 같습니다. 예전엔 그런 세월이었지요.
찬바람이 싸늘하니 따듯한 구들이 그리워지는군요.

Comment

동그라미 : 정겨운 옛 부엌의 풍경이네요~ 옛 추억이 새록새록 떠오르네요

김영신(painter)-자연으로 : 그리운 시간이네요

블랙로즈♡임미현 : 부엌 아궁이에 굼불을 때시던 엄마옆에 쪼그리고 앉으면 굼불속에 묻어둔 고구마 먹을 생각에 엄마 곁이 한 없이 따스했었습니다~ㅎ 호롱불은 잔잔히 너울거리며 춤을 추고, 엄마와 나의 그림자도 따라서 너울춤을 추고..추억은 왜 항상 애잔한 걸까요..

강옥희 : 가슴이 아리면서도 그리움에 뭉클한 기억들...

백설이~~^^ : 큰 가마솥 눈물콧물 흘리며 나무때던..나무타는 냄새, 뜸드는 밥 냄새가 너무 좋았는데..그립네요 외가댁의 추억이...

2012.11.12

7080의 추억!

통기타 하나만 있어도 즐거웠던 그 시절의 즐겨듣던, 즐겨 부르던 통기타 노래들을 우리는 7080 음악이라고 한다. 또 그런 음악들을 통기타 반주로 부르고 듣는 클럽을 7080라이브클럽 이라고 부른다. 우후죽순으로 생겨난 그 클럽들이 사실은 거의 카바레 수준으로 전락해 버린 지 오래된 것 같다.

어느 곳이나 반주기를 틀어놓고 음악도 아무 장르나 마구잡이로 섞어서 부킹이나 시켜주고 매상이나 올리려는 짝퉁 7080 클럽들이 난무한다.
아닌데...
약간 덜 세련되더라도, 약간 덜 잘하더라도, 조금 아마추어 냄새가 나더라도 통기타를 고집하고 통기타음악을 추구하는 7080 클럽은 어려운 걸까?
나라면 그렇게 할 것 같은데...! 그래서 나는 돈 버는 것에는 소질이 없는건가?
그 시절이 그리워 한컷 그려봅니다!

Comment

신수정 : 기타치며 생노래부르던 노천강당 생각납니다! ㅎ

천금이 : 그때의 낭만, 우리들의 낭만.. 모닥불 피워놓고 둘러앉아 야영하며 부르던 그때의 낭만시절이 참 좋았는데...^^ 그쵸! 진홍샘~~^^

조각하는, 정진홍입니다! : 맞습니다! 천금님 ㅎㅎㅎ 순수, 열정..그런게 있었지요ㅎㅎ

2012.11.13

우연히 보게 된 사진입니다!

카친이 아닌 어떤 분의 스토리에서 우연히 보게 된 아주 오래된 흑백사진이랍니다. 어떤 사연인진 정확히 모르겠으나 교회에서 기도를 하고 계시는 엄마와 등에 업힌 아이와 그 아이의 누나 되는 것처럼 보이는 소녀...

그런데 기도하시는 엄마의 표정이 너무 슬프고,
그런 엄마를 바라보고 있는 소녀의 표정도 슬프더군요...!
그래서 유심히 살펴보니 엄마의 머리에 하얀 댕기가 묶여 있더군요!
상을 당하신건 아닌지...

어쩌면 두 아이가 아버지를 여윈 건 아닌지...
그래서 저리 슬퍼 보이고 간절해보였는지...

혼자 짐작해봤습니다!
어쩌면 제 방정맞은 생각이 맞을 것도 같아서 짠한 마음으로 그려봅니다.

제 추측이 틀렸길 바라는 간절함이 더 큽니다!

2012.11.13

목탄!

새끼손가락만큼 굵은 목탄으로 거칠게 표현했습니다!
이분은 이렇게 강한 그림이 좋다고 하시더군요.
그림이 너무 거칠어서 살짝 기분이 상하실수도 있겠습니다만 그림은 그림일 뿐이니 실물보다 못 나온 부분은 너그럽게 봐주시기 바랍니다!
이 카스를 통 털어 목탄으로 이리 거칠게 표현해도 덜 어색하신 여자 분은 이분뿐이실 것 같습니다!
워낙 개성이 강하신분이신지라 제가 용기를 내봤습니다!
마음에 드시길 바랍니다!

Comment

강옥희 : 너무 멋진 그림이네요. 배우같아요!
신수정 : 거친터치 조으네요ㅎ
이장용 ACRODESIGN Interior& Architec : 목탄..굵고 강한 선과 톤을 표현할 수 있는 최고의 표현도구지요..역시 굵고 강한 필력이 매력적인 작품입니다..^^
Helena Happy Feet : 개성이 강하신 분인가 봐요?

2012.11.14

교감!

카친의 스토리에 멋진 사진이 있더군요! 그래서 훔쳐왔습니다.
여러분들께 보여드리고자 훔쳐왔으니 야단치시면 안됩니다!

교감을 나누는 느낌이 전해지시죠? 연필로 그리고 목탄을 조금 곁들였습니다!
동물들도 따듯한 마음은 감지를 하나보더군요.
동물만도 못한 인간들은 얼른 사람이 되야 할텐데요!

우리 블루가 갑자기 생각나는군요.
어제 수빈이가 사진을 한 장 보내왔습니다.
사진 속에는 우리 블루가 뭔가를 뒤집어쓴 체 엎드려 있었구요!
우스꽝스러운 그 사진을 보고 전화를 했었지요!

"수빈아! 이 사진 뭐야? 블루가 뭘 뒤집어 쓰고 있는 거니?"
"아빠! 엄마가 나 어릴 때 옷으로 블루 옷 만들어서 입혔는데 얘가 못 걸어...!"
너무 작은 옷으로 만들어서 마치 양말을 뒤집어 쓴 것처럼 이상한 폼으로 엎드려있던
우리 블루가 갑자기 생각나서 웃어봅니다!

2012.11.14

연필, 목탄!

오늘은 카친 분들 스토리를 아주 마음먹고 터는 중입니다! 이러다 완전히 몰매 맞는 거 아닌지 걱정도 됩니다만 ...! 하지만 이분처럼 알려질수록 좋을 분들은 부지런히 퍼다 날라야한다는 사명감에 그만....
사진과 그림의 차이점은 완벽함과 조금 부족함인 듯도 싶습니다! 완벽하게 있는 그대로를 담을 수 있는 사진이 좋은 점도 많고, 완벽하진 않지만 부족한 듯한 허술함이 그림의 장점일수도 있을 것 같습니다! 좀 부족해야 인간미가 느껴지듯이 말입니다.
이러다가는 머지않아 모든 스토리가 다 잠겨 있을 것 같습니다!
정진홍경계령이 발동할지도 모른다는 불길한 예감이 듭니다!
선의의 도둑질이니 너그럽게 이해들 해주시길 바라면서 올립니다.

Comment

강옥희 : 털어 가셔도 밉지 않고 환영하는 스토리는 진홍님뿐 일꺼라 생각되네요~~

Helena Happy Feet : 폭력으로 삭막해가는 우리시대에 꼭 필요한 우리들의 스승입니다!
단순한 그림 이상의 메시지가 있는 듯 합니다! 작가께서 단순히 그렸다 해도...
카스에서 작가님 그림과 글 읽는 재미가 솔솔해져갑니다. 무엇보다 가볍지 않고 진정성이 함께 있어서 저에게 딱! 맞습니다ㅎㅎㅎ

2012.11.15

친구!

이곳을 통해 몇 십 년 만에 만난 친구랍니다! 이젠 카친이기도 합니다! 이 친구 아주 멋쟁이고 잘생겼습니다. 가족들과 아이스하키를 즐기는 건실한 가장이기도 하구요.
아주 오랫만에 목소리를 들었는데 엇 그제 통화했던 것 같더군요!
웃을 때 패이는 눈가의 주름이 멋진 제 친구랍니다! 안 닮았다고 우겨도 소용없습니다. 이 친구한텐 제가 더 우겨버리면 되거든요...!
밖이 어둑어둑해집니다! 어찌된 게 요즘은 하루가 몇 시간 만에 가버리는 것 같습니다! 아깝습니다! 이렇게 고속도로를 달리는 차창 밖의 바람 지나가 듯 씽씽 지나가버리는 하루들이....!

Comment

조강훈 : 오랜만에 들어본 친구에 목소리..그리고 옛 추억들~~이렇게 멋진 선물까지ㅎ
감동에 물결이 넘치네~ 수원에 오면 꼭 연락주시게!

조각하는 ,정 진홍입니다! : 그려 ㅎㅎㅎ조만간 한번 보세~~^^

안균섭 사진한장..추억하나 : 멋진친구 두셨네요..좋은밤요.

가오리.한예섬 : ㅎㅎㅎㅎ몇십년만에 만나 기분좋으시겠어요.
저도 카스를 통해서 잊고 지냈던 친구들을 몇 명 만났답니다. 축하드립니다!

2012.11.15

거울 앞에서!

참 꺼칠한 사내가 날 보고 있더군요! 떼가 덕지덕지 묻은 군용 깔깔이에,
올려서 묶은 머리엔 이제 제법 흰머리도 눈에 띄게 많아졌고...
'귀차니즘'에 빠진 것인지 면도도 안하고 입술도 까칠한...
저게 난 가....?

십 여 년 전에 서울에서 사업을 하던 시절이 있었답니다.
직원들 수도 제법 있었던 터라 자고 일어나면 금전적인 부분을 해결하기위해 동분서주 하던 시절이었지요. 사무실에서 숙식을 해결하던 시절이었는데 제가 어쩌다 한 번씩 부려보는 가장 큰 사치가 있었답니다.

직원들과 사무실에서 자는 것이 아니고 영등포 시장 골목으로 가서 가장 싼 여관방을 잡고 들어가서 하룻 자고 오는 것이었답니다.
목욕도하고 모처럼 조금은 편하게 잘 수 있었거든요.

어느 날,
그날도 아마 오랫만의 외박이었던 것 같습니다.

목욕을 하고 배가 고파서 야식집에 주문을 하는데 한 그릇은 배달이 안 된다고 하더군요. 그래서 국밥 한 그릇과 군만두 하나를 시켰답니다.

얼마나 좁은 방이었냐면 침대하나와 화장대가 전부였는데 침대에 앉으면 화장대를 바로 식탁처럼 쓸 수 있었답니다.

밥을 먹다 문득 고개를 들어 눈앞의 거울을 보니 아주 낯선 사내가 눈에 들어오더군요. 너무도 생소한 얼굴이었답니다.

이 사내가 누군가...?
왜 이 시간에 이곳에서 이러고 있는 걸까...?
뭘 얻겠다고...

어린 신부와 갓 돌 지난 아이를 떼어 놓고 객지에 와서 고작 이러고 살려고...

그때의 그 착잡한 심정은 아니지만 방금 전에 거울 속에서 본 사내의 얼굴도 그때와 비슷하게 느껴졌습니다...!

살아가면서 가끔씩 거울속의 내 얼굴은 전혀 내가 아닌 듯 보이기도 합니다.
그럴 때 마다 새삼스러운 느낌이 들고..
오늘을 기억하려고 거울속의 낯선 이 사내를 그려 봅니다!

Comment

Helena Happy Feet : 자신 이야기를 순순히 이렇게 나누어 주셔서 감사해요
이야기를 읽으니 작가님의 심정이 어떠했을까? 마음이 저려옵니다..
하지만, 지금은 행복하시리라 믿어요.
천금이 : 그래도 거울속의 자신을 보는 진홍샘은 행복한 사람이네요~~
좋은 밤 되시길요~~^^* 사진 멋집니다~~^^
쎄미♥한영 : 거울속의 나는 항상 낯설어요~~
매그놀리아 백옥연 : 이제는 거울앞에선 멋진 정선생님!!
김윤희 : 밝은눈으로 바라보니 멋진 자화상이에요ㅎ 좋은 하루하세요~~^^

2012.11.16

황룡강 조직원입니다!

붓 펜으로 그려드렸던 분입니다! 붓의 특성상 서운함이 많습니다. 한번 지나가면 수정이 안 되거든요. 그래서 서운함을 무릅쓰고 올리는 경우가 많습니다.
이분 또한 그런 경우구요! 이분은 황룡강 조직원이기도 하답니다! 자전거로 우리 고장 산천을 누비시는 분이시랍니다. 언젠가 제가 황룡강 다리 난간위에서 다리 한쪽 들고 넌닝구만 입은 체로 커피 들고 서있기로 했답니다.
마라톤 경기 보면 중간에 물병 놓아두잖습니까? 제가 들고 있는 커피를 매가 병아리를 낚아채듯이 멋지게 채가시기로 했습니다! 그런데 자전거로 다리 난간 위를 올라오실 수 있으실지...

Comment

♥그림이좋아♥은정 : 아하~!^~~~^ 옥희님이시다~^~~^ 분위기있고 청초하신분~♥
SM의 포토다이어리...♬ : 옥희언니 짱!!! 황룡강조직원에 낑겨주세용^^ㅋ
강옥희 : 으~~하하하 조직원 답께 눈매가 날카로운데요. 조심하시숑~~ 다 보고있습니다~ㅋ
강옥희 : 진홍님..ㅠㅠ(감동의 눈물)..감사해용 염치불구하고 또 가져가겠습니다~~~^^
♥그림이좋아♥은정 : 옥희님~^~^ 입이 귀에 걸리신거 다 보여욧~!!
^~~~^ 그 기분 쭈~~~.욱 이어 가세요~^~~^넘 부럽다요~~ㅎㅎ

2012.11.16

황룡강 조직원입니다!

황룡강을 주 무대로 하시는 것은 아니지만 자주 출몰하시는 조직원이십니다! 언제 저랑 조우를 하게 되면 동시에 '억!' 소리와 함께 조용히 뒤로 돌아 갈지도 모른다는 농담을 했었지요! 하지만 이분은 인상이 참 선하십니다.

그림을 그리다보면 느껴지거든요! 분명히 선한 분이시라는 확신을 가지고 있습니다. 그리고 보니 황룡강 조직원들 모두가 너무나 선한 인상입니다. 이래서야 조직의 무게가 있겠습니까? 저라도 중심 잘 잡고 조직다운 면모를 보이겠습니다!

Comment

블랙로즈♡임미현 : 선생님!~너무 선하게 그리셨네요~ㅋ 실제론 후기인상파에 간혹 입체파도 되시는 분인데..^^ 두분 황룡강에서 조우할 날이 기둘려지는데요~~ㅎ 그 순간 기록으로 남기고 싶네요~~^^*

새벽여행(손경민) : ㅎ선생님 한 인간이 개과천선하여 새롭게 거듭났군요..ㅎㅎ 팔순 노모께선 항상 말씀하십니다... 인상 좀 펴고 다니거라. 그래야 달아난 복 들어 올 것 아니냐..오죽 인상이 거시기하면 그런 말씀을..ㅎ
선생님 거시기한 인상 그리시느라 수고 많으셨습니다. 감사합니다
퍼 갈 수 있도록 허락 요청합니다. 조만간 황룡강 조직원들 번개 날리겠습니다...

2012.11.16

저녁식사 맛있게들 하십시오!

이분은 지난번에 한번 그렸었는데 다시 보니 코가 너무 길어져서 인상이 안 나오더군요! 그땐 잘난 척하면서 빨리 그리느라 비례를 잘 못 잡은 것 같습니다!
오늘 그림이 특별히 더 낫다는 게 아니고 비례에 조금 신경을 더 쓴 그림 입니다!
휴....!
저녁을 먹어야 하는 걸까요? 배고플 때 아무 때나 먹는 습관이 몸에 익어서요!
맛있게들 드십시오!

Comment

강옥희 : 저번에 봤던 그림보다 인상이 부드럽게 보이네요 여성스러운 분이시네요...
♥행복제작가♥Hansan Photomania : 너무 멋진 분이십니다
매그놀리아 백옥연 : 조용한 미소가 예쁘네요..

2012.11.17

안되더라도!

그림이 잘 안 그려진다고 안 그릴 제가 아니지요!
안되면 안 되는 대로 또 그냥 그리는 거지요 머...
당사자들이 몰라보시면 잘 그렸는지 못 그렸는지 모를 텐데 무슨 걱정이겠습니까?
안 되는 날이라고 손 놓다보면 버릇이 되거든요!
그러다보면 덜 안 되는 날에도 손을 놓게 되고 되는 날까지 놔 버릴 수도 있거든요!
그러니 웬만하면, 그냥 그려야죠!

뭐라 하실 건가요?
봐주십시오!

Comment

초록향기**** 최고입니다~ 진홍쌤~~~♥ 고은밤되서요~~~ㅎ
성화 : 뚝심이 돋보입니다. 뭐라 못하실 듯 해요^^
백설이~~^^ : 어머나~~언제 또 저를..감사드려요~~^^

2012.11.18

집중!

뭔가에 집중하고 계시는 모습입니다!
문자 보내고 계시죠? 분위기 위주로 그렸습니다!
멋진 분이시더군요!
선이 남성미가 넘치시는 분입니다.
구렛나루도 너무 공들여 길으셔서 어찌 보면 이국적인 분위기도 풍기십니다!
저도 구렛나루를 길러 보고 싶었는데 안 나더군요....!

Comment

은학정 : 지대루 분위기 굿
해연정사해명 : 아이쿠~!!깜짝놀랐습니다.넘 멋지게 표현해주셨네요~^^
선생님이 직접 그려주신 그림 영광입니다. 감사드립니다..^^♥
선생님의 심중소원 이루시길 기원드립니다...().
조각하는, 정진홍입니다! : 해명님! 좋아하시니 저도 좋습니다~^^
해연정사해명 : 가져가도 되는지요~? 그리해주시면 메인사진으로 바꾸려구요~^^
조각하는, 정진홍입니다! : 넵 ㅎㅎ영광입니다ㅎㅎ

2012.11.18

바뀌어야 할 욕!

"개 같은 놈, 은 앞으론 욕이 아니다!" 라는 얘길 하고 싶답니다.
카친분의 스토리에서 이 사진을 보면서 저 개를 닮는다는 건 욕이 아니라 칭찬일 것 같다는 생각을 했답니다!
저 할머님께 저 개는 얼마나 사랑스러운 가족일까요! 할머님의 얼굴에서 행복이 넘쳐나는걸 느낄 수 있었으며, 저 강아지가 천사로 보이더군요!
저 강아지만도 못한 제 입장에서는 저 개 만큼만이라도 하고 살고 싶은 마음 간절합니다! 앞으로 개 같은 놈은 욕이 아니라 칭찬으로 하는 게 어떨까요?

Comment

임~♪자영 : 사람,동물과의 대화가 되는이의 행복된 모습이 아닐까여~~~~
작은 것을 크게 보시는 셈,즐,,,밤~~*~*

백가이버 : 할머님도 강아지도 너무 행복해보입니다 좋네요 편안한 밤 되세요~~~

조미숙♥예원맘♥ : 할머니와 개의 돈돈한 정이 느껴져서 조으네요 사랑스럽습니다 할머님^^*

온유한순우야! : 개의 표정도 보이는 듯 합니다., 행복한 이밤 즐기시길...

choihyesuk : 너무도 사랑스러워요~~~!!!^^

2012.11.20

사람이 좋은건...!

왜?
그냥...!

사람이 좋은걸 왜? 라고 묻기 시작하면 그때부턴 좋은 게 아니다.
좋을 땐 그냥 좋으니까.....
그냥 좋은 게 정말 좋은 거다.

아무리 주변에서 왜? 라고 묻고 또 물어도 이유 없이 그냥 좋은 거...
누군가를 그렇게 좋아할 수 있는 사람은 행복한 사람이다.

세상의 배신에 익숙해져 진심으로 그냥 누군가를 좋아할 수 없는 사람들 속에서 마치

단 한번도 배신이란 걸 당해본적이 없는 사람처럼 그냥 누군가를 좋아할 수 있는 사람...
비록 상대는 그 마음을 몰라줄지라도 그게 무슨 상관이 있으랴...
그냥 좋은데...

잊어야 한다면 잊혀지면 좋겠네...
라는 절절한 가사를 읊조리던 시인 같던 이가수가 요즘 들어 더 좋아진다.

최근엔 너무 아픈 사랑은 사랑이 아니었음을...이라는 노래를 자주 부르곤 했으며 그의 가사를 음미하며 마치 내 상황인냥 감정이 복받쳐 오르기도 하고...
그로 인해 난 사춘기를 다시 앓는 행복을 느끼는 중이다.
그림속의 이분은 나하고는 비교조차 안 될 정도로 이가수를 좋아하는 카친의 후배분이시다.
한 번도 본 적 없는 분이시지만 그냥 누군가를 좋아한다는 동질감이 느껴져서 한 컷 그려본다!

Comment

air : 아무 이유없이 좋은게 좋은거겠죠~^^
저두 요즘 이분의 편지라는 노래를 자주 듣습니다.

김순금 : 김광석^^꽤 오랜 시간지난 것 같네요~ 이런절기에 더욱 그리운 이~~

2012.11.20

현실적인 드라마!

아무리 드라마라지만 요즘은 극에 달한 느낌이다.
아침드라마가 더 심한 이유도 모르겠고...
막장 드라마가 시청률은 더 많이 나온다니 할 말은 없지만 골라서 볼 권리가 없는 시청자 입장에선 욕하면서 볼 수 밖에...

다른 채널을 보면 된다고?
다른 채널이라고 다를 게 있어야지 고르고 말고 하지...
도대체 방송작가들의 수준이 심히 의심스럽고, 더 한심한 사람들은 방송국 담당자들이다.
그런 저질 드라마를 시청률이라는 장삿속 하나만으로 판단해서 방영을 하는...

말이 되는 내용은 거의 없다~~!!!
삼류코메디보다 더한 내용을 버젓이 드라마로 제작해서 방영하는 요즘의 행태를 보면 도를 넘어도 한참을 넘었다는 생각뿐이다!

예전에 '전원일기' 라는 국민드라마가 있었다.

그 흔한 재벌 2세들의 신파극도 아니고 말도 안 되는 내용의 막장 드라마도 아닌, 우리네 부모들이 살아왔던 그대로를 서민의 눈높이에 맞춘 드라마였었다.
그런 드라마는 왜 안 만드는 것 일까?

시청률이 낮아 장사가 안 되니 그럴 것이고, 작가들 또한 그런 드라마로는 눈에 띌 수가 없으니 더 자극적인 각본만 쓰는 것 아닐까?
방송의 영향력이 얼마나 크다는 것은 누구나 다 아는 데 그런 파급력 큰 방송에서 매일 말도 안 되는 내용만 방영하다보면 점점 일반화되지 않을 것이라고 누가 장담할 수 있을 것인가...

드라마는 드라마일 뿐이라고?
참 어지러운 세태가 아닐 수 없다.
나중에 우리 수빈이가 물어오면 드라마는 완전히 거짓이니 보는 즉시 잊으라고 해야 하는 것이 맞겠지...
그런 거짓을 왜 매일 방영하는 것이냐고 물어오면 보는 사람들이 많으니 그렇다고 답을 해줘야겠지...
거짓을 왜 많은 사람들이 보는 것이냐고 물어오면 방송국에서 그런 것만 틀어주니 할 수 없이 보는 것이라고 해줘야겠지...

방송국에선 왜 거짓만 틀어 주냐고 물어오면 원래 방송국은 거짓이나 진실에는 관심이 없고 돈만 벌면 되기 때문이라고 말해줘야겠지...

그럼 방송국이 나쁜 곳이냐고 물어오면 세상에서 젤 나쁜 곳이라고 대답해줘야 하나?

드라마다운 드라마를 좀 방영해 달라!
특히 아침드라마를 최소한 말은 되는 드라마로 방영해 달라!

방송국에 일인시위라도 하러가야 겠습니다!

Comment

Helena Happy Feet : 전원일기의 잔상들은 아직도 가끔 기억이 나네요.
어머니. 아버지. 며느리.아들 등 도 와 예의에서 벗어나지 않는 생활의 대화와 행동들..
우리의 가치관의 모델들 이었지요...

조각하는, 정진홍입니다! : 헤레나님~~^^ 전원일기 참 좋은 드라마였죠~~^^

박미화♥앉은자리가꽃방석! : 김정수 작가의 작품 보고 싶네요.

원정환 : 방송사가 외주 주다보니 요모양됐지요.

2012.11.21

카친의 카친이십니다!

제가 어제 어떤 분을 그려드렸었는데 그분의 카친이신 이분이 조금 부러워하시는 듯 댓글을 남기셔서 때는 이때다 싶어 얼른 그렸답니다!
빛의 강약이 아주 대비되는 사진이었는데 제가 표현하는데 많이 미숙해서 멋진 사진을 제대로 담진 못 했습니다! 제가 카친 분들의 스토리를 넘나들면서 많은 사진들을 훔쳐오고 있는데 행여나 심히 불쾌해 하실까봐 늘 걱정이 됩니다!
불순한 의도는 전혀 없다는 점을 다시 한 번 말씀드립니다!
행복 가득하신 날 보내고들 계시죠...!

Comment

이훈주 : 이런 영광이~ 대~~박임닷~~~~^^
강~부러버서 드린 말씀인데 이렇게 그려주시니 몸둘바를 모르겠습니다~
진심 감사하구요~ 늘~ 좋은날 맞으세요^^ 보답할 길~ 느낌 팍팍 달아드릴께요~
감사함으로 담아갑니다~ 담에 또~ 정말 심심하실 때 또 그리셔두 됩니당^^ㅋㅋㅋ

조각하는 ,정 진홍입니다! : 마음에 드신다니 좋습니다~^^ 좋은날 되시길요~~!!!

김기홍(okdive) : 멋진 그림입니다. 좋은 그림 잘보고 갑니다.

2012.11.22

글을 쓰시는 분이십니다!

굵은 목탄으로 세밀한 묘사는 생략하고 특징만 담아봤답니다!
캐리커쳐 형식으로 그려봤는데 마음에 드시기 바랍니다.
글을 쓰시는 분답게 깊고 예리하신 눈매를 지니셨더군요!
다문 입매에선 주관이 확실한 신념도 느껴졌습니다!
아직 잘 모르실테지만 제가 대나무를 대문에 세워도 될 정도로 돌팔이 기질이 조금 있답니다!
좋은 글 많이 써주시기 바랍니다!
오늘도 하루가 거의 간 듯 싶습니다.

Comment

블랙로즈♡임미현 : 눈빛이 예사롭지 않은 분이네요~
이 분 글을 꼭 읽어보고 싶다는 생각이 듭니다~^^*
백설이~~^^ : 눈빛이 아주 인상적인 분이네요~
풀내음(무조건 친투거절요.죄송) : 그러게요. 눈빛이 예리하시군요.
용...R=VD : 치밀함과 은근한 강직함이 느껴집니다.

2012.11.23

추억!

수줍은 소녀처럼 양 갈래머리를 하시고 사진을 찍으셨더군요!
다시 한 번 가 보고 싶으시다 하셔서 그림으로나마 한 번 더 모셔다 드리지요!
마치 수학여행 온 소녀 같습니다! 빛이 강한 날 찍으신 것인지 윤곽이 날아가서 보이는 느낌대로만 그려봅니다! 분위기만 간직하십시오!
멀리계시는 카친이십니다!
여러 친구님들께서 반갑게 맞이하셔서 좋은 소식도 자주 전해드리고 행복한 추억 함께 쌓아 가시길 바라는 마음으로 그려봅니다.

Comment

일곱 개의호수 : 그려주신 작품을 보는 순간 이 노래가 생각났어요

http//youtu.be/S5lqm-39JM 고맙습니다! 먼지보다 작은이를 담아주셔서..
잠시 눈물 글썽였는데..거리는 멀어도 마음으로 보일거리는..작은 물방울!
고맙고 또 고맙습니다! 성급하지만 제가 한번만 옮겨가도 될련지?

조각하는, 정진홍입니다! : 호수님~~^^ 옮겨가시라고 그렸습니다 ㅎㅎㅎ
마음에 드셔서 저도 좋습니다ㅎㅎ

풀내음(무조건 친추거절요.죄송) : 진짜 소녀같애요. 넘 이뻐요.^^*

2012.11.23

벌써 저녁이 되버렸습니다!

손님 오셔서 잠깐 얘기 좀 나누다보니 벌써 밖이 어두워져버렸군요! 이분의 사진은 잘 나온듯한 사진이었지만 세부적인 윤곽은 흐리더군요. 전문가가 아닌지라 단언은 못하겠지만 촛점이 조금 덜 맞은 듯...! 그래서 그림도 그렇게 그렸습니다!
실제론 더 터프하신 분위기지만 연필의 단색조 때문에 조금은 유순한 이미지로 나온 듯합니다! 실망스러우시더라도 이해해주시고 웃어 주시기 바랍니다.
이제 고민을 시작해야 할 것 같습니다!

Comment

쭈니/이장춘photopeople.co.kr : 와..싱크로 백프롭니다^^ 대단하시다는..
[올일]박찬주 : 정진홍님~너무너무 마음에 듭니다. 감사합니다.
일곱 개의호수 : 공유할 수 있는 축복! 완전감사~~~
매그놀리아 백옥연 : 필이 있으신 분이군요!
그 특징을 조금은 온화하게 진홍샘이 잡으셨군요(ㅎㅎ 잘 모르는데 순전 제 기분임다)
멋지십니다!!! 진홍샘도 모델분도
블랙로즈♡임미현 : 너무 멋진 분위기를 갖고 계신분이네요~
보스의 시선을 충분히 잡을만합니다~^^*

2012.11.14

새로 카친이 되신 분입니다!

바로 옆 동네에서 어린 시절을 보내셨더군요!
보성과 고흥은 바로 옆이거든요. 보성이 녹차로 유명하지만 제 고향 녹동은 녹차는 없고 그 대신 시원한 바다가 정말 최고랍니다! 반갑습니다!
머리카락 묘사하다가 포기했습니다. 멀크락은 아무리 하고 또 해도 머리 아픕니다!
그래서 대충 했습니다....!
이곳에 계신 여러분들께서 잘 반겨 주실겁니다! 좋은 추억 많이 만드시기 바랍니다.
저는 댓글이나 답 글을 잘 못 답니다!
대신 이렇게 한 번에 길게 옹알이를 하며 인사드리는 걸로 이해해주시길 바랍니다!
저 대신 카친님들께서 잘 해 주실 겁니다.
제가 믿는 건 제 카친 분들 뿐이거든요!
주말 잘 보내십시오!

2012.11.24

새 카친이십니다!

아주 훌륭한 공연들을 기획하시고 진행하시는 분이신 듯 합니다.
스토리를 둘러본 결과 그렇습니다!
좋은 공연은 사람들의 마음속에 행복을 남겨 주지요!
많은 이들이 행복할 수 있도록 기꺼이 수고하시는 분과 카친이 될 수 있어서 참 영광입니다.
이곳에서 잠깐씩 쉬어가시는 시간들을 가져보시기 바랍니다!
좋은 분들과 아름다운 추억도 쌓으시구요.
주말저녁 행복하게 보내시기 바랍니다!

Comment

♥경주사랑♥No.001신승원(I&P홀딩스대표) : 미남이십니다
조각하는 ,정진홍입니다! : 큰일났습니다 ㅎㅎㅎ 신승원님이 절 죽이셨습니다ㅎㅎㅎ 숙녀분이신데..어쩌면 좋습니까..ㅇ.ㅇ
♥경주사랑♥No.001신승원(I&P홀딩스대표) : 넹?뜨아!
조각하는, 정진홍입니다! : 저는 이제 죽었습니다~~~!!! 일부러 그러셨죠~~~^^ 승원님 스타일로 보아 고의성이 분명 느껴지는데요ㅡ.ㅡ;;

2012.11.25

직접 설명하시기 바랍니다!

왜 이러고 계시는지는 본인이 직접 설명 하셔야겠습니다!
왜 이리 깜찍한 포즈가 되셨는지...
사진 작업을 하시는 카친이십니다! 아마 출사 나가셔서 한 컷 찍히신 듯 합니다.
다음에 이 사진을 그려 드리려고 했었는데 본인께서 직접 너무 가증스럽냐고 물으시더군요. 물론 저는 아니라고 했습니다! 대게 본인이 먼저 그렇게 노골적으로 물어오면 반사적으로 아니라고 대답을 하게 되거든요!
농담이란건 아시죠? 그런데 진담으로 들으신 분들도 많으실 것 같은데 어쩌죠...
푸하하하!

Comment

쭈니/이장춘photopeople.co.kr : 정말 그렇군요? ㅎㅎ

몇 년전 선운사 출사를 갔다가 하이 샸으로 가장 가증스럽게 찍자고 얘기를 해서 시작한 가증스런 프로필 장난이였습니다. 사실 제 나이가 40대 중반이라..^^;; 그걸로 보면 가증스럽기 하죠? ㅎㅎ

박성원(朴聖媛) : 자연스런 표정이 좋은데요. 이런 사진을 담고 싶은데.. 잘 안되네요.^^

풀내음(무조건 친추거절요.죄송) : 각도가 끝내주는데요?

2012.11.26

참내....!

어제 제가 정면사진이 그리기 참 어렵다는 얘길 했었답니다.
그 얘기가 끝나기가 무섭게 거의 정면사진으로 프로필 바꾸시고 기대하시겠다는 카친이십니다!
왜 그러셨습니까?
절 시험에 들게 하신분이십니다!
시험 치루는 기분으로, 떨리는 연필을 진정시켜가며 겨우 그렸으니 실물보다 못함은 이해해주시기 바랍니다!

Comment

MoonGrace : 선생님 너무너무 감사해요^^제가 좀 말귀가 어둡습니다
조각하는, 정진홍입니다! : MoonGrace 님~^^ 일부러그러셨죠~~~!! ㅎㅎㅎ
즐거운 월요일 되십시오~~^^
MoonGrace : 너무 행복하답니다. 덕분에요. ㅋㅋㅋ영광 또 영광입니다

2012.11.24

서운해서 다시 그렸습니다!

지난번에 한번 그렸던 카친이신데 너무 서운해서 다시 그려봅니다!
특별히 더 나아진 건 아니지만 그래도 제 마음은 조금 더 나아진 것 같습니다.
인권영화제 출품 다시 한 번 축하드리고 못 찾아뵌 미안함도 아울러 전합니다!
황룡강 가족의 큰 언니시니 너른 마음으로 이해해주셨으리라 믿어 의심치 않습니다!
행복 가득한 날 되시기 바랍니다!

Comment

김정 : 행사준비 하다가 보고 모든이들에게 자랑했습니다.. ㅋㅋ
엄청 부러워들 하고 있어요^.^**

조각하는 ,정 진홍입니다! : ㅎㅎㅎ다행입니다~~^^

풀내음(무조건 친추거절요.죄송) : 그림 참 멋지네요. 같은 여자가 봐도요.

신수정 : 머찐 여성 영화감독님이시군요!!! 좋은 작품 부탁합니다^^

이훈주 : 뿌듯하실 듯~ 멋져요~

성운미 : 보스 스타일이십니다 ㅎㅎ

쭈니/이장춘photopeople.co.kr : 포스가 상당하세요^^

2012.11.27

이래도 되는걸까요!

지나치게 깜찍하십니다!.
이건 좀 반칙이신 듯 합니다! 새로 카친이 되신 분이십니다!
여러분들께서 잘 좀 챙겨드리십시오.
적응하실 때 까지는 좀 챙기셔야 할 것 같습니다만...
모르겠습니다. 이미 적응을 하셨는지도...
마치 사춘기 소녀처럼 깜찍하신 분이시네요!
좋은 추억 많이 만드시고 이곳에서 즐거움을 찾으시길 바랍니다.

Comment

성은미 : 감사합니다! 너무나 행복합니다 조각하는 ,정 진홍입니다! 다행입니다~~^^
많이 행복하신 날 되시길요~~~ㅎㅎㅎ

성은미 : 지금 밥값이라도 내야 할 것 같아요 오늘도 기분 좋은 일들만 일어나길 바랍니다

늘푸른유미 : 진홍님 그림은 언제 보아도 활기를 띠네요
미소들도 아름답고 편하게 해주나봅니다 가끔 머리가 복잡할 때마다
진홍님의 스토리를 찾을때가 많아요 그림들 보면 머리가 풀리는 듯한 기분
그건 울 친구님들의 다양한 모습과 미소 때문인 것 같아요 항상 감사드려요^^

2012.11.27

날도 추운데...!

우리 시윤이가 완전히 온몸으로 날씨를 표현하고 있군요! 시윤엄마께선 왜 시윤일 이리 춥게 하셨는지 확실히 밝히시기 바랍니다! 성냥팔이 소녀 컨셉으로 사진 찍으셨나 봅니다. 시윤이가 많이 컸습니다! 몇 달 사이에 부쩍 자란 듯 합니다. 이렇게 예쁘게 무럭무럭 자라기를 바라는 마음을 담아 퇴근하려다 얼른 한 컷 그려 봅니다!
시윤아!
감기조심하고 엄마가 또 그런 컨셉으로 사진 찍자하시면 아저씨한테 일러주렴!

Comment

조각하는, 정진홍입니다! : 오늘 언젠가는 시윤엄마께서 오실겁니다~~^^
ㅎㅎㅎ혼들 내주세요ㅎㅎ

넌 나의☆비타임E,C,U L ☆ : ㅎㅎ제 잘못 아니고 핑계를 대자면 ..시유니 고모께서;;;
고모께서도 한번쯤 들리시리라 믿습니다ㅋ그리고 요 사진 찍은지는 두어달 되었지싶네요~
ㅎㅎ감사합니다 생각지도 못한 선물 감사드려요~~♥♥

조각하는, 정진홍입니다! : ㅎㅎㅎ고모가 혼나셔야 되겠군요ㅎㅎㅎ

♥그림이좋아♥은정 : 와우~^~^예쁜아이네요^~^ 사랑스럽다요~~^^♥

2012.11.28

새로운 카친이십니다!

새 친구님을 소개하겠습니다!
멀리 이국땅에 살고 계십니다! 고국의 친구로부터 미흡한 그림이지만 선물 받으셨다고 자랑해주십시오. 그리고 이곳의 많은 친구님들도 같이 자랑해주시구요.
최근에 멀리서 살고계신 친구님들이 몇 분 생겼답니다!
참 신기합니다!
그 먼 곳과 실시간으로 이렇게 정을 나눌 수 있다는 것이 말입니다.
그곳의 친구 분들이 부러워하시도록 더 잘 그려드렸으면 좋았을텐데 제 연필이 딱 이 정도 밖에 안 되는 게 아쉽습니다!
행복하시기 바랍니다!
노가다를 하고 방금 작업장에 들어 왔답니다.
지인이 집을 샀다며 리모델링을 부탁해 와서 하는 수 없이 하고 있답니다!
너무 거절하는 것도 죄송해서요.
벌써 어둑어둑해지는군요!
오늘 하루가 어떻게 갔는지도 모르겠습니다...!

2012.11.28

죄송합니다!

짧은 까치머리 스타일과 얼굴 전체에 넓게 분포된 수염 등등 터프하셔야 할 조건이 많으신데 죄송스럽게도 제 눈엔 이분의 귀여운 모습만 보였답니다! 귀엽다는 표현은 대단히 죄송합니다! 웃는 얼굴에서 너무나 해맑은 순수를 보게 되었다는 뜻입니다!
가장 아름다운 얼굴은 활짝 웃는 얼굴입니다.
제가 이곳 카스에서 7백분 정도의 친구님들을 그려드렸습니다만 늘 느끼는 점입니다. 지난번에 모자 쓰신 측면 얼굴을 그려드렸었는데 오늘 사진이 훨씬 미남이셔서 한 번 더 그려봅니다!

Comment

박성원(朴聖媛) : 멋스러우신 분으로 보입니다. 미소는 모든 것을 녹여낼 수 있지요.^^
Helena Happ Feet : 날카로운 인물평이십니다. 정말 행복해 보이시네요..
leekh서하 : 그림만 봐도 행복이 번져나오네요...^^
홍사황 Rain maker♡ : 아! 맘에 쏙 들어요! 멋진 그림!!!^^
김경일 : 사진 올려놓고 방금전까지 종일 카스 들여다 볼 시간이 없었네요. 너무 고맙습니다. 행복합니다. 오늘은 낮에 받은 상에 겹경사네요. 다시 한번 큰 감사드립니다!
동그라미 : 소탈하고 편안해 보이네요. 포용력도 많아 보이세요!

12월의

2012.12.01

천사를 소개합니다!

제 자랑스러운 친구랍니다!
장애를 가진 아이들을 지도하는 선생님이자 대학에서 강의를 하는 친구지요!
저는 아주 어릴 적부터 이친구와 동무로 지내오고 있어 누구보다도 이 친구에 대해선 잘 안답니다!

은혜학교 교사라는 직업은 직업으로만 생각하면 결코 오래 버틸 수 없는 직업이지요.
사랑이 넘치는 사람이 아니고선 불가능한 업이랍니다.
이 친군 대학 졸업 후 처음부터 지금까지 그곳에서 불편한 아이들을 지도하고 사랑으로 보살피고 있는 친굽니다.

언젠가 치킨가게를 오픈 했다더군요!

부업을 해야 할 것 같다면서...
그 뒤 얼마 지나지 않아서 닫았더군요.
장사는 잘되는데 양심상 못 하겠다고....

기름의 상태가 조금이라도 인체에 해롭지 않은 상태로 닭을 튀기려면 몇 마리 못 튀긴다는군요.
돈을 벌려면 더 튀겨야 하는데 도저히 그럴 수가 없어서 가게를 닫았다는 친구랍니다.
저는 친구지만 이 친굴 천사라 부릅니다.
누구에게나 그리 소개합니다.
이런 친구가 있다는 것이 얼마나 큰 복인지...!

세치가 많았던 이 친구는 벌써 반백의 머리카락을 가지고 있답니다.
저는 그 색깔이 얼마나 부러운지 모릅니다.
파마를 하고 웃으며 찍은 사진을 카톡에 올렸더군요!
그래서 얼른 그려봤습니다!
행복 충만한 제 친구에게서 행복한 기운을 받으시기 바랍니다!

Comment

이훈주 : 참 좋은 친구를 두셨네요~ 두 분의 우정~영원하시길^^

MoonGrace : 그나마 이런 천사들이 계셔서 세상은 무너지지 않고 돌아가나 봐요^^멋짐다!

블랙로즈♡임미현 : 천사들과 늘 함께 해서인지 천사표 인상이시네요.
그 직업은 직업으로만 생각하면 오래할 수 없지요~무한한 사랑과 끝없는 봉사정신, 확고한 사명감 없이는 힘듭니다. 멋진 분을 소개시켜 주셔서 고맙습니다~^^*

임경희 : 미소가 아름답습니다. 가디건이 소박해보입니다 이마가 사랑이 가득하군요.
좋은 친구를 둔 사람도 좋은 사람이겠조~~^^=

oh!~^^ : 글을 읽고 다시 올라가서 표정을 한번 더 보았습니다. 얼굴을 보는 순간 미소가 지어지네요. 덕분에 행복했습니다. 천사 친구를 둔 선생님이 마니 부럽습니당~^^

2012.12.01

눈이 안보이게 웃으시는군요!

표현이 건방질지 모르겠습니다만 참 귀여우신 미솝니다!
대단히 죄송합니다! 질문이 있어서 이 사진을 그렸답니다! 그리는 내내 얼른 그리고 여쭤봐야겠다는 생각뿐이었답니다. 제가 호기심이 생기면 빠져나오지를 못하거든요! 그런데 참 여쭤보기가 망설여지는 질문이라서.... 머 불손한 의도는 없습니다만 제 상상이 맞다 면 너무 재밌는 장면이 연출될 수도 있을 것 같아 너무 궁금하답니다! 기분 상하시지 않으실 것으로 믿고 질문 드리겠습니다!
흠! 흠! 심호흡! 제 싸인이 끝나는 발쪽의 청바지 하단에서 지퍼를 발견했답니다! 그런데 그 지퍼가 아주 바지 윗부분까지 연결되어 있는것 같아서.....! 혹시 그렇습니까? 아니죠? 죄송합니다! 그리고...., 꼭 대답해주시기 바랍니다....!

Comment

임경희 : 폰이 흔들리게 웃고있네요... 감사합니다. 저를 그려주셨어요.
남편에게 보여줘야겠네요~~^= 예전에 그런 바지가 유행이였는데요. 제가 어딜 봐서 그리 과감한 패션을 연출할 수 있겠어요 ㅎㅎㅎ

조각하는, 정진홍입니다! : 임경희 님~~~^^ ㅎㅎㅎ
바지 재봉선이 참 예의없이 생겨서 제가 그만~~^^ ㅎㅎㅎ

임경희 : 재미있는 상상은 사람을 젊게 만들수도 있답니다. 즐거웠네요~~^^

2012.12.01

두 분 페어플레이 하십시오!

선거에 이기는것만이 능사는 아닐 것입니다!

어떻게 이기느냐가 더 중요하지 않겠습니까? 결과가 모든 과정을 다 용서해줄순 없다는걸 우린 역사를 통해서 이미 알고있습니다!

상대를 물어뜯어서 이기려는 선거는 원시시대의 족장 뽑기와 다를바가 없을것입니다!

제발 정신들 좀 차리셨으면 좋겠습니다.

내가 저사람보다 덜 나쁘다 라는 유세가 아니라 나라를 위해 내가 더 잘할수 있는것이 어떤것인지를 좀 유세하셨으면 좋겠습니다!

아무리 두분중 한명으로 정리가 된 듯한 분위기지만 뽑을 사람이 없는데 울며 겨자먹기로 투표를 해야만 하는 국민들의 억울한 심정을 헤아려서라도 좀 바른 선거운동을 해주시기 바랍니다!

서로 구린 구석만 파헤쳐서 도대체 무얼 얻으시려는것인지요!
두분 중 한분이 대통령이 되어도 선거기간 동안의 온갖 루머들을 달고서 어찌 제대로 된 국정을 펼칠 수가 있겠습니까!
아랫사람들의 과잉충성이었다는 얘긴 더 이상 하지 맙시다!

어느 아랫 사람들이 모시는 사람에게 상의도없이 함부로 설치겠습니까!

깨끗한 선거를 해서 깨끗한 승리를 얻어야 이나라에 미래가 있습니다!

대한민국의 이미지 실추에 앞장 서지 마시고 건전하고 미래가 밝은 대한민국의 이미지를 만드는데 지금부터라도 앞장 서시기들 바랍니다!

동네 창피한 선거유세는 이제 정말 신물이 납니다!

저쪽에서 자꾸 하니 나도 하는건데... 라는 핑계는 유치원 다니는 아이들도 요즘엔 하지않을 짓입니다!

대한민국의 위상을 세워야 할 분들이 그러진 못할 망정 나라의 위상을 더렵혀서야 그게 대통령하겠다는 사람들이 할 짓입니까!

정정당당하게 정책선거를 하시기 바랍니다!

내세울 정책이 없으니 서로 인신공격이나 하고있다는 말이 사실이 아니라는것을 이제부터라도 좀 보여주시기 바랍니다!

그래도 나라의 미래가 그리 어둡진 않겠구나... 라는 희망을 좀 갖게 해주시기 바랍니다!

두분 모두 경고입니다!

2012.12.02

새로 오신 카친이십니다!

이분의 스토리에서 행복한 기운을 얻었습니다! 친구 분과 나누는 대화에서 참으로 진한 정이 느껴지더군요. 우정을 이미 초월한 사람사이의 정이었답니다! 이분은 얼마 전에 제 카친이 되신 분의 룸메이트이자 제 카친이신 분의 친구분이신데...! 복잡합니까? 어제 저와도 카친이 되셨답니다.

좋은 사람들끼리 추억꺼리를 하나 더 만드시라고 오늘 첫 그림으로 이분을 그려봅니다. 깊은 눈매와 큰 입이 이분의 넓은 마음을 짐작하게 합니다!

울 엄마께서 자주 하시는 말씀 중에 입 큰 사람치고 속 좁은 사람 없다는 말씀이 생각났습니다!

아름다운 정을 오래오래 더 깊이 나누시길 바라면서 그려봤습니다.

Comment

Jade,Forwardto spring : 감사합니다. 입이 정말 크게 그려졌네요^^~

조각하는 ,정 진홍입니다! : ㅎㅎㅎ너무큽니까?ㅎㅎ 제겐 매력 포인트 중 하나로 보였는데요ㅎ

Jade,Forwardto spring : 아닙니다. 실제로는 더 클 수도 있지요.
좋게 말씀해 주시니 감사합니다.

Helena Happy Feet : 작가님. 말씀 맞습니다! 마음이 아주 넓으신 분입니다!
전체 인상에 포인트 잘 잡으셨네요...!!!축하합니다!

김정 : 입 큰사람치고 속 좁은 사람없다?..전 얼굴에 비해 입이 커서 늘 입을 오므리고 사진을 찍는데 이젠 용기내서 활짝^.^**

2012.12.02

두 분께서 '족욕' 중이시랍니다!

형제가 나란히 발 담그고 만화영화를 보고 있는 모습 같습니다! 아주 많이 몰입한 표정이 역력하죠? 벌어진 입의 크기와 몰입도가 아마도 비례하는 것 같습니다만...! 통통한 녀석이 동생이라선지 더 깊이 몰입을 한 듯 싶더군요. 세월이 많이 흐른 후 이 사진을 보면서 흐뭇해 할 형제의 모습이 예뻐서 그려봅니다!

Comment

황철원 : 정감이 가는 추억을 꺼내는 그림입니다!

수채화향기 : 우앙. 깜짝이에요. 감사합니다♥♥

김정 : 역시 아이들은 사람의 마음을 정화시키는 듯 합니다..샘도 그리면서 미소지으셨죠..저도 보면서 절로 미소가 지어집니다..행복한 저녁이네요^.^***

Andrew Photomania : 우리 아이들 생각이 나는군요..

2012.12.03

눈빛이 선하신 무도인 이십니다!

몸은 헐크가 울고 갈 정도로 우락부락 하신데 눈빛은 선하기 그지없는 분이십니다.
저는 모든 분들의 그림을 그리기 전에 미리 컨셉을 정한답니다.
이분은 수염에 포인트를 맞추기보다는 선한 눈빛에 포인트를 뒀습니다! 그래서 눈의 묘사를 최대한 자제했답니다! 선이 여러 번 갈수록 강해질까 봐 일부러 눈의 묘사를 피했습니다.
무도인답게 외유내강의 자세를 눈빛으로 보이고 계시는 듯 싶어 참 좋습니다!
카친이 된지 며칠이 지났습니다만 늘 점잖은 말투에 진심이 묻어나는 댓글을 써주셔서 고마운 마음입니다.
친구님들께서도 반겨주시고 좋은 추억 공유하시길 바랍니다!

Comment

일곱개의호수 : 무술하시는 눈빛 선하신 분도, 그리시는 분도 아름다우세요!
김정 : 외유내강이란 이런 모습일까요..
부드러움속에 내공이 여기까지 느겨집니다..딱 내스탈..ㅎㅎ
Andrew Photomania : 이분 진솔한 거 마음에 들어요!

대선토론을 보고!

2012.12.02

문제 제기만 하고 해답은 들을 시간도 없는 토론을 왜 할까 싶었다.
정책은 없고 네거티브만 판을 치는 토론을 귀중한 시간대에 전국적으로 방영해서 전국적으로 암환자만 늘어나게 했던 것 아닌가싶다.

우리나라 정치인들의 가장 큰 문제점은 단연 이것이 아닐까싶다.

'시대착오로 인한 우월주의'

국민을 가르치려한다는 것이 우리나라 정치인들의 가장 큰 문제점 일 것이다.
세종대왕께서 어린 백성을 위해 한글을 만드시던 심정일까?
지나가던 개도 웃지 않을 소리다.
21세기인 지금, 조선시대의 순진하고 무지했던 백성들은 역사속에서나 존재할 뿐이다.

지금 국민들이 정치인들보다 모르는 게 있을까?
오히려 더 잘 안다.
주제넘게 국민을 가르치려는 시대착오적인 사고방식으로 인하여 건방진 권위의식만 가득한 정치인들이 득실거린다.

수 백 가지의 특권을 누리면서도 그 값을 못하는 사람들이 뻔뻔하게도 정의롭고 정직한 사회를 만들자고 외친다.
우리나라가 정의롭고 정직한 사회가 되는데 가장 걸림돌이 되고 있는 사람들이 정의로운 사람들을 향하여 외친다.
어이가 없는 현실 아닌가!

어제 같은 귀중한 토론 방송에선 최소한 자신들이 대통령이 되어야만 한다는 당위성과, 대통령이 되기 위해서 그동안 어떤 노력을 해왔었다는 자신들만의 노력의 결과물과, 대통령이 되면 어떻게 이 나라를 위해 정치력을 발휘하겠다는 정책을 진솔하게 국민들께 아뢰는 시간이 되었어야 하지 않겠는가?
국민들 앞에 나와 유치원생들 반장선거토론보다도 못한 짓으로 시간만 떼우고 들어간 후보들...
대통령이 되겠다는 사람들도 저모양인데 국회의원이나 시의원 구의원은 좀 더 나을 것이라는 기대를 가질 수 있을까?

시장만 되도 못 된 것만 빨리 배워서 마치 고을 원님이라는 착각 속에서 권위의식만 빵빵하게 들어차버리는 위인들이 허다하다.
집무실에서 평생 살 것처럼, 집무실의 크기나 시설이 마치 자신들의 자존심 인 냥 국민의 혈세를 낭비하는 단체장들이 얼마나 많은가?
국민들이 무지하고 어리석어서 똑똑한 자신들이 나라살림을 해야 하니 무식한 국민들은 군말 말고 따라오라는 건방지고 무식한 사고방식에서 탈피시켜줘야 한다.

국민들은 다 알고 있지만 먹고살기가 바쁘니 니네들이 나라살림을 임시로 좀 해달라는 의미로 뽑아줬다는 걸 좀 깨우쳐서 제발 좀 건방떨지 말고 성실하게 일 좀 해줄 수는 없는 걸까?
전부 모아놓고 눈물이 쏙 빠지게 몇 박 몇 칠로 정신교육을 좀 시켜야 하지 않을까싶다.

어제 같은 토론은 국민들에게 스트레스만 안겨 줄 뿐이고, 그로인한 암환자만 증가시킨다는 사실을 깊이 깨달았으면 좋겠다.
내 나라의 미래를 저런 사람들에게 맡겨야한다는 암울한 현실에 기권하고 싶은 사람들이 더 생기지 않도록 해줬으면 좋겠다.

제발...!

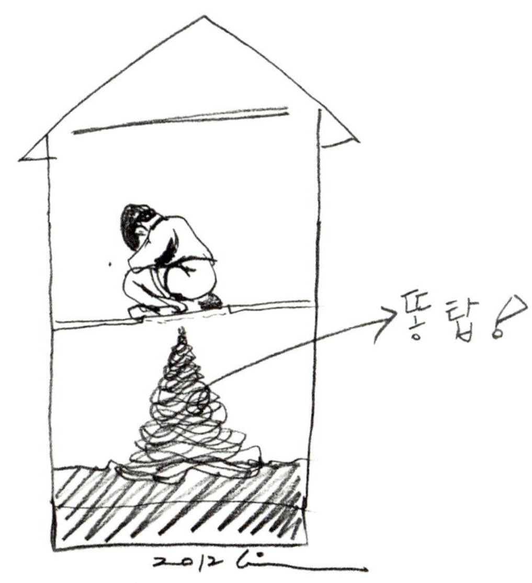

2012.12.05

군대이야기!

식사들은 다 하셨을 시간이니 마음 놓고 얘길 해 드려도 되겠습니다!
제가 복무했던 특전사에서는 일 년에 한 번씩 혹한기에 전방으로 훈련을 가는 프로그램이 있었답니다!
철책 안으로 들어가서 여러 가지 훈련을 하고 돌아오는 거지요.
그때 전방 부대에서 겪었던 일입니다.
전방엔 대부분 푸세식 화장실이더군요!
그런데 워낙 춥다보니 이것들이 얼어서 점점 올라오게 된답니다!

일명 '똥탑' 이지요!
그대로두면 엉덩일 찌를 수도 있겠지요?
어느 날 좋은 일요일, 인사계의 지휘아래 '똥탑' 철거 작전을 벌이더군요!
인사계란 부대 내에서 최고참 상사들이 맡는 직책으로 부대 살림을 주로 책임지는 어머니 같은 존재랍니다.
쇠막대로 얼음 탑을 깨부수는 작업을 하다보면 얼음가루가 튀기도 하겠지요?
그런데 그런 얼음가루가 얼굴에 붙으면 금방 녹아버린답니다!
물로 된 얼음이 아닌데, 그게 녹으면 바로...!

그런데 더 재밌는 것은 그 와중에도 인사계의 살림살이가 돋보인다는 점이랍니다!
군대에선 지급받은 보급품엔 거의 다 이름을 적어놓는답니다.!

사각팬티, 셔츠, 운동화 등등...
그런데 똥탑을 철거하다보면 팬티 같은 걸 빨기 귀찮아서 화장실에 버렸던 것이 무너진 똥탑과 함께 드러난답니다!
인사계의 독수리 같은 눈매에선 빛이 나기 시작하고 똥탑에서 건져 올린 팬티에 적힌 이름을 확인하여 범인을 잡아낸답니다!
팬티주인은 그날 곡소리 나는 거죠!
날씨가 추워지니 그 '똥탑'이 생각납니다!
열심히 탑을 부수다 여기저기 얼음가루가 튀어서 정말 장관을 연출하던 전방의 그 병사들도 생각납니다!
요즘엔 그런 화장실은 없을 것 같습니다!
저는 이만 퇴근합니다.

오늘은 그림 한 장도 안그렸답니다.
쉰 김에 좀 쉬려구요.
멋진 '똥탑'으로 마무리 할 수 있어 참 기쁩니다!
주무시다 한번 씩 상상해보시기 바랍니다!
그 멋진 탑을...!

안녕히 주무십시오!

Comment

최광(崔匡) : ㅍㅎㅎㅎ웃었네요..감사합니다!
일곱 개의호수 : ㅍㅎㅎㅎ 떼굴떼굴 깔~깔~깔
☆글이야기~카스도배하는 친구사절^^~ : ㅋㅋㅋ 진홍님 카스는 늘 유쾌합니다!
매그놀리아 백옥연 : 오, 간결한 한 컷이 다 말해주네요..!!
성화 : 겨울에는 엉덩이를 찌를 수도 있는..ㅋ느낌엔 웃겨요~~가 없어요..ㅎㅎㅎ
박미화♥앉은자리가꽃방석! : 에구 이른 점심 먹을라캤는데 ㅋ

2012.12.06

작품명 - 21세기 엘리트 백수!

요즘 반값 등록금을 공약으로 여야가 서로 앞 다투어 정책발표를 하더군요.
등록금 낮추는 게 최선일까요?
근본적인 문제는 모른 척 덮어놓고 등록금 낮춰 준다는 선심이 눈물 나게 고맙습니다!
대학을 무조건 가야한다는 사회적인 구조를 바꾸는 게 급선무 아닐까요?
그걸 바꾸면 사교육문제나 청소년문제 등 많은 손실을 막을 수 있을텐데 그런 근본적인 문제는 알면서도 모른 척 넘어가고 선심성 반값등록금 정책이나 들고 나오는 여야의 후보들...

똑 같습니다!

우선 눈앞의 밥그릇에만 온통 관심이 쏠려있는 사람들에게 나라의 미래를 어찌 기대하고 희망을 가질 수 있겠습니까!
곪은 곳은 겉에다 아무리 소독을 한다고 나을 수가 없듯이 근본적인 대책이 절실함에도 불구하고 겨우 소독약 몇 가지로 큰 선심이나 쓰는 듯이 설치고 다니는 후보들....

대학, 대학원 나온 엘리트 백수들이 수두룩한 현실은 그 사람들 눈엔 안보이나 봅니다!
눈앞의 밥그릇에만 온통 신경이 모여 있는 사람들에게 너무 큰 기대를 하는 것일까요?
대통령이 되겠다는 사람들에게 그 정도의 기대는 당연히 걸어야 하는 것 아닐까요?
대통령을 하겠다는 사람들이라면 그 정도 대책은 당연히 가지고 나왔어야 하는 것 아니겠습니까?
다른 것도 아니고 대통령을 하겠다는 사람들이라면 소독약 몇 개로 생색낼게 아니라 근본적인 대책을 들고 나와야 하는 것 아닐까요?

국민의 혈세로 이것저것 하겠다는 사람들이 마치 자기 돈으로 하겠다는 것처럼 선심성으로만 보여 너무 씁쓸해서요!

이왕 혈세를 들여 집행할 정책이라면 그 정책들이 겨우 소독약이나 구입하자는 게 아니라 근본적인 원인을 바로잡고 고쳐나가는 정책들이었으면 좋았겠다는 아쉬움이 너무 커서요...!

Comment

MoonGrace : 참 맞는 말씀입니다.
근본적 문제는 손 놓고 표나 바라보는 형태들이 답답합니다!
성은미 : 지당하신 말씀입니다. 정 작가님께 전적으로 동감합니다. 박수쳐 드립니다 짝짝짝
정은희*^__^!♥ : 걱정입니다. 대학생이 둘씩이나 있는디...
Christina.Lee♡ : 선생님께선 작품명도 잼나게 현실적으로 지어주시는 군요. 명작입니다!!
leekh서하 : 언제쯤이믄 이 나라의 청춘들이 아프지 않을지요???
청춘들을 아프게 해 놓고선 아프니깐 청춘이라고요??? 전 좀 아닌거 같아요..

2012.12.08

예쁜 공주님!

알뜰하신 엄마는 비싼 옷을 못 입혀줘서 미안한데 예쁜 딸은 그저 최고로 좋아하는 표정으로 엄마의 마음을 달래 주는 듯 한 사진이었답니다! 아이가 참 예쁩니다!
더 예쁜 건 엄마의 마음을 세상에서 가장 예쁜 미소로 위로하는 듯 해서 입니다!
산드라 블록 같이 갈라진 예쁜 턱이 너무도 부럽습니다.
제가 중학교 다닐 때 '존 트라볼타' 라는 배우의 갈라진 턱을 만들기 위해 매일 볼펜으로 턱을 혹사시켰던 기억이 납니다!
결국 실패했습니다만...

군인이신 아빠가 너무도 예뻐하실 공주님이로군요!
많이많이 행복하길 바라면서 그려봤습니다.
"어이! 예쁜 딸! 지금처럼 매일 매일 엄마 아빠 즐겁게 해드리렴!"

2012.12.10

천사를 올립니다!

이 아이의 아빠는 이 아이보다 조금 클 무렵부터 무지하게 개구진 아이였답니다!
그 개구장이가 어른이 되서 이런 천사의 아빠가 되었다는군요!
참 세월이 너무 빠릅니다!
혀를 빼꼼하게 내밀고 있는 예쁜 아이의 얼굴에서 웬지 지네아빠의 모습이 떠올라 조금은 걱정도 됩니다! 제 친구의 손녀랍니다. 일찍 결혼해서 벌써 할아버지 할머니가 되어버린... 될 수 있으면 같이 안 어울리려고 합니다! 덩달아서 할아버지나 할머니 친구가 되는 건 조금 억울하다는 생각이 들어서 말입니다!
추운 날씨에 힘들 내시라고 천사의 모습을 올리오니 오늘도 최고로 행복하신 날이 되시길 바랍니다!
아.....! , 안 춥다....! , 하나도.... , 춥다....!
푸하하하...!

2012.12.10

참 유쾌하신 카친이십니다!

평소의 유머 넘치시던 모습과는 사뭇 다른 사진이어서 그려봅니다!
하지만 이렇게 신중하신 모습이 이분의 진면목이라 사료됩니다.
이분의 성함이 제 어릴 적 이름과 똑 같습니다!
그래서 참 남다른 반가움으로 늘 느껴진답니다.

무슨 생각을 이리 심각하게 하고 계실까요?
설마 사진 찍는 순간의 포즈 중에 엄청난 고민은 아니실테죠?
그냥 잠시 심각하신 척 하시는 거죠?

늘 유쾌한 웃음을 주셔서 감사합니다!
하지만 단 한 번도 가벼운 분이시라는 생각은 해본 적 없답니다!
남들에게 유쾌함을 주기위해 스스로 낮아지시는 분들은 거의 무거운 분들이시거든요!
행복한 추억이 되길 바라는 마음으로 그려봅니다.

친구님들! 화이팅 하시고들 계시죠!
아자 아자 홧팅!

2012.12.11

더 이상 미루면 서운해 하실 것 같아서요!

이 카친께선 사진을 자주 올리시긴 하시는데 배경이 너무 커서 인물은 파악하기가 힘든 사진들 뿐이셨답니다. 그래서 이목구비가 좀 잘 보이는 사진을 기다리다가 차일피일 미뤄왔었는데 더 미루면 서운해 하실 것 같아 눈 크게 뜨고 그려봤답니다!
마음에 안 드시더라도 드신 척 해주시면 얼마나 좋을까요...!
카스에서의 작은 추억이라 너그럽게 이해해주시고 한번 웃어주시기 바랍니다.
추운 날씨에 각별히 건강 유의하시기 바랍니다!

Comment

수라니뽀~♡ : 마음에 꼬~옥 드실거에요..~~^^

mentalㅠㅠhealing^^* : 넘 감사드려요^^*
좋은 친구들과 경주 남산 갔다가 내려온 길입니다.. ㅋ 왠지 어디선가 본 듯한 얼굴 제 모습맞죠^^* 더 없이 행복한 오늘입니다 ㅋㅋ일년쯤 기다리려했는데.. 깜짝놀랬어요^^* 감사합니다 따뜻한 오늘되세요^^*

조각하는, 정진홍입니다! : mentalㅠㅠhealing^^*님~~^^
행복 가득하신 날 되시기 바랍니다~~^^

2012.12.15

아! 세월이 너무 빠릅니다!

지금으로부터 23년 전, 이 숙녀가 6살 이던 때에도 제가 스케치를 해 줬었답니다!
눈망울이 어찌나 예쁘던지 작은 얼굴에 눈 밖에 안보이던 아이였지요.
23년이라는 세월이 흐른 지금, 다시 이 아이를 그리다보니 참 감개가 무량합니다!
눈망울은 그대로입니다! 아이들이 자라는걸 보면서나 세월의 흐름을 실감합니다!
예쁘게 잘 자란 친구이자 카친의 딸이랍니다. 이 아이가 예쁘게 생겼다는 걸 가장 일찍 알아본 사람이 바로 이 삼촌이란 걸 알아줬으면 좋겠군요.
코 찔찔이가 이리 몰라보게 컸다니....!

Comment

MoonGrace : 저도 딸이 있는데 이리 이쁘게 커줄까여 ㅎㅎㅎ희망사항^^

김정애 : 진홍씨..또 감사^^.. 그래요 6살 때 그려주신거 지금도 간직하고 있는데 이젠 아가씨가 된 모습도 그려주시니 감사합니다. 인외가 넘 좋아해요. 지금 서점인데 웃고 난리났네요. 다시 한번 감사합니다 ㅎ

주니/이장춘photopeople.co.kr : 은은한 미소가 아름다울 듯 합니다^^

정진서La vie En Rose : 세월이 또 하나의 선물을..^^

주촌댁미네르바 : 23년..아아—!!

2012.12.17

바빴습니다!

오늘은 밖에서 일보다가 늦게 작업실엘 들어왔답니다.
카친 한분이 매일 열심히 공부하는 착한 딸에게 선물하시겠다며 부탁해 오셨습니다.
그리면서 봤더니 참 참하고 성실한 인상이더군요!
예쁘고 참하고 성실하니 부러울 게 없겠다는 생각이 듭니다!
오늘 첫 그림을 저녁식사시간이 되서야 올리게 되니 새삼 제가 오늘 바빴다는 게 참 뿌듯합니다!
친구님들께서도 좋은 하루들 보내셨지요?
저녁식사 맛있게들 하시기 바랍니다!

Comment

수라니뽀~♥ : 너무 예쁘네요.. 저렇게 예쁜딸응 두신분은 얼마나 행복하실까요.. 참으로 부럽습니다

홍사홍작가.감사.재무컨설턴트 : 아름다운 그림입니다@~^^

설순미 : 그림 분위기 넘 좋아요.. 모델도 예쁘고요

Andrew Photomania : 살포시 웃고 있는 모습이 예쁘군요

암말 안하고 꾹 참으려했습니다!

2012.12.18

그냥 그러려니 하며 넘기려했습니다.
하지만, 너무 심하게 오버하는 사람들이 많아서 한마디 해야 겠습니다!

이게 '구국의 결단' 입니까?
이정희 후보에게 '큰 빚' 졌다는 얘기도 하더군요!
대통령을 뽑는 선거에 처음부터 완주할 생각도 없는 후보가 누굴 떨어트리기 위해 나왔다는 것 자체가 넌센스 아니었던가요?
분명 상식적인 행동은 아니지요!

또한 국민의 혈세인 정당 선거보조금 27억을 수령해서 중도에 하차하면서 남은 비용을 반납하라는 법은 없으므로 법대로 하겠다는 얘기도 참 뻔뻔하게 들리더군요!
처음부터 완주할 생각이 없던 후보가 다른 목적을 가지고 잠시 뛰다가 중도에 하차한 것을 두고 구국의 결단이네 큰 빚을 졌네 하는 이유를 저는 모르겠습니다!
대통령선거가 애들 장난도 아니고, 서민들과 노동자들을 위한다는 정당의 대표가 서민들과 노동자들의 혈세를 변칙적으로 '먹튀' 한 것이 어찌 구국의 결단으로까지 칭송받을 짓인지....

과거 독재정권 시절엔 온갖 핍박을 받으면서도 양식있는 지식인들이 족쇄사이로 입을 벌려 바른 말을 했었답니다!
언론의 자유가 없던 시절이었지요!

지금은 어떻습니까?
대통령이나 정부여당을 비판한다고 예전처럼 족쇄를 채우진 않찮습니까!
오히려 진보세력을 비판하면 더 난리가 납니다!
저는 진보세력들이 분명히 각성하고 다시 시작해야 한다고 확신하는 사람입니다!
서민 노동자들의 정당한 대우와 복지를 위해 최선을 다한다는데 누가 반대 하겠습니까! 그 뜻만 본다면 대한민국의 모든 서민 노동자들은 당연히 지지하고 뭉쳐야 맞겠지요!
하지만 현실은 어떻습니까?
말과 행동이 다른 진보세력들의 모습에 실망한 서민 노동자들이 훨씬 더 많다는 사실을 어찌 설명하겠습니까?
국민들에게 사죄를 해야 할 짓을 구국의 결단으로 포장하고 그것도 부족하여 큰 빚을 졌다며 자화자찬을 하는 그들을 보며 우리나라의 진보세력의 현주소를 보는듯해서 너무 씁쓸합니다!

정치인은 정직해야 합니다!
정치인은 당당해야 합니다!
정치인은 모든 행동의 처음과 끝을 국민에게 둬야합니다!
패거리를 위한 정치는 정치가 아닙니다!

이정희 후보의 사퇴를 구국의 결단으로 표현하시는 분들, 이정희 후보에게 큰 빚을 졌다고 생각하시는 분들도 대한민국 국민들이며 그것을 비판하는 저도 대한민국 국민입니다!

한 가지 현상을 두고 느끼는 다양성이라 이해들 해주시기 바랍니다!

민주사회에서 이런 다양성은 당연하지 않겠습니까!
제 생각과 다른 분들께선 다른 의견을 말씀하시면 될 것 같습니다!
한마디 안하면 너무 스트레스가 쌓일 것 같아서 참다 참다 결국 하고 맙니다!

참을 걸 그랬을까요?

2012.12.18

방금 카친이 되신 분이십니다!

카친 한 분의 부탁으로 그림을 그려드렸는데 마음에 드신다하시어 제가 친구신청을 했답니다. 문화예술 분야의 교수님이십니다! 이분께서 가지고 계신 문화예술에 관한 소회도 무척이나 궁금합니다!

여러 친구님들께서도 반겨주시고 좋은 추억 쌓아 가시기 바랍니다.

우리 수빈이가 오늘 시험을 봤는데 걱정입니다! 하필 시험 보기 전날 제가 늘 공범이 된답니다. 어제도 늦게까지 같이 놀았는데 오늘 시험의 결과는 순전히 제 탓이 될 것 같습니다. 하루 이틀은 살얼음판을 걷는 기분으로 조심조심 지내야 할 것 같습니다!

Comment

ㄱ龍德重한양대문화예술교수 : 감사합니다. 문화와 예술의 세계는 멀리 있는 것이 아니라 가슴으로 느끼는 감동을 노래가 되었건 글이 되던 표현해 내는 것이 문화이고 예술이 아닐련지요. 정진홍 선생께서 사람의 특징을 강력히 부각시켜 그려내는 작품은 멋진 사진 그 이상의 감동과 기쁨을 안겨주는 생활 속의 예술가이십니다! 거듭 감사와 좋은 친구 되어주심을 기쁘게 생각합니다.

조각하는, 정진홍입니다! : ㄱ龍德重한양대문화예술교수 님~~^^칭찬 감사합니다~~^^ 좋은 카친이 될 수 있도록 마음을 다하겠습니다ㅎㅎ자주 놀러가겠습니다~~^^

2012.12.18

퇴근 준비 중입니다!

카친 한분이 새로운 사진을 올리셨더군요!
얼른 그려봤습니다! 마음에 드실지, 알아보실지, 그런 걱정은 다음일이고 우선 그리고 보자라는 마음으로 그렸습니다.
마음에 드시면 다행이고 알아만 보셔도 그 또한 다행일테니까요!

일기예보가 어쩜 이리도 잘 맞을까요?
추워도 너무 춥습니다! 꼼지락 거리기도 싫을 정도로....
황룡강이 꽁꽁 얼었겠습니다!
아침 출근길에 보니 철새들이 떼지어 있던데... 걔네들 큰일 났습니다....!
내일은 더 춥답니다!
정말 정말 단디 챙기고 나오시기 바랍니다!
추위엔 체면이고 머고 없답니다!
따땃한 게 최곱니다!
꽁꽁 싸매고 나오시기 바랍니다!
저는 이제 우리 곰돌이 시험 못 봤다고 야단맞는 거 구경 하러 들어 갈랍니다!
좋은 밤들 보내시기 바랍니다!

2012.12.20

해맑게 가출하셨군요!

얼른 집으로 들어가시기 바랍니다!
제가 가출 전문인지라 잘 압니다. 봄, 여름, 가을을 가출 적기로 삼아야지 이 엄동설한에... 날짜를 잘못 잡으셨군요!
그냥 꾸욱 참으셨다가 꽃피는 춘삼월에 다시 결행하시는 것이 좋을 것 같다는 전문가 의견을 올립니다! 짐을 바리바리 싸들고 나와 벤치에서 해맑게 웃고 계시는 가출여인을 체포해서 올립니다!
친구들께서 위로의 한 말씀들 부탁드립니다.
설마... 진짜 가출은 아니시죠?

Comment

Helena Happy Feet : 가출한 표정이 행복해 보여요!
쎄미♥한영 : 멋진가출 다녀오세요~~
쭈니/이장춘photopeople.co.kr : 집 나오면 고생입니다 언능 들어가세요 ㅎㅎ
맑을숙쭈홍 : 꼭 나 같은 분이 또 계시군요 ㅎ 좋은 시간되세요
박성원(朴聖媛) : 이 춘날 오죽했으면 나오셨겠어요 ㅋ 이왕 나왔으니 바람은 쐬고 가셔야지요~
일곱 개의호수 : 미쿡으로 오~~세요 ㅎㅎ

선거는 끝났습니다!

2012.12.20

예감했던 결과였습니다!
이런 결과를 예감했기에 그동안 그리도 안타까웠었답니다!
이젠 다시 시작하는 대한민국이 되어야겠지요.
저는 이제부터라도 민주당이 제대로 해야 한다고 생각합니다.

이번 대선은 정권교체의 최상의 기회였습니다.
그런 좋은 기회를 민주당은 스스로 자중지란으로 날려버렸습니다.
지난 총선 때도 절호의 기회를 특정패거리들의 패권주의로 인하여 망쳐버렸습니다.

문재인후보는 훌륭한 사람입니다!
하지만 대통령이 되기엔 부족한 경력이었으며 그를 둘러싼 사나운 사람들에 대한 거부감이 맞물려 이런 결과가 나타난 것 일겁니다.

노무현 대통령을 싫어하는 국민들이 많았다는 것이 아니라 노무현이라는 이름을 팔아 자칭 '친노'라고 불리우며 안하무인으로 날뛰던 사람들이 결국 절호의 기회를 이렇게 허무하게 날려버리게 된 결과를 만든 것입니다.
박근혜후보와 일대일 구도에서 단 한 번도 진적이 없었던 안철수후보를 밀어내고, 단 한 번도 이긴 적이 없었던 후보로 억지단일화를 만든 민주당의 구태정치의 결과였다고 보여집니다.

민주당인지 진보당인지 구분이 안될 정도로 선거에 이기기 위한 수단이라면 이념과 정책이 확연히 다른 정당과도 단일화를 하고, 그 결과 당의 정체성을 잃어버린 민주당에 대한 국민의 심판이었다고 보여 집니다.

이제 민주당은 환골탈태를 해야할것입니다.
대한민국 제1 야당의 모습을 되찾아야 할 것입니다.
사나운, 한편으로 너무 치우친 사람들을 걸러내고, 자칭 '친노'라는 사람들을 걸러내고, 패거리 정치를 끝내고, 거대여당을 견제하여 제대로 된 국정이 될 수 있도록 이제부터라도 야당으로서의 본 모습을 찾아야 할 것입니다.

너무도 안타깝고 아까운 기회를 날렸습니다. 그 책임소제를 명확하게 밝혀서 책임질 사람들은 책임을 지고 앞으로를 도모해야겠지요!

문재인 후보님!
수고하셨습니다!
당신은 최선을 다하셨습니다!
당신을 탓할 사람은 단 한 명도 없을 겁니다!
당신께선 훌륭하셨으나 당신을 둘러싼 특정 세력들이 국민들에게 너무도 미운털이 박힌 사람들이었습니다.
이번 결과에 대한 모든 책임은 그들에게 있으므로 문후보님께선 죄책감을 가지실 필요 없습니다.
이젠 좀 쉬시기 바랍니다.

이젠 끝났습니다.
우린 서로 다른 느낌으로 이 결과를 받아드리겠지만 분명한 건 우리 모두가 대한민국이라는 조국을 가진 국민들이며 대한민국을 사랑하는 마음 또한 같다는 점입니다.
대한민국의 대통령이 되신 박근혜 당선자께도 축하를 드립니다.
대한민국을 잘 이끌어주시기 바랍니다!

오늘 밤은 잠이 올 것 같지가 않습니다.
하지만, 자도록 애를 써봐야겠습니다!

2012.12.20

엄마와 아들!

군대 간 아들이 한참 생각날 즈음입니다.
날씨가 추워지니 더 간절하실 겁니다. 하지만 걱정 마십시오!
전문가 입장에서 조언을 해드리자면 걱정 안 하셔도 된다는 말씀을 드립니다!
요즘 군대 정말 좋아졌습니다.
아들이 진짜 사나이가 되어 가고 있을 겁니다.
늘 씩씩하고 밝게 아들을 대해드리십시오
군대에 있는 아들은 씩씩한 엄마 때문에라도 더 씩씩한 사나이가 되어갈 겁니다.

저도 군대에 5년간 복무했었답니다!
울 엄마께선 너무도 씩씩하셨기 때문에 집안 걱정은 전혀 안 하고 지낼 수 있었답니다.
아들에게 크리스마스 선물로 보내라고 그려드립니다만 오늘따라 잘 안 보여서 그림이 좀 그렇습니다.
제가 가끔 노안 때문에 촛점이 잘 안 맞습니다!
오늘이 그런 날입니다.
다음에는 잘 그려보겠습니다.
힘내십시오!

2012.12.21

행복하세요!

이분은 아주 섬세한 선으로 정밀묘사에 가까운 그림을 그려놓으셨더군요.
이 그림을 보시면 화 내실지도 모르겠습니다.

저는 섬세함과는 거리가 먼 사람이라서 선도 거칠고 기교도 없고 그저 제 눈에 보이는 대로 연필을 움직이는 것이 고작이랍니다.
이해해주시기 바랍니다!

잘생긴 미남이신데 너무 거칠게 표현해서 죄송합니다.
누가 감히 이렇게 겁 없는 짓을 할 수 있겠습니까? 저 같은 겁없는 조각가를 친구로 두신 죄라고 생각하시고 너그럽게 이해하시기 바랍니다.

비 오는 정오인지라 축 처져서 기운 좀 내보려고 연필에 힘을 좀 줬습니다.
친구님들!
화이팅 하십시오!

2012.12.21

아버지와 딸!

사랑하는 아버지, 그리고 눈에 넣어도 아프지 않을 딸의 모습입니다!

잠시 몸이 불편하셨는지 환자복을 입으신 아버지의 모습입니다만 지금은 완쾌하셨으리라 믿습니다!
아버지는 어떤 복장을 하셔도 멋집니다!
아버지니까요.
자식은 어떤 상황에서도 사랑스럽습니다!
내 자식이니까요.

어제 카친이 되신 분인데 다른 예쁜 사진도 많았지만 제 눈엔 아버지 품에 안겨있는 이 모습이 가장 아름다워 보였습니다.
아름다운 부녀의 모습을 그리면서 울 아버지도 잠시 생각이 납니다.
잘 계실 겁니다!

비가 그치질 않는군요!
웬만하면 그만 좀 오지....

2012.12.22

모임이 너무 빨리 끝났습니다!

세상에 술 한 잔도 안 하고 송년 모임 끝낸 사람들 우리 말고 또 있을까요?
밥 먹고 욕 조금하고 나니 할 일이 없어서 커피 마시다 서운해서 또 욕 좀 주고받다가 헤어졌답니다.

명색이 송년 모임인데 너무 일찍 들어가기도 창피해서 그림 한 장 더 그렸습니다.
제가 제일 좋아하는 악기가 바로 첼로입니다
저음의 폭넓은 따듯함이 있는, 분위기 있는 그 악기를 배워보려고 몇 번 시도는 했었지만, 끈기가 부족하여 실패했었답니다!

오늘 낮에 어떤 카친 분을 그려드린 것이 사진선정에서 아무래도 조금 실수한 것 같아 그 카친의 스토리에 갔다가 첼로를 켜시는 카친의 카친을 우연히 뵙게 되었답니다.
그래서 살짝 훔쳐 그렸습니다!

제 카친은 아니신지라 아마 완전범죄가 되지 않을까 싶습니다.
연주하시는 순간의 긴장과 악보에 집중하고 계신 모습이 부러워서 한 컷 그려봤습니다.

2012.12.22

친구란!

카친께서 친구와 찍은 사진을 올리셨더군요.

주인공은 앞에 계신, 활짝 웃고 계신 분이십니다.

과감하게 앞으로 나서서 얼굴도 훨씬 크게 찍으신 이분은 제 카친이시고 저만큼 뒤에서 능청맞게 똑바로 자세 잡고 계신 분은 제 카친의 친구 되시는 분이십니다.

두 분의 우정이 돋보인다면 이해들 하시겠습니까? 사진 한 장 찍은 걸로 우정이 돋보인다는 건 오버 아니냐고 하실지 도 모르겠습니다만 차분히 제 소설을 들어보십시오.

뒤에 계신 분은 우리가 매일 TV에서 보는 분이시랍니다.

연예인이시죠.

제 카친께선 연예인 친구의 얼굴이 작게 나오게 하시려고 앞으로 나서신 것이구요!

이제 우정이 돋보인다는 제 얘기가 이해들 되시죠?

뒤에 계신 분은 저와도 우연한 인연이 겹쳐있는 분이십니다. 제겐 초등학교, 고등학교, 대학교 선배님 되시더군요! 그래서 늘 응원하는 입장인데 스토리에서 카친분과 함께 찍은 사진이 있어서 그려봅니다.

두 분 우정 영원하시길 바랍니다! 제 카친이 주인공이시라 더 진하게 그렸습니다.

이만하면 저도 의리 있지요?

2012.12.23

이십년만의 앨범 정리!

그 기분을 조금은 알 것 같습니다.
저도 얼마 전에 이십 년도 지난 사진을 몇 장 앨범에서 꺼내면서 참 묘한 기분이었답니다. 내게 이런 시절이 있었구나...
이땐 참 이랬었구나...
느낌이 복잡했었답니다!

이십년만에 앨범에서 꺼내 든 사진을 다시 찍어 올리시면서 저와 비슷한 생각을 하셨을 것 같습니다.
특별한 사진이실 듯 싶어 그려봅니다.
추억이 고스란히 담겨있는 사진이니 잘 보관하시기 바랍니다!
이 카피 그림은 함부로 하셔도 됩니다. 늘 이곳에 보관되어 있을 것이니 막 함부로 하셨다가 없어지시면 또 퍼가시기 바랍니다!

친구님들!
새로 오신 카친이시니 반겨주시고 서로서로 친하게 지내시기 바랍니다.
저는 이제 퇴근하겠습니다!

2012.12.24

이 가족에게도 메리 크리스마스

표정들이 너무 밝죠!
맨 왼쪽에서 장난이 담뿍 담긴 표정으로 빠진 치아를 드러내며 웃고 있는 녀석 때문에 애 먹었습니다. 저 대신 혼 좀 내주십시오!

메리 크리스마스!
행복한 성탄절을 보내시기 바랍니다.

Comment

박성원(朴星媛) : 귀여우니깐 봐 주세요~뿌잉뿌잉~^^ 메리크리스마스~~♥.♥

맑을숙쭈홍 : 와야 훈훈한 가족 그림이네요^^
즐거운 선물이 되겠어요. 작가님 메리크리스마스에요^^

풀내음(무조건 친추거절요.죄송) : 왜요. 잴 이쁘구만요^^*

부안/김형숙 : 행복한 웃음이 풀풀 묻어나요.

매그놀리아 백옥연 : 단란한 가족에게 그림 산타가 오셨군요..메리크리스마스

Andrew Photomania : 가족..너무나 좋은거지요!

2012.12.24

메리 크리스마스!

파티 복장이 너무 아름다우신 카친을 그려봅니다. 드레스는 영화나 드라마에서만 입는 것 인줄 알았습니다. 제 카친중에도 드레스를 입으시고 파티에 가시는 분이 계시다는 게 참 뿌듯 합니다! 푸하하하...!

제가 참석한 것도 아닌데 왜 제가 더 뿌듯 할까요!

크리스마스 선물입니다!

마음에 드시길 바랍니다!

Comment

은학정 : 스윽 손 내밀어"아름다우십니다 마담"춤 한번 추실까요^^~ ㅎㅎ
이렇게 인사하고 시작하는 게 맞나요? ㅎㅎㅎ멋지시네요^^~ 파티 드레스 코드 ~~^^

수라니뽀~♡ : 너무나 아름다운 분이시네요~
드레스가 참 잘 어우리시네요~ 마냥 부럽습니다~^^

이소영 : ㅎㅎ셈♥정말 멋진 크리스마스 선물이네요
윤하 하은이가 그려주신 그림보고 엄마 너무 이쁘다고 하네요. ㄱㅅㄱㅅ합니다
덕분에 저는 해피 크리스마스입니다 셈♥도 행복만땅하시길..♥♥♥

설순미 : 이분 참 멋지시네요..저도 예전에 참 그러고 싶었는데ㅎㅎ

2012.12.25

쮸니의 기도!

산타 할부지!
형아 하고도 덜 싸우고 엄마 아빠 말씀도 더 잘 듣겠습니다!
그 대신 조건이 있습니다!
스파이더 맨 카를 선물로 꼭 주세요!

만약에 할부지가 스파이더 맨 카를 주신다면 저는 너무 좋겠습니다!
할부지가 바쁘시면 울 엄마를 대신 심부름시키셔도 됩니다.
울 엄마는 너무 한가하시답니다.
꼭 좀 부탁드립니다. 할부지!

베트맨 카가 아니라 스 파 이 더 맨 카 !
꼭 기억해주세요.
이제부터 저는 자는척하고 있겠습니다!

쮸니야!
선물 받았니?

2012.12.26

이 아이들에게 물려줄 세상은

아름다운 세상을 물려줘야 할 텐데...
서로 사랑하고 서로 위하는 참 세상을 물려줘야 할 텐데.. 이 아이들이 가지고 있는 순수함이 조금이라도 더렵혀지지 않을 세상을 만들어줘야 할 텐데...

세상은 정직하고 순수함을 가진 사람들로 가득 찬, 정말 너무도 살 만한 곳이라고 당당하게 말해줘야 할 텐데...
조심해라! 하지마라! 라는 얘기보다는 너무 좋지! 정말 잘했구나! 라는 얘기들을 더 많이 해주며 키워야 할 텐데...

카친께서 올린 사진 속의 아이 모습을 보는 순간 너무 부끄럽고 미안함이 들어서 그려봅니다!
이 천진무구한 예쁜 아이가 순수함을 잃지 않으며 살아가는 세상을 우리 어른들이 만들어줄 의무와 책임이 있습니다!
그 의무와 책임을 다하지 못하고 있음을 반성합니다.

화선지에 붓 펜으로 그려봅니다!

2012.12.26

물이 번져버렸습니다!

화선지라 금방 번져버리는데 제가 계산을 잘못해서 많이 이상합니다!
멋지게 무게 잡고 그려봤는데...

거울이 거의 깨질 정도로 눈에 힘주며 그렸는데 목 주위로 물이 한 방울 떨어지면서 겁나게 번져버리는군요.
예전에 한지로 겹 붙여서 부조작업을 하다가 남은 종이가 몇 장 있어서 좀 사용하고 있습니다만 아직 적응은 잘 안 되는군요.

몇 장 더 해보면 조금 익숙해질 것도 같습니다!
그때까진 이해하시고 봐주시길 바랍니다.

저녁 시간이 되어버렸습니다 벌써!
창밖에선 덜 찬 달이 저를 째려보고 있습니다.
아는 척 안 했다고 그러나 봅니다.
모르고 그랬는데 말입니다!
저녁 식사들 맛있게 드시기 바랍니다!

민주통합당에 고하는 글!

2012.12.26

선거에 지고 나서 반성은 커녕 여전히 밥그릇 싸움이나 하고 있는 대한민국 제1 야당이라는 민주통합당에 고합니다!

이번선거에 왜 졌는지 정녕 모르십니까?
이번선거의 책임을 누가 져야하는지 정녕 모르십니까?
정녕 모르기 때문에 낮 뜨거운 분탕질을 계속하고 있는 것입니까?
그렇다면 당신들은 정치를 할 자격이 충만한 사람들 맞군요!
뻔뻔하고 기회주의에 빠진, 이기주의자들이 정치를 하고 있다는 게 맞는 요즘의 정치판에 딱 맞아떨어지는 모습입니다!

어쩌면 그리도 뻔뻔들 하십니까?
어쩌면 그리도 어리석으십니까?
당신들을 믿고, 그래도 더 나을 것이라는 기대를 걸어 과반에 가까운 국민들이 당신들을 지지했습니다!
당신들이 잘해서가 아니라 대안이 없어서...

그걸 당신들에 대한 순전한 지지로 착각을 하고 과반을 득표했으니 참패는 아니라는 당신들이 대한민국 제1 야당 맞습니까?

책임져야할 사람이 누군지 모르겠다고요?
반성할 부분이 어떤 것인지를 모르겠다고요?
그래서들 그리 분탕질을 하고 있다고요?
국민들의 혈세가 아깝습니다!
모조리 사퇴하십시오!

대통령후보로 야권단일화를 억지로 밀어붙이면서도 국회의원직사퇴도 안 한 체 대선을 끝낸 민주당 후보였습니다!
최소한의 배수진은 치고 달려들었어야 했습니다!
그 후보의 잘못이 아니라 그런 방식을 고집한 막후의 세력들이 문제겠지요!

새누리당 대통령후보 경선에 김 문수 지사가 참여하면서 지사직을 사퇴하지 않았을 때 민주당은 강력하게 비난을 했었지요!

그랬던 민주당에선 후보경선도 아닌 대선을 치루면서도 국회의원직 사퇴도 안했습니다.
남이하면 스캔들이고 내가 하면 로맨스라는 뻔뻔함 말고 어떤 말로 표현할 수 있을까요?
당신들의 어리석은 분열과 밥그릇 싸움으로 정권교체의 최상의 기회를 날려버린 것에 대한 국민들의 질타가 아직 시작도 안 되었는데 당신들은 내분을 시작하고 있습니다!

참으로 어이가 없습니다!
야단칠 겨를도 없이 당신들의 한심한 밥그릇 싸움을 지켜봐야 하는 국민들의 심정을 도대체 당신들은 어떻게 치유할 생각입니까?

생각이 있긴 합니까?
당신들에게는 오로지 밥 그릇 밖엔 안보이십니까?
당내에서 이번 대선패배의 책임질 사람들을 못 가려내겠습니까?
그렇다면 다 같이 책임을 지십시오!
지난총선, 이번 대선, 특정 세력들의 주도하게 치러졌다는 게 많은 사람들의 공통된 생각입니다.

하지만 그 세력들이 민주당을 깨트리는 한이 있더라도 책임을 못 지겠다는 태도로 나온다면 차라리 당을 깨시지요!
성향이 천지차이로 다른 사람들을 모아서 무조건 이기고 보자는 식으로 합종연횡을 일삼던 당신들 모두의 책임 아닌가요?
민주당은 이미 오래전에 사라졌습니다!
대한민국 제1야당, 수 십년의 정통성을 가진 민주당은 이미 민주통합당이라는 '잡탕당'이 되는 순간 사라졌습니다!

이제부터라도 제대로들 정치를 하십시오!
기득권을 지키기 위한 정치가 아니라 국민을 위한 정치를 좀 하십시오!
당이 깨지고 쪼개지더라도, 정상적인 정치를 하십시오!
민주당에 걸고 있는 희망의 불씨가 완전히 사라지기전에, 국민들로 하여금 민주당의 대안을 더 강력히 요구하는 결의가 강해지기 전에 제발 정신들 차리시기 바랍니다!
지금 당신들의 모습은 정치인들의 모습이 아닙니다!
당신들만의 정치를 이젠 끝내시고 당신들만이라도 국민을 바라보는 정치를 다시 시작하시길 간곡히 바랍니다!

민주당의 정신으로 돌아가시기 바랍니다!
더 늦기 전에... !
땅을 치고 후회하기 전에... !
국민들의 실오라기만한 희망의 불씨가 사그라들기 전에... !

정신들 차리십시오!

소통의 중요성!

2012.12.26

지난 대선기간동안 케이블 tv 의 토론 프로그램에 단골로 출연하던 사람이 있었다. 어찌나 막말이 심하던지 마치 시골장터에서 약이나 팔고다님직한 말투에, 왜곡되고 고집 센, 심술가득하고 못된 사람같이 보였다.

문제는 이 사람이 토론 시간 내내 너무도 편향된 시각으로 극우 의 성향을 펼치고 있었다는 점이다. 어쩌면 저런 인사를 게스트로 불러서 토론을 할 수 있을까싶은 의구심이 너무도 강했었다.

말투며 주장하는 내용이며 어느 것 한 가지도 게스트로 불러올만한 사람이 아닌 듯 싶었는데...
불쾌하기 그지없는 그 사람의 토론 방법이나 주장하는 억지논리가 인상 깊었던 사람들도 있었나보다.
하지만 내게 그 사람은 상식과 배려가 없는 기회주의자로 보였다.

이번 박 근혜 당선자의 첫 인사에서 그 사람이 수석대변인으로 발탁이 되었단다...
첫 번째 실망이다. 그것도 너무나 큰....

그런 사람이 정치권과 언론계를 왔다 갔다 하면서 국론을 왜곡시키고 국민 분열을 조장하고 사회를 이분론적으로 편 가르기를 계속하는 한 국민대통합은 요원할 것이다.
그 사람은 발탁이 되고난 후 그간 자신의 글과 말로 상처받은 사람들에게 사과한다고 했다...
수석대변인이라...
그자리가 어떤 자리일까?
팔아야 할 약이 많은 것일까?
부려야할 억지가 많은 것일까?
이번에 반대표를 던진 과반수 국민들의 기운을 더 빼놓을 필요를 느낀 것일까?

대단히 실망스러운 첫 인사였다...!
스스로 사퇴해야 할 것이고 그럴 것이라 믿는다.

그도 생각이 있는 사람일테니...
답답하다!

2012.12.27

고목이라 부르지 마세요!

봄이 오면 내 몸에 돋는 새순에 희망을 품고, 여름이면 무성한 내 그늘에서 낮잠을 즐기며, 가을에는 내 잎사귀에 물든 샛노란 빛깔에 열광하던 당신들이 아니었습니까? 한 계절 잠시 움츠린 날 보며 섣불리 고목이라 부르지 마세요!
내 몸에 새순이 돋고 무성한 잎사귀가 단풍에 물 들어가길 수백 번, 하지만 난 단 한 번도 내가 고목이라 느낀 적 없답니다!

나는 그저 나무 일 뿐이랍니다!

어느 날 도저히 이길 수 없는 강한 바람이 날 부러트린다 해도, 새털 같은 세월에 내 몸이 썩어들어 다시는 새순이 돋지 않는다 해도, 난 그저 한그루 나무였음이 가슴 벅차도록 뿌듯할 그런 나무랍니다!

섣불리 고목이라 내 여린 가슴에 못 박는 말은 삼가 해 주세요...

새순으로 태어나 온갖 풍상을 다 겪으며 내 수명이 다하는 날까지 난 그저 당신들과 희노애락을 같이했던 나무이고 싶답니다!
잠시 한 계절 쉬어간다고 고목이라 부르지 말아 주세요 제발...
내 비록 여기저기 부러지고 썩어들어 옹이 투성이 몸이지만 당신들껜 늘 친근했던 나무로 기억되길 원한답니다!

난 당신들로 인하여 행복했던, 그냥 한 그루의 나무랍니다!

Comment

Andrew Photomania : 정 선생님 안 들어오시면..소금기 없는 김치. 앙꼬 없는 빵입니다..
하루가 재미없어요..ㅎㅎ
N.I.Park(남일) : 고목의 깊은 뜻..새길께요~ 감사해요.
부라보~♥마이라이프 : 가슴벅차도록 뿌듯한 그런 나무 같은 사람이 되고 싶네요~^^
최정애 : 추운겨울 나목의 모습을 따뜻하게 표현하셨네여. 화선지위의 번짐이 삭막한
나목의 가지에 부드러움을 입혀주었어요 그리고 하루 쯤 쉬셔도 좋을 거 같은데요~~ㅎ
쉬는 날은 친구들이 이렇게 메시지를 남길거니까요~~^^
맑을숙쭈홍 : 늘 좋은 작품 감상할 수 있어 감사드려요.
나무의 둥지에 새라도 날아들 듯 하네요~~

2012.12.27

화선지에 연필로!

새로운 걸 하나 알았답니다!
화선지에 연필로 그릴 때는 될 수 있으면 선이 여러 번 가서는 안 되겠더군요.
화선지가 이해를 못 해주나 봅니다.
화선지 특유의 실오라기 같은 구조가 깨지면서 부풀어 오르는군요!

이분은 훨씬 더 온화한 미소를 지니신 분이신데 제가 화선지의 성미를 잘못 건드리는 바람에 더 자세한 묘사는 못 했습니다.
이해해주시기 바랍니다!

오늘은 그림도 안 그리고 글도 안 쓰고 대충 하루 쉰 것 같습니다.
손님도 다녀가시고 다른 볼일이 좀 있었거든요.
벌써 창밖이 어둑어둑해졌습니다.
시간 정말 냉정하군요!
인정사정없이 달려가는 것 같습니다.
시간이 좀 지치기를 기다려봅니다.
저녁 식사 맛있게들 하시기 바랍니다!

2012.12.28

레미제라블에 열광하는 이유!

동서고금을 막론하고 힘없고 가난한 사람들이 수난 당하던 이야기는 공감대를 형성시키는 것 같다. 영화지만, 소설이었지만, 지금 시대를 살아가는 우리가 볼 때도 충분히 현실성이 있음 직한 이야기임으로....
'빵 한 조각을 훔친 건 죄도 아니다'라는 논리가 아니다.
그 죄에 비해 대가가 너무 과하다는 것이지...
지금 우리가 살고 있는 대한민국에서도 얼마든지 찾아볼 수 있는 이야기이다!
그래서 소설이지만, 영화지만, 더 깊이 몰입하며 볼 수 있는 것 아닐지...
멋진 배우들이 나왔다는 것도 물론 흥행의 좋은 조건일 테지만 무엇보다도 공감대를 얻을 수 있다는 점이 열광하는 이유일 것 같다.
수천억을 빼먹고도 당당하게 법원과 교도소를 유람 정도로, 눈 가리고 아웅하면서 나오는 재벌 총수들이 있는가 하면 영화 속의 장발장처럼 하찮은 죄목으로 여지없이 전과자가 되는 수많은 사람들이 있다.
우리가 지금 살고 있는 이 시대의 이야기인 것이다.
법을 공평하게 집행하지 않는 사회는 후진사회이다.
법을 법대로가 아닌 법관 마음대로 해석하는 사회는 미개한 사회이다.
우리 대한민국은 선진국일까?

2012.12.30

아슬아슬했습니다!

그림 밑에 사인의 숫자가 2013으로 넘어가기 직전에야 그리게 되었군요!
멀리 이국땅에서 한해를 다시 보내고 계시는 이분의 가족들께도 큰 행운이 늘 함께하시길 바랍니다. 소울메이트께서 이 사진을 올리시면서 가장 사랑스럽고 소중하신 멘토시라고 표현을 하셨더군요!
서로를 너무도 존중하고 아끼시는 모습이 참 아름답습니다! 아직도 남은 가족이 더 있습니까? 2013년에도 늘 행복하시고 사랑하시는 가족의 모습 자주 보여주시기 바랍니다! 행복 하시길요!

Comment

Helena Happy Feet : 감사합니다!!저의 소울메이트께서 저에게 선물로 이 그림을 주고 싶었나봐요..! 올해 신세 많이 졌습니다. 저희 가족들 초상화 가보로 물려 주겠습니다!

조작하는 ,정 진홍입니다! : Helena Happy Feet 님~~^^신세라니요~~^^아닙니다~~^^ 덕분에 저도 즐거웠답니다~~^^ 내년에도 자주 뵙지요ㅎㅎㅎ

Andrew Photomania : 세상에..퇴근해서 집에 와보니 아내가 까무라져 있더군요.. 너무 웃어서..왠일이냐고 물었더니 조각하는, 정진홍입니다!님께서 작품을..올 한해가 가기전에 선물 많이 받았습니다! 감사합니다!

2012.12.31

내년에 다시 그려드리겠습니다

지금껏 제가 본 사내아이 중에 가장 야무지고 예쁘게 생긴 아입니다!
카리스마가 느껴진다면 아이에게 좀 미안한 표현일까요. 깎아놓은 밤톨처럼 예쁘게 생긴 녀석이 표정은 어찌도 카리스마가 넘치는지... 제가 쉽게 달려들었다가 실패했습니다! 아이라고 너무 쉽게 그리려고 했었나봅니다.
내년에 틀림없이 제대로 그려 드리겠사오니 아빠께선 실망하지 마시기 바랍니다.
사진의 10%도 표현을 못 했습니다.
좋으시겠습니다! 이렇게 야무진 아들을 두셔서.....!
훗날 분명히 뭔가를 이룰 녀석입니다. 눈빛에 그게 담겼군요.
제 말을 믿으시기 바랍니다.

Comment

☆★★★불꽃남자★★★☆ : 오~우리 대건이네요! 너무 감사드립니다^^
아기가 너무 좋아합니다~ 저도 보고 너무 잘 그리셔서 정말 감사드립니다!^^
제가 퍼가도 되겠죠?^——^

Helena Happy Feet : 아기에게도 카리스마가 있군요. 똘똘이라 불러도 될 만큼 이뻐요.!!

부안/김형숙 : 똘망지다는 표현 이럴 때 하는거 맞나요~??^^*♥너무 귀여워요 ㅎㅎㅎ

2012년을 보냅니다!

몸과 마음이 지칠 대로 지칠 즈음에 이곳을 알게 되었습니다.
이곳에 그 어떤 기대도 없이 그저 심심풀이로 가입을 하게 되었지요.
이곳에서 처음 그림을 그리며 카친들과 얘기를 나누기 시작했던 때가 지난 5월말 경이었습니다.
그 후로 많은 분들을 만나게 되고 또 많은 분들이 다녀가시면서 제 스토리는 제게 너무도 큰 힘이 되어 주었답니다.

올 한 해 동안 1,300개가 넘는 스토리를 써오면서 지쳤던 제 몸과 마음이 많이 회복되었으며 새삼 세상은 더불어 살아가는 곳이라는 걸 느꼈답니다.
제 소중한 카친님들께 감사한 마음을 올립니다!
한 분 한 분 찾아뵙고 인사를 드리진 못하지만 모든 분들이 제겐 소중한 친구랍니다.

덕분에 2012년은 제겐 잊을 수 없는 한 해가 되었습니다.
2013년에도 변함없이 친구님들과 옹알이를 나누며 행복을 쌓아가고 싶습니다.

올 한해 수고 하셨습니다.
새해에도 더욱더 건강하시고 더욱더 행복하시길 빌겠습니다.
소중한 친구님들!

사랑합니다!

2012년의 끝에서
정진홍 올림